U0696073
NOMO
IBM

外国位思想圣哲

刘景云　张云龙/编著

（第一册）

吉林人民出版社

图书在版编目(CIP)数据

外国100位思想圣哲/刘景云编著.— 长春:吉林人民出版社,2008.9
(2016.4重印)
(青少年必知的外国名人)
ISBN 978-7-206-05778-6
Ⅰ.外… Ⅱ.刘… Ⅲ.思想家—生平事迹—外国—青少年读物
Ⅳ.K815.1-49
中国版本图书馆CIP数据核字(2008)第133888号

外国100位思想圣哲

编　　著:刘景云　张云龙
责任编辑:孙建军　　　　　　　　封面设计:孙浩瀚　张　娜
吉林人民出版社出版 发行(长春市人民大街7548号　邮政编码:130022)
网　　址:www.jlpph.com
全国新华书店经销
发行热线:0431-85395845　85395821
印　　刷:北京一鑫印务有限责任公司
开　　本:700mm×1000mm　1/16
印　　张:24　　　　字　　数:130千字　　　　图　　片:400幅
标准书号:ISBN 978-7-206-05778-6
版　　次:2008年9月第1版　　印　　次:2016年4月第3次印刷
定　　价:89.40元(全三册)

总序

ZONGXU

翻开历史长卷，我们就会发现，在人类活动的各个领域里，都涌现了许多杰出人物，亦可统称为英杰。英杰是伟大人格的代表，是时代精神的凝冻，是自我完善的象征，是各自领域里劈波斩浪、奋勇前进的行者。他们用自己光辉的业绩表明，人类的精神、智慧、胆识、能力之花，能够在怎样难以企及的高度上尽情绽放。正是因为时势化育了他们，人类的历史才波澜壮阔、辉煌灿烂、风光旖旎、胜景百出。

在历史长河中，有一种现象特别值得我们注意，就是人类从童年时期起直至成长发展到今天，在骨子里始终有着一种挥之不去的英杰崇拜情结。人类为什么崇拜英杰呢？除却盲目崇拜外，就是因为人类对英杰有着一种价值上的认可：英杰，不管是一个称谓还是一个实体，他们都和天才、独创、权威、峰巅、指点江山、领袖群伦、建树卓绝、影响深远等紧密地联系在一起。人类崇拜英杰是自尊、自强、自我鞭策、自我神圣的心灵历程，是想借用英杰的力量，来扩充自己的人格，来开发自身所具有的英杰潜质，从而使自己也成为英杰。因此，崇拜英杰者，是站着学习英杰；而当今的追星族和粉丝之辈，则是跪着羡慕英杰。前者可以成为高山上的巨人，而后者则永远是跪在洼地里的矬子。

一个人在青少年时期，是处于长身体、学知识、逐步了解社会的阶段。在这个阶段里，要尽量多了解一些英杰人物，多阅读一些有关人物传记的图书。了解圣哲，就是和圣哲的头脑对话；了解伟人，就是和伟人的心灵沟通。如果你能和古往今来的政治领袖、军事统帅、思想圣哲、文学大师、商业巨子、艺术巨匠、科技精英、体育名将、影视明星们成为精神上的朋友，你就会领略到常人难以领略到的辽阔天空，你就会站在巨人的肩头去迎接新一轮日出。

为此，我们经过认真分析、反复策划、精心制作，正式推出了《青少年必知的世界名人丛书》。这套丛书共包括十本：第一本《外国100位政治领袖》，从统一古埃及的国王到巴勒斯坦国总统阿拉法特；第二本《外国100位军事统帅》，从征战尼罗河畔的美尼斯到前苏联骁勇善战的崔可夫；第三本《外国100位思想圣哲》，从古希腊第一个自然科学家和哲学家的泰勒斯到美国全球第一商业战略权威的迈克尔·波特；第四本《外国100位文学大师》，从古希腊伟大的文学家荷马到当代欧洲最杰出的小说家费利特·奥尔罕·帕慕克；第五本《外国100位商业巨子》，从德国电子业先驱西门子到俄罗斯石油大亨阿布拉莫维奇；第六本《外国100位艺术巨匠》，从佛罗伦萨画派创始人乔托到法国电影界的"鬼才"吕克·贝松；第七本《外国100位科技精英》，从欧洲医学奠基人希波克拉底到万维网的创始人蒂姆·伯纳斯-李；第八本《外国100位体育名将》，从现代奥林匹克之父皮埃尔·德·顾拜旦到网坛新秀玛利亚·莎拉波娃；第九本《外国100位影视明星》，从幽默大师查里·卓别林到美国甜心瑞茜·威瑟斯彭；第十本《外国100位杰出女性》，从古希腊著名的抒情女诗人萨福到世界最大的女慈善家梅琳达·法兰奇。这套丛书共囊括1000位名人，为广大读者朋友们展现了一幅群星灿烂的英雄谱。

当然，任何人物都是历史的人物，他们身上都难免有着这样或那样的历史印痕。我们要按照"古为今用、洋为中用"的原则，进行借鉴、学习和研究。

胡继华

2008年8月24日

前言 QIANYAN

考察一个人的成长历程，思想智慧起着极其重大的无可替代的作用，思想决定行动，思想决定成败，这句话早已成为耳熟能详且真切指导人们生活的至理明言。

我们要从思想大师身上学智慧，因为人类的每一项发明都伴着他们的思想火花。我们要从思想大师身上学责任，因为人类的每一次进步都伴着他们点燃的解放运动。我们要从思想大师身上学品格，因为人类的每一个理念都印着他们的足迹。我们要从思想大师身上学习，因为他们是我们思想智慧、责任品格的楷模。

努力使自己成为有思想有智慧有责任有品格的人，这是企望走向成功的人们热切追求并奋力实现的目标。怎样才能成为并迅速成为一个有头脑有思想有责任有品格的人呢，我们这本书为你提供了100位人类历史上最有思想有智慧的思想圣哲，也许从他们身上你会获取最有用的东西。

考察一个社会的发展历程，众多思想家们的智慧之火和责任品格，构成了社会进步的强大推动作用和思想之源。

哲学家们一代一代在努力思考着解答着人类的种种困惑，他们把探索万物的本原是什么？把探求善与恶的本质是什么？把回答人类存在的意义是什么等等一系列问题，作为毕生追求的目标，他们苦苦思索，破解着每一个问号，权衡着每一种思想与每一种理性的选择。可以肯定地说哲学家生来就属于少数，但他们却为全人类活着。从泰勒斯首次提出万物的本原是水开始，历经数千年，哲学家们为我们揭开了种种思想谜团。

思想家不仅思考人从何处来，更关注人类向何处去。思想家以关怀人类为己任，用一生探求真理。

走近思想家，思想家的精神是高贵的，他们是真理的发现者，是思想的解放者，是文明的启蒙者，是科学的传播者。他们拨开迷雾，戳穿画皮，让人们看清事物的本来面目，把自由科学的思想带给人们。

走近思想家，思想家的品格是高尚的，面对强权，他们宁可蒙受屈辱也不会亵渎自己的信念，宁可一无所有也不会改变自己的原则，宁可抛弃生命也不会放弃真理。从苏格拉底、亚里士多德、哥白尼，到伽利略,到休谟，亚当·斯密，康德，马克思，弗洛伊德……思想家们无不经受着精神的抑或肉体的考验。

走近思想家，常常会感到思想家是痛苦的，因为他们是天生的叛逆者，永远也学不会随声附和，更不屑迎合权贵；思想家又是不安分的，他们总想着如何破旧立新；思想家们手无寸铁，却如同无畏的斗士，总是把愚昧和专制视做终身的敌人。为了追求真理，亚里士多德本着“我爱我师，我更爱真理”的信念，尖锐批判老师的唯心主义理念论，为了追求真理，哥白尼敢于冒犯神灵……所有这些，构成了人类的最宝贵的精神。

目录 CONTENTS

CONTENTS 目录

目录 CONTENTS

CONTENTS 目录

目录 CONTENTS

CONTENTS 目录

目录 CONTENTS

CONTENTS 目录

目录 CONTENTS

CONTENTS 目录

泰勒斯

Thales

古希腊第一个自然科学家和人类历史上的首位哲学家

泰勒斯少年受过良好的教育，极善于思考，兴趣广泛。早年到过不少东方国家，学习了古巴比伦观测日食月食和测算海上船只距离等知识，了解到腓尼基人英赫·希敦斯基探讨万物组成的原始思想，知道了埃及土地丈量的方法和规则等。他还到美索不达米亚平原，在那里学习了数学和天文学知识。此后，他还曾从事政治和工程活动，并研究数学和天文学，晚年转向哲学，他几乎涉猎了当时人类的全部思想和活动领域，获得崇高的声誉，被尊为“希腊七贤之首”，实际上七贤之中，只有他称得上是一个渊博的学者。

泰勒斯

生卒年：约前624—前547
国　籍：古希腊
出生地：米利都
身　份：科学家、思想家、商人
家　庭：奴隶主贵族
志　趣：天文、数学、教书、旅游
性　格：睿智、执着

在天文学方面，泰勒斯作了很多研究，他对太阳的直径进行了测量和计算，他宣布太阳的直径约为日道的七百二十分之一。这个数字与现在所测得的太阳直径相差很小。他在计算后得知，按照小熊星航行比按大熊星航行要准确得多。通过对日月星辰的观察和研究，他确定了365天为一年，在当时没有任何天文观察设备的情况下，作出这样的发现是很了不起的。在天文学领域，他更为人们所津津乐道的就是正确的解释了日食的原因，并曾预测了一次日食。

水是最好的

康科德神庙

泰勒斯在数学方面划时代的贡献是引入了命题的逻辑证明思想。标志着人们对客观事物的认识从经验上升到理论，这在数学史上是一次不寻常的飞跃。它的重要意义在于：保证了命题的正确性；揭示各定理之间的内在联系，使数学构成一个严密的体系，为进一步发展打下基础；使数学命题具有充分的说服力，令人深信不疑。

古希腊米利都学派的演说场

泰勒斯是希腊几何学的先驱。他将埃及的地面几何演变成平面几何学，发现了如“直径平分圆周”、“等腰三角形底角相等”等几何学的基本定理，并将几何学知识应用到实践当中去。

泰勒斯生物起源的哲学观点是“水生万物，万物复归于水”，他认为水是世界本原。

泰勒斯在埃及学习观察洪水，得出万物由水生成的结论。泰勒斯认为，水是世界初始的基本原素，地球就漂在水上。

名人影响

泰勒斯的思想他所代表的学派提出的万物本原问题、事物的动因问题以及关于对立的问题等等，标志着西方哲学的产生，推动了后来哲学的进一步发展，实现了从神话向哲学的转变。

德国哲学家黑格尔说，一个民族只有那些关注天空的人，这个民族才有希望。如果一个民族只是关心眼下脚下的事情，这个民族是没有未来的。而泰勒斯就是标志着希腊智慧的第一个人。

名人轶事

据说，埃及的大金字塔修成一千多年后，还没有人能够准确的测出它的高度。有不少人作过很多努力，但都没有成功。一年春天，泰勒斯来到埃及，人们想试探一下他的能力，就问他是否能解决这个难题。泰勒斯很有把握地说可以，但有一个条件——法老必须在场。第二天，法老如约而至，金字塔周围也聚集了不少围观的老百姓。泰勒斯来到金字塔前，阳光把他的身影投在地面上。每过一会儿，他就让人测量他身影的长度，当测量值与他的身高完全吻合时，他立刻在大金字塔的地面投影处作一记号，然后丈量金字塔底边到投影尖顶的距离。很快他就报出了金字塔确切的高度。在法老的请求下，他向大家讲解了“影长等于身长”、“塔影等于塔高”的原理。这便是今天所说的相似三角形定理。

泰勒斯另一个哲学观点是“万物有灵。”根据这一学说，连石头也是有灵魂的生物。泰勒斯向他哲学上的对立面毕达哥拉斯反复强调说：整个宇宙都是有生命的，而灵魂又使一切生机盎然。泰勒斯曾用磁石和琥珀做实验，发现这两种物体对其他物体有吸引力。由此，泰勒斯得出结论：任何一块石头，看上去冰冷坚硬、毫无生气，却也有灵魂蕴涵其中。因为万物本身都具有灵魂，事物肯定是不断运动变化，是有生命的。

毕达哥拉斯

Pythagoras

古希腊哲学家、数学家，天文学家

毕达哥拉斯	
生卒年	前580—前500
国籍	古希腊
家庭	商人
出生地	爱琴海萨摩斯岛
品格	机智、正直
志趣	天文、数学、教书
身份	数学家、思想家、教师

毕达哥拉斯自幼聪明好学，曾在名师门下学习几何学、自然科学和哲学。以后因为向往东方的智慧，经过万水千山来到巴比伦、印度和埃及学习，吸收了阿拉伯文明和印度文明甚至中国的文明。大约在公元前530年又返回萨摩斯岛，开始讲学并开办学校，后来又迁居意大利南部的克罗通托内，创建了自己的学派。一边从事教育，一边从事数学研究。这个学派是一个宗教、政治、学术合一的团体。后来他们受到民主运动的冲击，社团在克罗托内的活动场所遭到了严重的破坏。不过直到公元前4世纪中叶。毕达哥拉斯学派持续繁荣了两个世纪之久。

不能制约自己的人，不能称之为自由的人。

毕达哥拉斯认为“万物皆数”，“数是万物的本质”，是

名人影响

毕达哥拉斯对古代和近代的哲学有重要的影响。在证明式的演绎推论的意义上的数学，从他开始。由于他的缘故，数学对于哲学的影响一直都是既深刻而又不幸的。数学与神学的结合开始于毕达哥拉斯，它代表了希腊的、中世纪的以及直至康德为止的近代的宗教哲学的特征。几何学对于哲学与科学方法的影响一直是深远的。个人的宗教得自天人感通，神学则得自数学；而这两者都可以在毕达哥拉斯的身上找到。

表现毕达哥拉斯定理的雕塑

“存在构成的原则”，而整个宇宙是数及其关系的和谐的体系。他首先提出物质运动应该符合数学规律，最早把数的概念提到突出地位，宣称数是宇宙万物的本原，他认为研究数学的目的并不在于使用而是为了探索自然的奥秘。

毕达哥拉斯通过说明数和物理现象间的联系，来进一步证明自己的理论。他曾证明用三条弦发出某一个乐音，以及它的第五度音和第八度音时，这三条弦的长度之比为6:4:3。他从球形是最完美几何体的观点出发，认为大地是球形的，提出了太阳、月亮和行星作均匀圆周运动的思想。

毕达哥拉斯定理——勾股定理。在西方，毕达哥拉斯本人以发现勾股定理(西方称毕达哥拉斯定理)著称于世。他用演绎法证明了直角三角形斜边平方等于两直角边平方之和。

毕达哥拉斯对数论作了许多研究，将自然数区分为奇数、偶数、素数、完全数、平方数、三角数和五角数等。在毕达哥拉斯派看来，数是一切事物的总根源。因为有了数，才有几何学上的点，有了点才有线面和立体，有了立体才有火、气、水、土这四种元素，从而构成万物，所以数在物之先。

列宁评价，毕达哥拉斯是“科学思维的萌芽同宗教神话之类幻想间的一种联系”。

毕达哥拉斯指出，为官“一定要公正”。不公正，就破坏了秩序，破坏了和谐，这是最大的恶。认为治家，对儿女的爱不能指望有回报，做父亲的应当努力用自己的言行去获

自然界的一切现象和规律都是由数决定的，都必须服从“数的和谐”，即服从数的关系。

得子女由衷的敬爱。父母的爱是神圣的，作子女的应当珍惜。子女应是父母的朋友，兄弟姐妹之间也应该彼此互敬互爱。夫妻彼此尊重是最重要的，双方都应忠实于配偶。

他认为，自律是对人个性的一种考验，对儿童、少年、老人、妇女来说，能自律是一种美德，但对年轻人来说，则是必要。自律使你身体健康，心灵洁净，意志坚强。

先哲的思想影响后人的行为

名人轶事

毕达哥拉斯有次应邀参加一位富有政要的宴会，这位主人豪华宫殿般的餐厅铺着的是正方形美丽的大理石地砖，由于大餐迟迟不上桌，这些饥肠辘辘的贵宾颇有怨言；但这位善于观察和理解的数学家却凝视脚下这些排列规则、美丽的方形地砖，但毕达哥拉斯不只是欣赏地砖的美丽，而是想到它们和“数”之间的关系，于是拿了画笔并且蹲在地板上，选了一块地砖以它的对角线AB为边画一个正方形，他发现这个正方形面积恰好等于两块地砖的面积和。他很好奇……于是再以两块地砖拼成的矩形之对角线作另一个正方形，他发现这个正方形之面积等于5块地砖的面积，也就是以两股为边作正方形面积之和。至此毕达哥拉斯作了大胆的假设：任何直角三角形，其斜边的平方恰好等于另两边平方之和……那一顿饭，这位古希腊数学大师，视线都一直没有离开地面。

释迦牟尼

Sakyamuni

世界三大宗教——佛教的创始人

释迦牟尼	
生卒年：	前565－前486
国　籍：	古印度
家　庭：	迦毗罗王国国王
出生地：	迦毗罗卫城兰毗尼花园
性　格：	坚韧
志　趣：	修行布道
身　份：	佛教的创始人

释迦牟尼原名乔答摩·悉达多，乔答摩是姓，悉达多是名，释迦牟尼是他成佛后的称谓，被称为佛，也就是如来佛。其父为该国净饭王，母摩耶王后。

摩耶王后生下乔答摩·悉达多太子7天之后就因病去世了。幼年时代悉达多太子就由继母摩诃波阁波提王妃抚养。她对悉达多小外甥精心抚育，十分钟爱。

悉达多相貌奇伟，天资十分聪慧，受过最好的教育。7岁起开始学习当时王族应具备的一切学问和技艺，字书、吠陀、武艺，学到12岁，就已经掌握了印度当时最高的学术——五明和四吠陀，“六十四种书样样精通”。

“人死精神不灭”

悉达多又向武士们学习武术，练就了骑马、射箭、击剑

名人影响

佛教经释迦牟尼的传播，已被南亚大多数国家所接受，各地均建立了寺庙，出家的和在家的信徒倍增，成为信徒最多，影响最大的三大宗教之一。

佛教是历史上惟一真正实证的宗教。它视善良和慈悲为促进健康，认为不可以仇止仇。——弗里德利希·尼采(德国)

的本领。在一次释迦族的王子们都参加的比赛中，悉达多骑射出众，夺得冠军，万人敬仰。

他的父亲净饭王对他期望很大，希望他继承王位后，建功立业，成为一个转轮王。

悉达多在幼年的时候，就有沉思的习惯，世间许多现象被他看到之后，都容易引起他的感触和深思。

悉达多看到社会残酷无情，人们受着生老病死种种苦难。深感世间人事变化“无常”，他一心想为大众超度摆脱人生的苦恼。

29岁时，悉达多毅然决定抛弃舒适生活，舍弃王位，出家修行。他郑重地恳求父亲净饭国王允许他出家修行。不顾父亲的反对，在一个夜晚逃出家门，削发剃须，作了“沙门”。

他先是随婆罗门教苦修，到跋伽婆仙人苦修林进行苦修，日食一麻一麦。又找到阿罗陀伽兰处过梵行生活，再跟随另一名沙门学坐禅修持。虽然经过6年的苦修，身体瘦弱如老朽，但仍没有摆脱“无常”苦境，达到解脱的境界。于是他又振作起来，到尼连禅河洗去6年的污垢，重新进食。

坐落于爪哇的曼莱罗佛坛

表现释迦牟尼出游的泰国绘画

悉达多来到一棵菩提树下静坐沉思，睹星悟道，49天大彻大悟出一条正道：“人有了我，而产生欲念”，这是一切痛苦的根源。只有达到“涅磐”，才能脱离痛苦，摆脱轮回。要想达到这一境界，就要修道。他想到人们生、老、病、死的痛苦，用“轮回”思想解释其根源，此后又在树下静坐了7天，观察思维，探索弘扬教理度化众生的方法，提出了“十二因缘”、“八正道”和“四谛”等一整套佛学的基本思想，达到了大觉大悟的境界。从此，乔答摩·悉达多成了“佛陀”，简称为“佛”，世人尊其为释迦牟尼。

随即，释迦牟尼在印度北部，中部恒河流域一带传教，足迹遍布北印度和中印度。他组织僧团，交结国王，联络商人富豪，建立了许多僧院，并制定一整套组织僧团的制度；竭力反对“婆罗门第一”，主张“四姓平等”，对众生仁慈温和，提出释迦弟子不讲种姓高低，只按长幼分序……。通过弘扬他的佛学思想，推广他的理想。释迦牟尼赢得“第三等级”支持，在印度迅速得到了发展。

公元前486年，释迦牟尼80高龄，传教已有45年，因病进入“涅磐”。

名人轶事

佛经上说：太子降生的时候，天空仙乐鸣奏、花雨缤纷，诸天神拱卫。一时间宇宙大放光明，万物欣欣向荣。天空直泻下两条银炼似的净水，一条温暖，一条清凉，来为太子沐浴(这也是佛教定为浴佛节的典故)。太子刚生下来就能自己行走7步。太子每走一步，他的脚下就涌现出一朵莲花。并且太子右手指天，左手指地，大声宣称：“天上天下，唯我独尊。”

赫拉克利特

Heracleitus

古希腊唯物主义哲学家、爱非斯学派的创始人，辩证法的奠基人之一

赫拉克利特

生卒年：约前540—约前480
国　籍：古希腊
家　庭：贵族家庭
出生地：小亚细亚西岸爱非斯城
性　格：孤傲、清高
志　趣：哲学
身　份：哲学家、教师

赫拉克利特生于爱非斯一个贵族家庭。他本来应该继承王位，但是他将王位让给了他的兄弟，自己跑到女神阿尔迪美斯庙附近隐居起来。波斯国王大流士曾经写信邀请他去波斯宫廷教导希腊文化，赫拉克利特傲慢地拒绝了。他说："因为我有一种对显赫的恐惧，我不能到波斯去，我满足于我的心灵既有的渺小的东西。"赫拉克利特曾以散文形式写过一部总称为《论自然》的书，因文字艰涩，得到"晦涩哲人"的称号。

关于万物的本原，赫拉克利特明确宣称："这个万物自同的宇宙，既不是任何神，也不是任何人所创造的，它过去是、现在是、将来也是一团永恒的活生生的火，按照一定的分寸燃烧，按照一定分寸熄灭。”赫拉克利特的这一哲学宣言具有鲜明而深刻的显著特征。他不仅公开否定神创世界说，而且从一开始就明确强调了本原的永恒性、普遍性、流动性和秩序性。火不仅是世界的本原，火转化为万物，万物又复归为火，而且在其燃烧和熄灭的过程中，火本身也要受一定原则的限制或支配，其运动并不是随意的。

万物皆流。赫拉克利特有一句名言“人不能两次走进同一条河流”，这句名言的意思是说，河里的水是不断流动的，你这次踏进河，水流走了，你下次踏进河时，又流来的是新水。河水川流不息，所以你不能同时踏进同一条河流。显然，这句名言是有其特定意义的，并不是指这条河与那条

列宁称他为“辩证法的奠基人之一”。因为赫拉克利特从自然社会和日常生活中，朴素地看到对立双方是相互依存、相互统一、相互转化、相互作用的，第一个用朴素的语言讲出了辩证法的要点的人。

提出了斗争是万物之父、万物之王的思想。

名人影响

“逻各斯”概念的引入和阐述对他本人的哲学和后来思想的发展都产生了深刻的影响。在某种意义上说，正是“逻各斯”使知识有了可能性。早期希腊自然哲学从朴素的辩证法出发，断定自然万物均处在运动变化之中。然而，如果一切都处在运动变化之中，知识就没有立足的依据。因此，赫拉克利特的“逻各斯”作为运动变化的尺度，也即我们所说的规律，就使知识有了确定性。另一方面，由于“逻各斯”的介入，也使赫拉克利特的哲学具有了某种二元式的结构：始终处于生灭变化之中的自然万物，和永恒不变的“逻各斯”。这些在后来的巴门尼德、阿那克萨戈拉、柏拉图、亚里士多德等人的哲学中，都有或明或暗的反映。更重要的是，在后来西方哲学、神学和科学的发展过程中，“逻各斯”概念及其衍生的“逻辑”（logic）一直起着重要的作用。

赫拉克利特也承认神，但他所说的神，就是指永恒的活火，指“逻各斯”，指最高的智慧。他是最早把宗教哲学化，将宗教的神改造成为理性的神，从而使哲学摆脱宗教迈出了一大步。

爱菲斯的图书馆

赫拉克利特在思考

名人轶事

赫拉克利特隐居时，以草根和植物度日，得了水肿病。他到城里找医生，不直接说自己的病，却用哑谜的方式询问医生能否使阴雨天变得干燥起来。结果医生完全不明白，将他赶了出来。他想到可否用干的牛粪产生的热力把身体里的水吸出来，于是他跑到牛圈里，把整个身体埋在了干粪里，结果无济于事，病情加剧，就这样一代思想大师病死了。

如果没有健康，智慧就难以表现，文化无从施展，力量不能战斗，财产变成废物，知识也无法利用。

河之间的区别。赫拉克利特主张“万物皆动”，“万物皆流”，这使他成为当时具有朴素辩证法思想的“流动派”的卓越代表。

万物根据“逻各斯”而生成。赫拉克利特第一次把“逻各斯”作为重要概念引入哲学，并赋予了它新的意义。在赫拉克利特那里，“逻各斯”的主要意义为万物必须依据和遵守的尺度或比例、普遍原则或必然性，相当于我们所说的“规律”，他指出，这个“逻各斯”不仅永恒存在着，而且“万物都根据这个‘逻各斯’生成”，“逻各斯”乃是共同的。

对立统一。赫拉克利特从自然社会和日常生活中，朴素地看到对立双方是相互依存、相互统一、相互转化、相互作用的对立统一，世界为斗争所支配。赫拉克利特说，“战争是万有之父和万有之王”。如果没有斗争和对立，世界就会消亡——停滞或者毁灭。对立和矛盾统一起来才能产生和谐。“生与死，梦与醒、少与老，是同样的东西。后者变化，就成为前者，前者回来，则成为后者。”

巴门尼德

Parmenides

古希腊哲学家，前苏格拉底哲学家中最有代表性的人物之一

巴门尼德

生卒年：约前515–前5世纪中叶

国　籍：古希腊

出生地：爱利亚（南部意大利沿岸的希腊城市）

性　格：严谨细密

志　趣：诗歌

身　份：数学哲学家

巴门尼德的学说主要表现在一首《论自然》的哲学诗里。据说他曾为爱利亚城邦立过法，也曾到过毕达哥拉斯学派的活动中心克罗托，晚年还游历过雅典。

巴门尼德的思想受到伊奥尼亚学派和毕达哥拉斯学派的影响，但是对他影响最大的是老师克塞诺芬尼关于“神是不变的‘一’”的学说。

他在老师神是不变的“一”的理论影响下，依靠抽象形象，从感性世界概括出最一般的范畴“存在”。认为唯一真实的存在就是“一”。“一”是无限的、不可分的。存在也是永恒的，不动的，真实的，可以是被思想的。由此，巴门尼德把他的学说分成了两部分。

无论是在“产生的问题”上，还是在“变化的问题”上，巴门尼德的理论都极具破坏性和建构性。

在本原的问题上（即“产生的问题”），巴门尼德提出“存在”才是万物的本原。巴门尼德的“存在”具有以下几个特征：1.永恒性，不生不灭；2.不可分性，是“一”，这

名人影响

后来的哲学，一直到近时期为止，从巴门尼德那里所接受过来的并不是一切变化的不可能性，那是一种太激烈的悖论了,而是实体的不可毁灭性。“实体”这个字在他直接的后继者之中并不曾出现，但是这种概念已经在他们的思想之中出现了。实体被人设想为是变化不同的谓语之永恒不变的主词。就这样它变成为哲学、心理学、物理学和神学中的根本概念之一，而且两千多年以来一直如此。

根据柏拉图的记载，苏格拉底在年轻的时候（约公元前450年左右）曾和巴门尼德会过一次面，当时巴门尼德已经是一个老人了，苏格拉底从他那里学到好些东西。巴门尼德在历史上之所以重要，是因为他创造了一种形而上学的论证形式，这种论证曾经以不同的形式存在于后来大多数的形而上学者的身上直至黑格尔为止，并且包括黑格尔本人在内。人们常常说他曾创造了逻辑，但他真正创造的却是基于逻辑的形而上学。

在变化的问题上，巴门尼德与赫拉克利特针锋相对。

“作为思想和作为存在是一回事情”

显然不同于赫拉克利特所说的对立面的统一；3.不动性；4.真实性，是存在于时空中的滚圆球体；5.思想性，巴门尼德认为只有“存在”才能被思想，不能被思想的东西是不存在的。“存在”既是思想指向的唯一客体，同时也是思想的最终目的所在。这样，巴门尼德就在哲学史上第一次提出了“思想与存在是同一的”命题。巴门尼德的“存在”思想产生了深远的影响。在随后的时代，古希腊哲学之所以沿着唯物主义与唯心主义两个方向发展，其动力皆源自巴门尼德的“存在哲学”。沿着客观的道路发展，巴门尼德的“存在”演变为德谟克利特的“原子”；沿着主观道路发展，巴门尼德的“存在”则演变为柏拉图的“理念”。

在哲学上，巴门尼德是从思想与语言来推论整个世界的最早的哲学家。

在变化的问题上，巴门尼德与赫拉克利特针锋相对，他认为：世界上根本没有真正的变化。没有任何事物可以变成另外一种事物。然而，大自然的变化是实实在在的事情。巴门尼德之所以认为万物不变，是因为他觉得“眼见不一定为实”，即人的感官是不可靠的。换言之，在感官和理性的天平上，巴门尼德选择了后者。可见，巴门尼德是一个彻头彻尾的理性主义者。

巴门尼德对哲学的伟大贡献是多方面的。首先，他关于两条道路或两个世界（本质世界和现象世界）的划分，确定了后来西方哲学所关注的基本方向。其次，他将“存在”确立为哲学研究的对象，奠定了本体论的基础；再次，他不再像自然哲学家那样武断地宣称，而是使用逻辑论证的方法，使哲学向理论化、体系化的方向发展；最后，他关于“思想与存在是同一的”命题确定了理论思维或思辨思维的基本形式。

希罗多德

Herodotus

历史之父、伟大的古希腊历史学家，西方文学的奠基人

希罗多德	
生卒年：	前484—前425
国　籍：	古希腊
家　庭：	奴隶主
出生地：	小亚细亚哈利卡尔纳索斯城
性　格：	睿智
志　趣：	文学、历史
身　份：	诗人、历史学家

希罗多德家庭是当地的名门望族，父亲吕克瑟司是个拥有家畜的奴隶主，他的叔父帕息斯是本地一位著名诗人。他家的社会地位和优裕的生活条件使他从小就受到了系统的教育。从少年时代起他就勤奋学习，酷爱史诗。成年以后，希罗多德曾积极参与推翻本城邦僭主吕格达米斯的政治斗争。

“埃及是尼罗河的赠礼。”

大约公元前454年，他的叔父被吕格达米斯杀害，他本人也因受株连而被放逐，被迫移居萨摩斯岛。大约从30岁开始，他的足迹东至两河流域下游，南达埃及最南端，西迄意大利半岛及西西里，北临黑海沿岸。在漫长的游历活动中，每到一地，希罗多德就到历史古迹名胜处浏览凭吊，了解风

名人影响

希罗多德作为西方史学上的第一座丰碑，为西方历史编纂学“开辟了一个新时代”，对后世，主要对西方，发生了至为深刻的影响。希罗多德研究历史、撰写史著，目的在于训世教诲，即用历史事实来进行道德规范教育。他认为：国家的兴盛和人事的成败都是有迹可循的，因果报应是丝毫不爽的。他的这种重视历史的垂训作用的观点和做法，对后来西方史学的发展产生了极大的影响。希罗多德不仅以一位伟大的历史学家的身份扬名后世，同时也是一位卓越的文学家。他的《历史》常常被认为是西方第一部著名的散文作品。他的书既为学术研究工作者所重视，为他们一再征引，成为重要的参考文献，也为一般读者所喜爱。

希罗多德札记

《历史》是西方历史上第一部比较完备的历史著作，是世界历史宝库中的瑰宝，希罗多德也无愧于西塞罗赠予他的“史学之父”的美名。

土人情，细心考察地理环境，文物古迹，多方采集各种民间传说，努力搜求各类历史故事。长期的游历不仅大大开阔了他的眼界，丰富了他的知识，而且对他后来著述《历史》有着直接的帮助。

公元前447年，希罗多德来到雅典，与政治家伯里克利、悲剧家索福克勒斯等人结下了深厚的情谊。他积极参加城邦的文化活动，由于受到了伯里克利及友人们的支持，希罗多德决心写一部完整叙述希波战争的历史著作以传后世。公元前443年春季，雅典人在意大利南部的塔林敦湾沿岸建立了图里翁城邦，希罗多德跟随雅典移民到了那里，在那里，他潜心著述《历史》，直到逝世，可惜的是《历史》并没有最终完稿。不过，这位客死异乡的人，因《历史》一书得到了人们无比的崇敬，成为伟大的古希腊历史学家。

《历史》（《希腊波斯战争史》）是希腊史学史上第一部代表著作。前半部分非常生动地叙述了西亚、北非以及希腊等地区的地理环境、民族分布、经济生活、政治制度、历史往事、风土人情、宗教信仰、名胜古迹等，为我们展示了古代近20个国家和地区的民族生活图景，宛如古代社会一部小型“百科全书”。并记述了希波战争爆发的原因。第二部分，主要记述希波战争的经过和结果，从小亚细亚各希腊城邦举行反对波斯的起义，一直到公元前478前希腊人占领塞斯托斯城为止。后来亚力山大城的校注家们把全书分成九卷，还根据当时的惯例，用古希腊神话中掌管文学和艺术的九位缪斯女神的名字，给各卷命名，所以这部书有时又被称作《缪斯书》。《希腊波斯战争史》一书不仅具有重要的史料价值，而且具有很高的文学价值。

世界上没有比一个既真诚又聪明的朋友更可宝贵的了。

希罗多德首创了历史著作的叙述体体裁，成为西方历史著作的正宗。《历史》是西方史学上的第一座丰碑，为西方历史编纂学“开辟了一个新时代”。希罗多德在欧洲史坛最先对史料采取了一定程度的分析批判态度，而不是盲目相信一切传闻。他创造了叙述历史的新方法，把记载史实和加以阐释有机地结合起来。

芝诺

Zeno

古希腊数学家、哲学家，埃利亚学派代表，"芝诺悖论"提出者

芝诺是古希腊埃利亚学派的著名哲学家巴门尼德(Parmenides)的学生和朋友。关于他的生平，缺少可靠的文字记载。柏拉图在他的对话《巴门尼德》篇中，记叙了芝诺和巴门尼德于公元前5世纪中叶去雅典的一次访问。其中说："巴门尼德年事已高，约65岁；头发很白，但仪表堂堂。那时芝诺约40岁，身材魁梧而美观，人家说他已变成巴门尼德所钟爱的学生了。"

芝诺

生卒年：约前490—约前425
国　籍：古希腊
出生地：埃利亚城邦
性　格：幽默风趣
志　趣：讲学

这次访问可能是柏拉图的虚构。然而柏拉图在书中记述的芝诺的观点，却被普遍认为是相当准确的。据说芝诺为巴门尼德的"存在论"辩护。但是不像他的老师那样企图从正面去证明存在是"一"不是"多"，是"静"不是"动"，他常常用归谬法从反面去

名人影响

针对芝诺追龟悖论等命题，哲学家、数学家们曾经从各种角度多方面地阐述过这个命题。这个命题令人困扰的地方，就在于它采用了一种无限分割空间的办法，使得我们无法跳过这个无限去谈问题。“芝诺悖论”困扰了世界的哲学家、数学家整整数千年。

古希腊的戏剧演员

证明：“如果事物是多数的，将要比是‘一’的假设得出更可笑的结果。”他用同样的方法，巧妙地构想出一些关于运动的静的论点。他的这些议论，就是所谓“芝诺悖论”。

芝诺从“多”和运动的假设出发，一共推出了40个各不相同的悖论。现存的“芝诺悖论”至少有8个，其中关于运动的4个悖论尤为著名。

二分说。“运动不存在。理由是：位移事物在达到目的地之前必须先抵达一半处。”即不可能在有限的时间内通过无限多个点。在你走完全程之前必须先走过给定距离的一半，为此又必须走过一半的一半，等等，直至无穷。

阿基里斯追龟说。“这个论点的意思是说：一个跑得最快的人永远追不上一个跑得最慢的人。因为追赶

名人轶事

关于芝诺之死,有一则广为流传但情节说法不一的故事，芝诺因蓄谋反对埃利亚(另一说为叙拉古)的僭主，而被拘捕、拷打，直至处死。

者首先必须跑到被追者的起跑点，这时跑得最慢的人又已跑了一段距离，等跑得最快的人赶上这段距离后，跑得最慢的人又跑了一段距离，因此跑得慢的人永远领先。”即当阿基里斯到达乌龟的起跑点时，乌龟已经走在前面一小段路了，阿基里斯又必须赶过这一小段路，而乌龟又向前走了。这样，阿基里斯可无限接近它，但不能追到它。

飞箭静止说。“如果任何事物，当它是在一个和自己大小相同的空间里时(没有越出它)，它是静止着。如果位移的事物总是在‘现在’里占有这样一个空间，那么飞着的箭是不动的。”

运动场悖论。“第四个是关于运动场上运动物体的论点：跑道上有两排物体，大小相同且数目相同，一排从终点排到中间点，另一排从中间点排到起点，它们以相同的速度沿相反方向作运动。芝诺认为从这里可以说明：一半时间和整个时间相等”。

芝诺因其悖论而著名，并因此在数学和哲学两方面享有不朽的声誉。数学史家F·卡约里(Cajori)说：“芝诺悖论的历史，大体上也就是连续性、无限大和无限小这些概念的历史。”

古希腊时期到处发表演讲的政治家

德谟克利特

Demokritos

古希腊伟大的唯物主义哲学家，原子唯物论学说的创始人之

德谟克利特	
生卒年：	约前480—前370
国　籍：	古希腊
家　庭：	富商之家
出生地：	阿布德拉
性　格：	执着
志　趣：	旅游、科学研究
身　份：	哲学家

德谟克利特生活在希腊奴隶制社会最为兴旺、科学学术活动欣欣向荣的伯里克利时代。

德谟克利特从小就见多识广。小时候，接受了神学和天文学方面的知识，对东方文化有着浓厚的兴趣。他在学习和研究的时候非常的专心，经常把自己关在花园里的一间小屋里。

德谟克利特通晓哲学的每一个分支，对物理学、伦理学、数学、教育学等，也无所不知。同时，还是一个出色的音乐家、画家、雕塑家和诗人。他提出了圆锥体、棱锥体、球体等体积的计算方法。他对逻辑学的发展也作出了重要的贡献。

德谟克利特继承和发展了留基伯的原子论，指出宇宙空间中除

名人影响

德谟克利特的原子唯物论思想是古希腊唯物主义发展的最重要成果，对后世物质理论的形成具有先导作用，他成为现代自然科学的引路人。德谟克利特以社会和人为关注主体，使哲学和美学跨进了一大步。马克思和恩格斯赞美他是古希腊人中"第一个百科全书式的学者"。

了原子和虚空之外，什么都没有。原子一直存在于宇宙之中，他们不能被创生，也不能被消灭，任何变化都是他们引起的结合和分离。从而为现代原子科学的发展奠定了基石。

不爱任何人的人，据我看是也不能为任何人所爱的。

德谟克利特否认神的存在，他认为原始人在残酷而奇妙的自然现象面前感到恐惧，再加上知识的匮乏，只有臆造出神来解释一切的未知。其实，除了永恒的原子和虚空外，从来就没有不死的神灵。

德谟克利特在认识论上提出了"影像"说，认为从事物中不断流溢出来的原子形成了"影像"，而人的感觉和思想就是这种"影像"作用于感官和心灵而产生的。他还区分了感性认识和理性认识。

名人轶事

据说德谟克利特自己弄瞎了自己的眼睛，以使感性的目光不致蒙蔽他的理智的敏锐。他的著作有52种，据说柏拉图曾想把他的作品全部烧光，现仅存极少数断片。

德谟克利特在哲学上把感性认识称做“暧昧的认识”，是认识的最初级阶段，把理性认识称为“真理的认识”，是认识的最高级阶段。在他看来，原子本身之间没有什么性质的不同，人们感觉所感知的各种事物的颜色、味道都是习惯，是人们主观的想法。

德谟克利特主张世界上一切事物都是相互联系的，都受因果必然性和客观规律的制约。

德谟克利特特别强调教育的重要性，他主张道德可教，认为道德教育可以改变一个人的性格，造成人的第二本性，而教育方法应该以鼓励和说服为主。

德谟克利特在伦理上认为，人的幸福与不幸居于灵魂之中，善与恶都来自灵魂，每个人都有独立的意志和人格。德谟克利特按照他的幸福论原则，对智慧、勇敢、节制、正义，以及义务和良心等道德范畴作了与柏拉图截然不同的解释，在西方伦理学史上作出了积极的贡献。

德谟克利特发展了原子论，为现代原子科学的发展奠定了基石

苏格拉底

Socrates 古希腊哲学家、教育家，希腊三贤之一，西方哲学的奠基者

苏格拉底的父亲是石匠和雕刻匠，母亲是助产婆。青少年时代，苏格拉底继承父业，从事雕刻石像的工作，靠自学熟读《荷马史诗》及其他著名诗人的作品，研究哲学，成了一名很有学问的人。

苏格拉底	
生卒年：	前469—前399
国　籍：	古希腊
家　庭：	公民
出生地：	雅典
性　格：	刚毅、执着、谦虚
志　趣：	演讲辩论、传授知识
身　份：	哲学家、教育家

苏格拉底以传授知识为生，30多岁时做了一名不取报酬也不设馆的社会道德教师。作为公民他热心政治，曾三次参军作战，在战争中表现得顽强勇敢。此外，他还曾在雅典公民大会中担任过陪审官。苏格拉底一生过着艰苦的生活。无论严寒酷暑，他都穿着一件普通的单衣，经常不穿鞋，对吃饭也不讲究。但他似乎没有注意到这些，只是专心致志地做学问。

美德即知识，愚昧是罪恶之源。

苏格拉底本人没有写过什么著作。他的行为和学说，主

西塞罗评价苏格拉底说："他把哲学从高山仰止高高在上的学科变得与人休戚相关。"

名人影响

苏格拉底对后世的西方哲学产生了极大的影响。哲学史家往往把他作为古希腊哲学发展史的分水岭，将他之前的哲学称为前苏格拉底哲学。苏格拉底被称为西方的孔子，这是因为他们都开创了一个新的时代：透过理性，对人的生命作透彻的了解，从而引导出一种新的生活态度。

要是通过他学生柏拉图的《对话录》、《回忆录》和克塞诺芬尼著作中的记载流传下来。苏格拉底的哲学思想主要体现在以下几个方面：

苏格拉底哲学的基础是唯心主义，他认为天上和地上各种事物的生存、发展和毁灭都是神安排的，神是世界的主宰。他反对研究自然界，认为那是亵渎神灵的。他为哲学研究开创了一个新的领域，将哲学从天上拉回到人间，在哲学史上具有伟大的意义。

苏格拉底提出精神实体和物质实体的区分，明确地将灵魂看成是与物质有本质不同的精神实体。在苏格拉底看来，事物的产生与灭亡，不过是某种东西的聚合和分散。他将精神和物质这样明确对立起来，成为西方哲学史上唯心主义哲学的奠基人。

苏格拉底试图求得普遍真理，开始为事物寻求定义。他反对智者们的相对主义，认为"意见"可以有各种各样，"真理"却只能有一个。"意见"可以随个人以及其他条件而

苏格拉底与妻子桑娣帕

变化，“真理”却是永恒的，不变的。苏格拉底所追求的认识各种事物的普遍定义，是真正的知识。像“美自身”、“正义自身”，也就是柏拉图所说的“美的理念”、“正义的理念”。这是西方哲学史上“理念论”的最初形式。苏格拉底强调，自然界的因果系列是无穷无尽的，如果哲学只去寻求这种因果，就不可能认识事物的最终原因。他认为事物的最终原因是“善”，这就是事物的目的性。他以目的论代替了对事物因果关系的研究，为以后的唯心主义哲学开辟了道路。

苏格拉底作为西方哲学史上第一个系统的唯心主义哲学家，开始了以哲学唯心主义的神话代替宗教神话的时代。

苏格拉底是一个伟大的教育家。他认为，无论是天资聪明的人还是天资鲁钝的人，教育都非常重要。要想获得成就，都必须勤学苦练才行。苏格拉底的教育目的是造就治国人才。他主张教育首先是培养人的美德，教人学会做人，成为有德行的人。其次要教人学习广博而实用的知识。苏格拉底通过长期的教学实践，形成了自己一套独特的教学法，他本人则称之为“助产术”，并声明他的“助产术”教学法则是为思想接生，是要引导人们产生正确的思想。

名人轶事

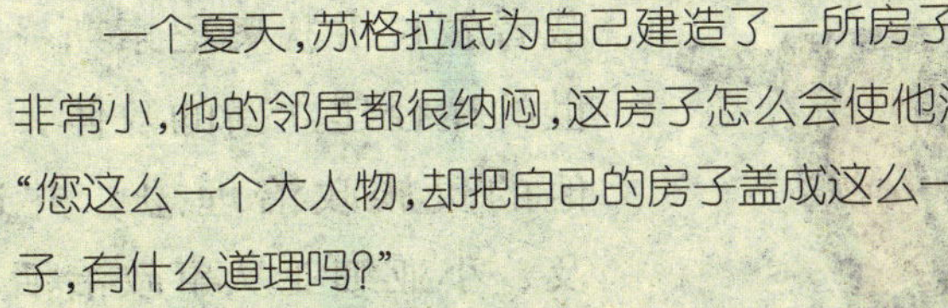

一个夏天，苏格拉底为自己建造了一所房子。房子非常小，他的邻居都很纳闷，这房子怎么会使他满意呢？“您这么一个大人物，却把自己的房子盖成这么一个小盒子，有什么道理吗？”

“确实没有什么道理。”他说，“不过这个地方虽小，但是如果我能使它容下真正的朋友，我将会认为自己是快乐的。”

柏拉图

Plato

古希腊哲学家、教育家，希腊三贤之一，西方哲学的奠基者

柏拉图

生卒年：约前427—前347

国　籍：古希腊

家　庭：贵族

出生地：雅典

性　格：睿智、执着

志　趣：传播思想、教书育人

身　份：教师、思想家

柏拉图20岁时成为苏格拉底的弟子，公元前404年民主制复辟后，公元前399年苏格拉底被判死刑，使柏拉图对现存的政治体制完全失望，决心通过哲学改变统治者，进而改造国家。怀着这一政治抱负，他三下西西里岛，企图通过培养教育独裁者叙拉古狄奥尼索斯一世和二世的途径建立新的政体，以实现他的贵族政治理想，并远到埃及、小亚细亚从事政治活动。但屡受挫折。柏拉图的政治理想遂彻底破灭。

绘有柏拉图与亚里士多德对话图案的陶罐

柏拉图的唯心主义哲学思想成为欧洲中世纪基督教神学，以及近代形形色色的唯心论、经验论及英雄史观的重要源泉。柏拉图的教育思想对后世教育家们以巨大的影响和启迪。

公元前387年柏拉图自西西里返回雅典之后，他在以希腊英雄阿卡德米命名的运动场附近创立学园，学园成为西方文明最早的有完整组织的高等学府之一，后世的高等学术机构也因此而得名。

柏拉图著有《理想国》、《法律篇》、《会饮篇》、《斐多篇》等。

耐心是一切聪明才智的基础。

哲学上，柏拉图建立了以理念论为核心的客观唯心主义体系。认为世界由“理念世界”和“现象世界”所组成。认为理念的世界是真实的存在，永恒不变，是独立于个别事物和人类意识之外的实体。而人类感官所接触到的这个现实的世界，感性的具体事物是不真实的，只不过是理念世界的微弱的影子，它由现象所组成，它是完善的理念的不完善的“影子”或“摹本”。最高的理念是“善的理念”。柏拉图认为，辩证法是最高级的认识。

柏拉图认为，自然界中有形的东西是流动的，但是构成这些有形物质的“形式”或“理念”却是永恒不变的。譬如一般意义的马是不变的，具体的马则会变化。

柏拉图认为，我们对那些变换的、流动的事物不可能有真正的认识。这种将理性绝对化、孤立化，使感觉和理性之间对立起来的思想，成了中世纪经院派教条主义教学

柏拉图给小狄奥尼修一世上课

亚里士多德在悼念他的诗文中写道："对于这样一个奇特的人，坏人连赞扬他的权利也没有，他们的嘴里道不出他的名字。正是他，第一次用语言和行动证明，有德性的人就是幸福的人，我们之中无人能与他媲美。"

方法的理论基础。

在政治观上，柏拉图设计了一整套"理想国"方案，并主张由"哲学王"来治理国家。柏拉图认为国家起源于劳动分工，因而他将理想国中的公民分为治国者、武士、劳动者3个等级，分别代表智慧、勇敢和欲望3种品性。治国者依靠自己的哲学智慧和道德力量统治国家；武士们辅助治国，用忠诚和勇敢保卫国家的安全；劳动者则为全国提供物质生活资料。3个等级各司其职，各安其位。在这样的国家中，治国者均是德高望重的哲学家，只有哲学家才能认识理念，具有完美的德行和高超的智慧，明了正义之所在，按理性的指引去公正地治理国家。治国者和武士没有私产和家庭，因为私产和家庭是一切私心邪念的根源。劳动者也绝不允许拥有奢华的物品。理想国重视教育，有一整套教育方法、教育理念。他认为，其他的政体都是这一理想政体的蜕变，这一政治思想带有明显的空想色彩。

名人轶事

苏格拉底有一天给他的学生上课，他说，今天我们不讲哲学，只要求大家做一个简单的动作，把手向前摆动300下，然后向后摆动300下，看谁能每天坚持。过了几天，苏格拉底上课时，他请坚持下来的同学举手。结果，有90%以上的人举起了手。过了一个月，他又要求坚持下来的人举手，只有70%多的人举手。过了一年，他又同样问道，结果只有一个人举手，这个人就是柏拉图。

柏拉图(左)与弟子亚里士多德

亚里士多德

Aristotle

世界古代史上最伟大的哲学家、科学家和教育家之一

亚里士多德

生卒年：前 384—前 322
国　籍：古希腊
家　庭：宫廷御医
出生地：色雷斯的斯塔吉拉
性　格：睿智
志　趣：科学研究、哲学思考
身　份：哲学家、科学家和教育家

亚里士多德的出生地是希腊的一个殖民地，与正在兴起的马其顿相邻。公元前366年亚里士多德被送到雅典的柏拉图学园学习长达20年，在学园中，亚里士多德表现的很出色，柏拉图称他是“学园之灵”。但亚里士多德可不是个只崇拜权威，在学术上唯唯诺诺而没有自己的思想的人。他不赞同老师的理念论。他曾经隐喻的说过，“智慧不会随柏拉图一起死亡。”柏拉图去世后，由于学园的新首脑赞同柏拉图哲学中的数学倾向，令亚里士多德无法忍受，便离开学园。

公元前341年，亚里士多德接受马其顿的国王腓力浦二世聘请，成为13岁的亚历山大大帝的老师。亚里士多德对这位未来的世界领袖灌输了道德、政治以及哲学的教育。在亚里士多德的影响

恩格斯称他是“最博学的人”。

名人影响

亚里士多德的思想对西方文化根本倾向以致内容产生了深刻的影响，他的思想曾经统治过全欧洲。他创立了形式逻辑学，并丰富和发展了哲学的各个分支学科，对科学作出了巨大的贡献。他的思想成为中世纪基督教思想和伊斯兰经院派哲学的支柱。亚里士多德思想是希腊科学的转折，是最后一个提出完整世界体系的人。在整个西方哲学史和文化史上，亚里士多德发挥了广泛而又重要的影响。

下，亚历山大大帝对科学事业非常支持，对知识十分尊重。使亚里士多德能够专心办学和潜心学术研究。

公元前335年腓力浦去世，亚里士多德回到雅典，建立了自己的吕刻（昂）俄斯（Lyceum）学园，招生教学。亚里士多德非常重视教学方法，他反对刻板的教学方式，经常带着学生在花园林荫大道上一边散步、一边讨论学术问题，由此后人把亚里士多德学派称作“逍遥学派”。亚历山大死后，雅典人开始奋起反对马其顿的统治。亚里士多德因被指控不敬神而逃到加尔西斯避难，次年病逝。

亚里士多德的学术成果之多，贡献之大，令人震惊。他的著作几乎构成了古代的百科全书，他至少撰写了170种著作，其中流传下来的有47种，开创了逻辑学、伦理学、政治学和生物学等学科的独立研究，史称“逻辑之父”。

亚里士多德是伟大的具有唯物主义思想的哲学家，他认为万物是形式与质料的和谐统一。“质

雅典卫城还原图

料”是事物组成的材料，“形式”是事物的个别特征。这一理论表现出自发的辩证法的思想。

我爱我师，
我更爱真理。

亚里士多德在哲学上最大的贡献在于创立了形式逻辑这一重要分支学科。逻辑思维是亚里士多德在众多领域建树卓越的支柱，这种思维方式自始至终贯穿于他的研究、统计和思考之中。

亚里士多德认为分析学或逻辑学是一切科学的工具。

亚里士多德主张学生要德、智、体、美全面发展，且在不同时期各有所侧重。亚里士多德认为理性的发展是教育的最终目的，主张国家应对奴隶主子弟进行公共教育。使他们的身体、德行和智慧得以和谐地发展。在教学方法上，亚里士多德重视练习与实践的作用。

亚里士多德认为运行的天体是物质的实体，地是球形的，是宇宙的中心；地球和天体由不同的物质组成，地球上的物质是由水气火土四种元素组成，天体由第五种元素“以太”构成。

亚里士多德反对原子论，不承认有真空存在；他还认为物体只有在外力推动下才运动，外力停止，运动也就停止。

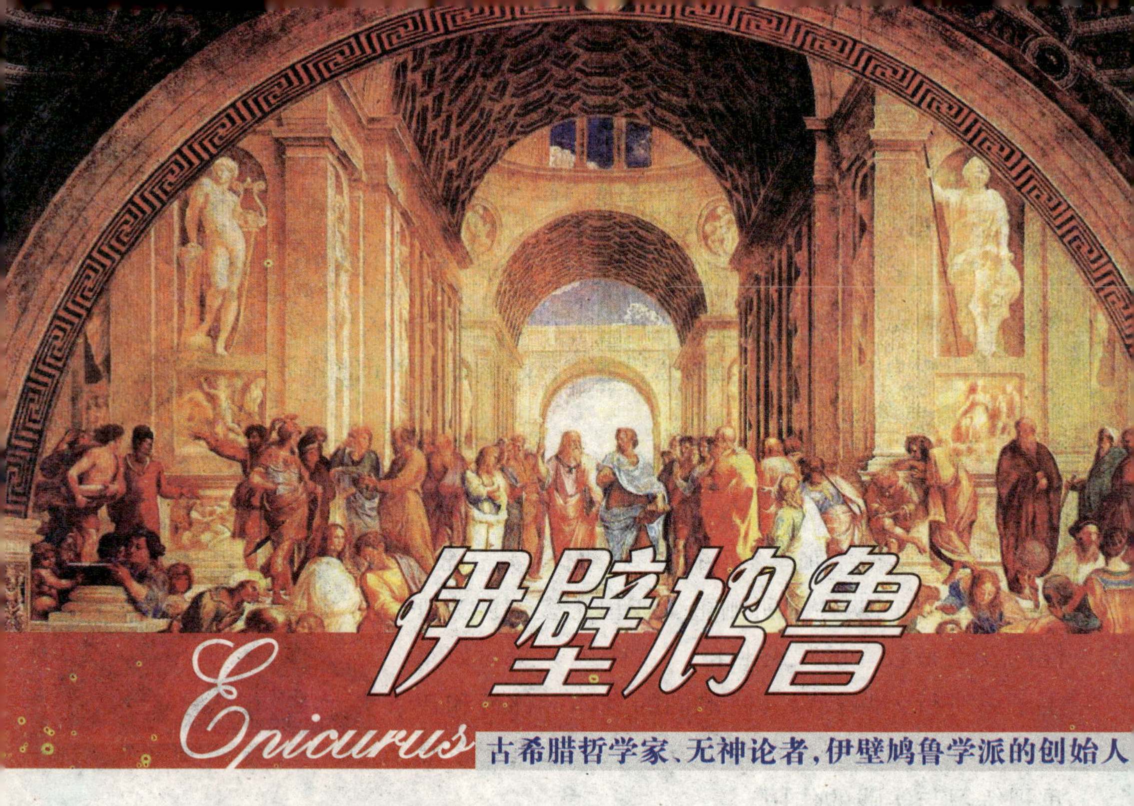

伊壁鸠鲁

Epicurus

古希腊哲学家、无神论者，伊壁鸠鲁学派的创始人

伊壁鸠鲁

生卒年：	前341—前270
国　籍：	古希腊
家　庭：	雅典平民
出生地：	萨摩斯
性　格：	温文尔雅
志　趣：	伦理学
身　份：	哲学家

伊壁鸠鲁父母亲都是雅典人，他14岁开始学习哲学。去过小亚细亚，并在那里受到德谟克利特哲学的影响，公元前306年回到雅典，在他自己买的一所花园里办学，建立了一个学派，该学派设在他的住房和庭院内，与外部世界完全隔绝，因此被人称为“花园哲学家”。

伊壁鸠鲁的著作多达300多卷，其中重要的有《论自然》、《准则学》、《论生活》和《论目的》等。但现存的只有3封书信和一些残篇。

伊壁鸠鲁的政治思想是围绕“社会契约说”展开的。他认为通过契约的方式建立国家，成立政府，制定法律，调整人们之间的利益。在伊壁鸠鲁看来，建立国家的方式就是和平协商，相互妥协，

因为只有通过运用这种政治规则，才能达到社会各种权利的平衡。

伊壁鸠鲁哲学的主要目的是想要获得恬静。为此伊壁鸠鲁提出了快乐伦理学说，认为快乐是生活的目的，最大的善来自快乐，没有快乐，就不可能有善。他说："快乐就是有福的生活的开端与归宿"。他还将快乐区分为积极的快乐和消极的快乐，认为消极的快乐拥有优先的地位，它是"一种厌足状态中的麻醉般的狂喜"。伊壁鸠鲁还认为人是以个人快乐为准则的生物。国家建立在相互约定的基础上，正义是人们互不侵害的契约，有利于人相互关系的便是正义的，否则是不正义的。

伊壁鸠鲁是一个唯物论者，他相信德谟克利特说的世界由原子和虚空构成，但他并不认为原子的运动受各种自然法则的支配。伊壁鸠鲁否定宗教，否认神是最高的法则制定者，他深信，神自身并不过问我们人世的事情。

伊壁鸠鲁认为感觉是判断真理的标准。感觉是直接的，无所谓错误，错误只发生在对感觉的判断中。他依据感觉经验，肯定物体的存在，进一步发展了德谟克利特的原子论学说。伊壁鸠鲁认为物体的颜色

"当我们存在时，死亡对于我们还没有来，而当死亡时，我们已经不在了。"

名人影响

伊壁鸠鲁的学说广泛传播于希腊——罗马世界，伊壁鸠鲁学派作为最有影响的学派之一延续了4个世纪。公元3世纪以后，伊壁鸠鲁的学派成了基督教的劲敌，他们抗议晚期异教徒对于巫术、占星与通神的日益增长的信奉。在中世纪，伊壁鸠鲁成了不信上帝、不信天命、不信灵魂不死的同义语。文艺复兴时期，由于卢克莱修《物性论》的发现和出版，扩大了伊壁鸠鲁学说对早期启蒙思想家的影响。伊壁鸠鲁的社会契约说是近代社会契约论的直接先驱，他的伦理思想对英国J.边沁、J.S.密尔等的功利主义产生了影响。

等可以感觉到的性质是客观的，人的感觉是可靠的，概念来源于感觉，克服了德谟克利特以及古代哲学家对感觉不信任的倾向，反对了怀疑论和柏拉图的先验论。

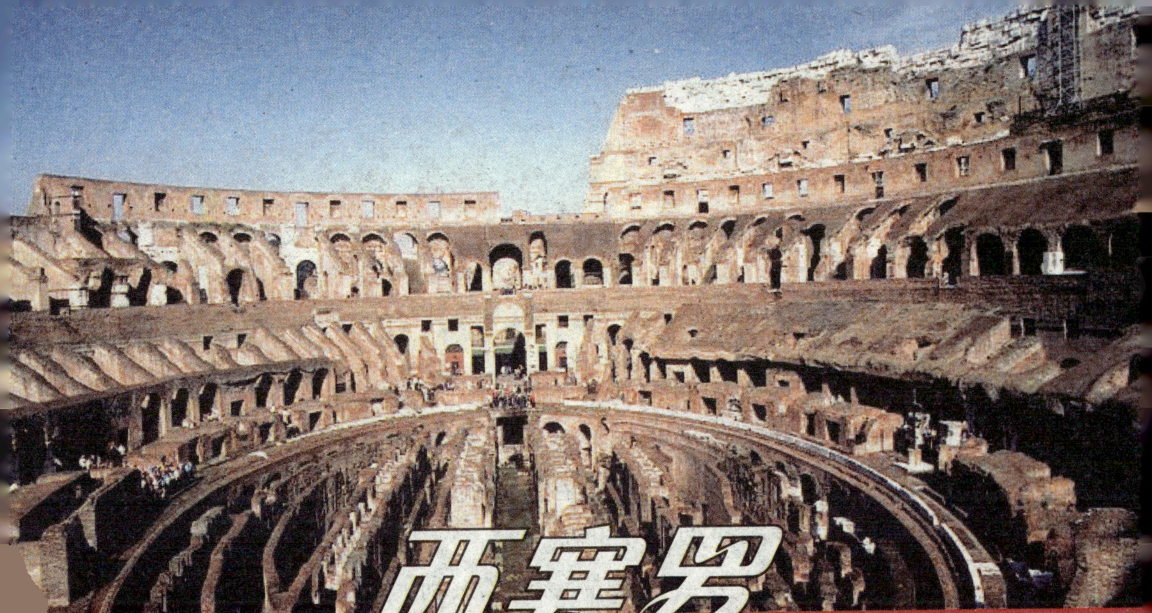

西塞罗

Cicero

古罗马杰出的演说家、教育家、政治家、哲学家

西塞罗	
生卒年：	前106—前43
国　籍：	古罗马
家　庭：	奴隶主骑士家庭
出生地：	罗马
性　格：	刚毅
志　趣：	文学、政治、演讲
身　份：	政治家、雄辩家、法学家和散文家

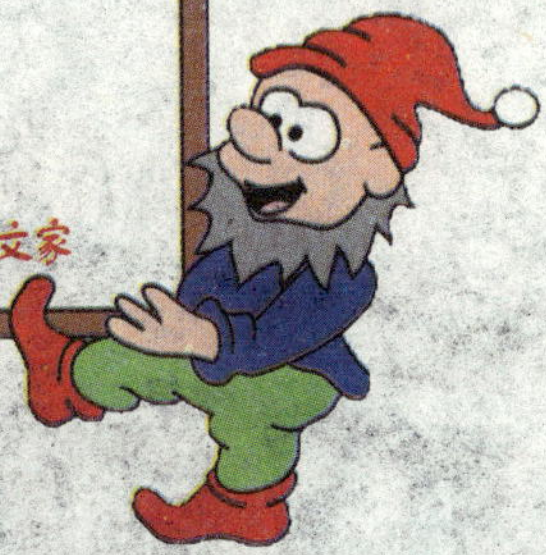

青少年的西塞罗勤奋好学多才多艺，尤善诗文，很快成为罗马学界关注的人物。后曾师从罗马执政官学习罗马法律，公元前75年进入政界，在西西里担任刑事推事官。作为一个司法工作者，西塞罗十分成功。

公元前70年，他更因起诉了西西里的前执政官加伊乌斯而在法学界名噪一时。此后，缺乏家族背景的西塞罗在政治上变得很激进，在军事上也成为了革新派。

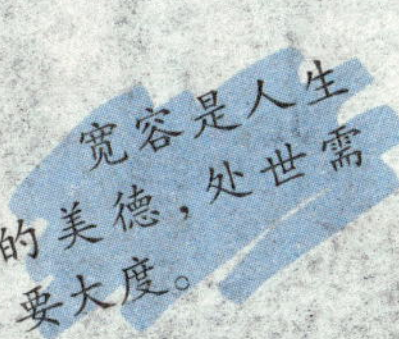

公元前63年，西塞罗成为图留斯家族中第一个担任执政官的人，他是罗马三十多年以来第一个通过选举担任这一职务的人。在这一时期，他的突出政绩在于未经审判粉碎了喀

宽容是人生的美德，处世需要大度。

余秋雨说，西塞罗几乎是古代罗马最好的散文家。

名人影响

西塞罗的自然平等观念深深地影响着西方，成为近代启蒙学者的宝贵财富。他的典雅的拉丁文体促进了拉丁文学的发展，从而影响了罗马以及后来欧洲的教育。

提林谋反集团而荣获“祖国之父”的尊号。不过，很快公民党人立法要求放逐那些不经法律审判而判处罗马公民死刑的人，西塞罗自请放逐，在一年的放逐生涯后，西塞罗回到了罗马并受到热烈的欢迎。

公元前49年，恺撒侵入意大利，西塞罗因批评恺撒的暴政不得不逃往罗马、希腊。恺撒在公元前44年3月15日被“释放者”（布鲁图和卡西乌斯等人）刺杀后，西塞罗成了民众领袖。

西塞罗和安东尼，此时共同成为了罗马的领导人。西塞罗成为了元老院的发言人，安东尼成为了执政官和行政官。西塞罗公开批评安东尼的野心，指责安东尼不顾恺撒的真实愿望而随意曲解他的政治主张和愿望。这使他们两人的关系进一步恶化。出于政治上的考虑，公元前43年，安东尼派人刺杀了西塞罗。

《论共和国》和《论法律》是西塞罗的政治、法律代表作。西塞罗颇有见识地提出了法律和国家本应属于人民，政治统治必须坚持法治主义。他以“共和国”的观念取代希腊人的城邦观念，认为国家是人民的事务，是人们在正义的原则和求得共同福利的合作下所结成的集合体。君主、贵族和

西塞罗迷恋雅典的一切，甚至希望身后能埋葬在希腊

恺撒大帝当政时，古罗马的元老院对大政方针有举足轻重的作用，因此恺撒总是设法将亲信安插进去，这使一些老资格的元老很不满意。一天，一位新进元老院的元老来剧场看表演，找来找去，找到了西塞罗身边。西塞罗想冷落这位新贵，便说："要是我已经觉得太拥挤了，我倒是很愿意请您坐在我旁边。"使这位新元老很难堪。

奥古斯都像(西塞罗追捧屋大维，奉他为"天赐之子")

民主三种政体都是单一政体，这三种单一的政体很容易蜕变成暴君制、寡头制。只有将这三种政体有机地结合在一起，取长补短，融合成一种混合的理想政体，才能制约、均衡和调和各面的势力，保持社会的稳定。他认为，当时以罗马元老院为首的奴隶主贵族共和国就是这样的理想政体。

《论老年、论友谊、论责任》是西塞罗的散文著作，"三论"被视为古典时代散文之杰作，至今仍为人们广为传诵。

《为马尔塞鲁（Marcello）辩护》等是西塞罗的著名演说词。他的演说文的风格被后代一些作家和演说家奉为榜样。

原罗马元老院所在地，西塞罗曾在此起草了戒严令，镇压了谋反者。

耶 稣

Jesus

基督教创始人，以救世主的名义传播上帝的福音

耶 稣

生卒年：前 6－30
国　籍：以色列
家　庭：普通犹太人
出生地：伯利恒
身　份：基督教创始人

公元前 6 年 12 月 25 日，耶稣降生。因杀律王要杀犹太婴儿，耶稣全家逃亡埃及。杀律王死后，全家返回以色列，定居拿剎勒，耶稣在此度过了童年。公元5年耶稣在耶路撒冷参加逾越节，第一次接触了犹太教。第二年，犹太人在伯利恒以“上帝以外没有王”的旗号举行的起义遭到残酷的镇压，年幼的耶稣耳濡目染，对统治者的残暴和同胞的惨死留下了深刻、痛苦的记忆。公元27年，耶稣的表哥约翰以先知的身份在约旦河下游向犹太人宣告民族灾难的根源是人们背离了上帝的道，必须悔改，接受洗礼，以免遭到上帝的惩罚。人们被约翰的言论所信服，纷纷聚到约翰活动的地方，接受洗礼，聆听教诲。耶稣深受震撼，也接受了洗礼。他坚信上帝的恩许会拯救以

名人影响

耶稣是人类最有影响的宗教领袖，他创立的基督教成为了世界范围的最具影响的宗教，而且成为统治欧洲几百年的宗教。

色列，会使犹太人获得民族解放。一种拯救民族同胞的责任感油然而生，他希望自己能成为上帝拯救以色列的弥赛亚。由此，他来到旷野长时间地祈祷、思索，终于得出一条结论，弥赛亚不仅是以色列民族复兴的领袖，也是全人类的救世主，而自己就是弥赛亚的代言人。

公元28年春天的一个安息日，耶稣来到当地的犹太人会堂，大声宣布自己的身份和悟出的道，但是没人追随他、理解他。

遭此挫折耶稣并未灰心，他离开家乡，来到北方的迦百农，开始了自己的传教布道生涯。他以自己的医学知识给人治病，同时宣传天国的福音，使聋子听到了声音，失明者见到了光明，显示了种种神迹，耶稣的名字很快

《诺亚方舟》描绘了人类为争夺生存空间，自相残杀，造成苦难罪恶的一幕。

基督教主要节日有圣诞节、受难日、复活节、升天节、诸圣日（万圣节）等，天主教和东正教还有圣神降临节、圣母升天节，命名日等节日。

圣诞节：12月25日。原为罗马神话中太阳神阿波罗的生日；罗马帝国以基督宗教为国教后将此日改为纪念耶稣基督诞辰，但耶稣基督降生的真实日期无人知道。

受难日：复活节前的礼拜五，纪念耶稣基督被钉死于十字架上。

耶稣被抬下十字架

复活节：3月21日到4月25日之间，每年春分月圆后的第一个礼拜日，纪念耶稣基督复活。

感恩节：（北美洲基督教传统节日，而非普世基督教节日）11月的第四个礼拜四（美国），或10月的第三个礼拜六（加拿大）。

传遍了四方。

耶稣通过研究传统的律法和先知的言论，赋予以新的含义，勉励人们认真地遵守。因为通向灭亡的道路是宽的，而通向永生的路是窄的，但只要努力遵守，知难而进，就会获得新生，直到永生。他的主张很快得到下层民众的支持，在他的身边逐步形成了新的教派。不久，耶稣在众多徒中选出12位助手（西门、安德烈、雅各、约翰、马太、腓力、马多罗买、多马、达太、西皮太雅各、西门分锐党、犹大），来帮他发动、组织、领导民众。

公元30年4月2日，耶稣率领门徒浩浩荡荡向耶路撒冷进发，与犹太教的领袖们进行公开论战。这次论战是对犹太教当局的公然挑战，虽然论战胜利了，耶稣占了上风，但犹太教当局和犹太教的大祭司联合起来必欲置耶稣于死地，他们收买了犹大。4月7日中午，耶稣被以煽动民众，犹太人的王的名义处死，钉死在十字架上。

奥古斯丁

Zurelius

古罗马帝国时期基督教思想家，教父哲学的重要代表人物

奥古斯丁的父亲为人懒散偷安，贪恋世俗，直到临终的时候才信主受洗。母亲莫尼加则是个虔诚的基督徒。奥古斯丁兼有父母两种性情，勤奋好学却又放浪不羁。7岁入小学，12岁入文法学校，17岁到迦太基就读雄辩术学校，专攻修辞学，其间因作了一篇戏剧诗而文名大振。

奥古斯丁

生卒年：354—430
国　籍：古罗马
家　庭：异教徒
出生地：北非（现今的阿尔及利亚）
性　格：放浪不羁与虔信忠诚
志　趣：美学、宗教
身　份：思想家、基督教领袖

> 万物的和平在于秩序的平衡，秩序就是把平等和不平等的事物安排在各自适当的位置上。

19岁在读了西塞罗(Cicero)的著作后，对哲学发生了兴趣，探索善恶的来源，因而信摩尼教，他一面治学，一面教书，日久，他发现该教理难于自圆其说。后来，他读到

名人影响

奥古斯丁的神学思想深深影响着西方罗马教会，双成论为中世纪的宗教统治确立了理论根据。他的宗教神秘主义美学思想对后世产生了很大的影响。他对世俗艺术的攻击涉及到的虚构、想像、构思、象征和形象等文艺理论问题，对后来的许多文艺流派都有影响。他所创立的基督教哲学，成为中世纪的基督教教义的重要组成部分，是经院哲学所依据的权威之一。

新柏拉图派的威克多林传记，读到他在老年时如何归向基督，心中大受感动，改信基督教。由此他相信上帝不但是一切良善之源，也是一切真实之源。自此以后，内心起了极大的变化。他离开了情妇，辞去教职，退居在一处山庄，与诸友人共研哲学，写成许多论文。他回家乡后，仍勤究学问。391年，前往希坡(Hippo)受职为神父。4年之后，又继承主教一职，成了最有地位的教主。

奥古斯丁把哲学和神学调和起来，以新柏拉图主义论证基督教教义，确立了基督教哲学体系。主要著作有《忏悔录》、《论三位一体》、《上帝之城》、《论自由意志》、《论美与适合》等。

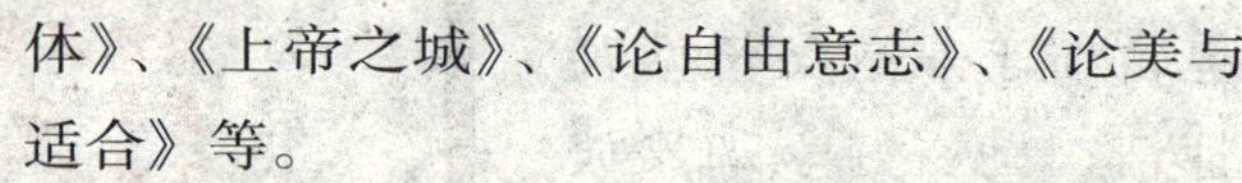

正在学习的奥古斯丁

奥古斯丁认为上帝创造世界，而且上帝既不需要材料，也不需要工具，甚至连时间和空间也不存在，他仅凭语言就足以产生出整个世界。

奥古斯丁认为一切美源自上帝。在他看来，美是分等级的，最高的、绝对的美是上帝，其次是道德美，形体美是低级的、相对的美。在美和丑的问题上，他主张美是绝对的，丑是相对的。孤立的丑是形成美的积极

因素。这种看法具有辩证性。比较起来，精神美在物质美之上。与精神美相比，物质美是短暂的、相对的美。至高无上的美是上帝，

奥古斯丁认为只有善才是本质和实体，它的根源就是上帝，而罪恶只不过是“善的缺乏”或“本体的缺乏”。上帝作为至善，是一切善的根源，上帝并没有在世间和人身上创造罪恶。罪恶的原因在于人滥用了上帝赋予人的自由意志，自愿地背离了善之本体（上帝）。

这种决定论的“原罪”和“救赎”理论使得基督教的人性论像上帝论和基督论一样充满了神秘主义色彩。

画中体现了奥古斯丁的双城理论

奥古斯丁认为，现实世界分为两座城：“一座城由按照肉体生活的人组成，另一座城由按照灵性生活的人组成。”前者是“尘世之城”，它是撒旦的领域，是肉体淫乱的渊薮，在现世中表现为异教徒的生活态度；后者是“上帝之城”，它是上帝的“选民”即预定得救的基督徒的社会，这是一座永恒之城，在现世中代表着它的就是教会。

奥古斯丁在传授教义

穆罕默德

Muhammad

接受真主启示传播伊斯兰教的人类最后一位先知，第一个伊斯兰国家的创立

穆罕默德

生卒年：570—632
国　籍：沙特阿拉伯
家　庭：中产家庭
出生地：麦加
身　份：先知、国王

据伊斯兰教史记载：穆罕默德出生前父亲亡故，6岁时母亲病故，从此以后，他的祖父阿卜杜拉照管他，祖父是当地有名的哈希姆部落的一个前酋长。家庭将他托付给一个牧游部落，童年替人放牧。8岁时他的祖父也逝世了。他的叔叔阿布塔里布照管他，叔叔是古莱氏族哈希姆部落的新酋长，这是当时麦加最强大的一个部落。

麦加当时是一个城市国家，它的中心是卡亚巴，传说是阿拉伯人和犹太人的共同祖先亚伯拉罕亲自建造的。当时大多数麦加人崇拜圣像。虽然麦加没有自己的资源，但它是一个重要的商业中心，许多远方的部落来此交换货物。传说穆罕默德非常积极地参加城市生活，他的叔叔建立了一个帮助穷人的组织，穆罕默德非常积极地

名人影响

穆罕默德建立了一个今天有数亿信徒的宗教，建立了世界上第一个伊斯兰国家，这个国家的继承人，不论是统一的还是分离的，在历史上和在今天都起着重要的影响。因此许多人认为穆罕默德是历史上最有影响的人物之一。

穆罕默德的教导培育了一个具有动力文化的社会，这种文化对人类历史留下了难以磨灭的影响。

高 73 米的德里顾特卜塔成为穆斯林统治印度的标志

愚昧是最卑贱的贫穷；智慧是最高贵的财富；自矜是凄凉地自我孤立。

参加其活动。他帮助解决纠纷，获得了“可靠者”（Al-Ameen）的美名，因为他在处理争吵纠纷时非常公正。

穆罕默德 12 岁时开始随叔叔外出经商，到过叙利亚、巴勒斯坦等地，对当时阿拉伯半岛的社会状况及多神教、犹太教和基督教等宗教状况有较深的了解。

25 岁时受雇于麦加富孀赫蒂彻，帮其经商。穆罕默德的才能令赫蒂彻欣赏，不久与其结婚。不过，婚后的他常到麦加郊区希拉山洞中静思，思索宇宙的奥秘与人生存的价值。

40 岁时，有一天，当他在希拉山洞内独自深思时接到了安拉通过天使传达的启示，命令他作为人间的使者，传播伊斯兰教。612 年末，他开始公开号召麦加居民放弃圣像崇拜，归顺并敬畏独一的安拉，止恶从善，宣称伊斯兰教是自古以来唯一的正统宗教，他自己是该教的最后一位使者。传教中，他主张限制高利贷、买卖公平、施济平民、善待孤儿、解放奴隶、制止血亲复仇、实现和平与安宁，吸引了一大批当地人的追随归顺，成了新的领袖人物。

619 年，其叔叔和妻子相继去世，使穆罕默德失去了两位重要的保护人和支持者，麦加贵族乘机加紧

伊斯兰教军队

名人轶事

穆罕默德处事公正，获得美名。尤其著名的是以下这个故事：当卡亚巴在一次洪水中被摧毁重建后，麦加各部落的首领争着要作为将那里的那块神圣的大黑石放回原处的人。穆罕默德成为解决这个争执的公正人。他让大家在地上铺一块大白布，将这块石头放在白布中央，然后让城内部落的首领一起将这块白布抬到卡亚巴的中央，而穆罕默德自己则将这块石头安置下来了。

正在履行拜功的穆斯林

迫害他及其追随者。伊斯兰教史称此年为“悲痛之年”。

622年，穆罕默德应麦地那人的邀请，令信徒分批秘密迁往麦地那，他本人也与挚友艾卜·伯克尔躲过敌人的追捕，于是年9月24日到达麦地那，在伊斯兰教史上把此年称为“伟大的迁徙之年”。后把此年定为伊斯兰教教历元年。

在麦地那，他首先制定了一项与各氏族集团共同遵守的公约。藉以巩固各氏族的团结；接着建立了一个以伊斯兰教信仰为共同基础的政教合一的穆斯林政权，并陆续确立伊斯兰教的各种典章制度。630年，由于麦加人违约，穆罕默德率领十万大军夺取麦加城，并迅速清除了“克尔白”殿内一切圣像，将“克尔白”定为伊斯兰教的朝拜中心。631年，阿拉伯半岛各部落纷纷派代表团到麦地那表示愿意接受伊斯兰教，至此，阿拉伯半岛基本统一。

穆斯林前往麦加城的克尔白圣殿朝觐“圣石”

爱留根纳

Eriugena

加洛林王朝文化复兴时期最著名的学者，"中世纪哲学之父"

爱留根纳

生卒年：约 800—877
国　籍：爱尔兰
身　份：思想家

爱留根纳早年和晚年活动无文献记载。公元845年左右被秃头查理任命为宫廷学校的校长，任教达25年之久。传说他后来回到英格兰，在那里去世。

爱留根纳建立了中世纪第一个完整的哲学体系，成为这一时期独具一格的哲学家。黑格尔认为，这个时期真正的哲学是从爱留根纳开始的。

在基督教思想占统治地位的年代里，爱留根纳哲学中的自由思想无疑洋溢着一股清新的气息，这也使它不容于教会正统。教皇尼古拉一世曾要求秃头查理或者将爱留根纳交付罗马接受审判，或者将他逐出宫廷学校。由于秃头查理的庇护，爱留根纳才幸免于难。但在秃头查理于877年去世后，爱留根纳就不知所终了。

名人轶事

爱留根纳与罗马帝国的查理大帝相处得十分融洽，不像君臣，倒有点像“哥们儿”。一次用餐时，查理大帝发现“爱尔兰”和“笨蛋”两个词的读音十分相近，就调侃爱尔兰出生的哲学家：“你说爱尔兰人和笨蛋相差有多远？”爱留根纳听罢会心一笑，冲着桌子对面的查理说道：“就隔一张桌子那么远，陛下。”查理不以为忤，哈哈大笑。

恩格斯在谈到爱留根纳的哲学思想时说道：“他的学说在当时来说是特别大胆的；他否定‘永恒的诅咒’，甚至对于魔鬼也如此主张，因而十分接近泛神论”。

爱留根纳明确地提出了信仰应当服从理性。对于哲学在探求真理方面的作用，他给予了极高的评价。他这样理解上帝的三位一体，把圣父理解为创造的实体，理解为一切事物的本质性，把圣子理解为上帝创造万物所遵从的理智，把圣灵理解为创造的生命或生命力。他认为理性和启示都是真理的来源，具有同等的权威，如果哲学与宗教、理性与信仰之间出现了矛盾，我们就应当服从理性。

爱留根纳全部哲学思想的核心是自然的区分。在《论自然的区分》一书中，爱留根纳认为自然只是一般名称，指的是全体存在的与不存在的，是心灵所能了解的或者超越心灵力量所能涉及到的全部事物。他还将自然区分为四种：创造而非被创造的自然，被创造又能创造的自然，被创造而不能创造的自然，不创造又不被创造的自然。这种思想无疑为后世的泛神论洞开了门户。

为了理解自然,爱留根纳又从存在与不存在的角度对自然进行区分。他认为存在与不存在,既是可以区分的,又是统一的,这种存在和不存在的区分和统一表现为五种不同的方式。

爱留根纳被秃头查理任命为宫廷学校的校长

一方面，上帝是包罗万象的存在；另一方面，就上帝超越理性来说，他又是不存在。

爱留根纳把圣父理解为创造的实体

事物就我们能够认识其属性而言，是存在；就我们对它们是什么以及为什么存在毫无所知而言，它们又是不存在。

就被创造物本性的不同层次来考察存在和不存在。

根据可能与现实、原因与结果的关系来区分存在与不存在。现实可见的是存在,尚未实现的或属于未来的是不存在;实现了的原因作为结果就是存在,隐藏的、尚未实现的原因则是不存在。

不生不灭、常住不变的东西就是存在,有生有灭、变化不定的东西就是不存在。

人是上帝按照自己的形象创造出来的。人犯了罪，从而背弃了上帝，背弃了上帝赋予自己的形象，丧失了自己的存在，就成为不存在。但当人被引导恢复了先前的存在状态，就又恢复了存在。这也就意味着，符合自身理念的就是存在，不符合理念的就是不存在。

爱留根纳关于存在与不存在的五种区分,继承了古希腊哲学中关于存在与不存在的矛盾统一的辩证法思想,他把存在与不存在视为辩证的统一,视为一个运动、互相转化的过程,显示了较高的思辨水平，其中包含着不少合理的思想。

“为了达到真正的、完善的知识，最勤奋、最可靠地探求万物的终极原因的途径就在于希腊人称之为哲学的那门学科之中”。

爱留根纳的故乡

阿伯拉尔

Abaelardus

中世纪法国经院道德哲学家，逻辑学家和神学家

阿伯拉尔

生卒年：1079—约1142
国　籍：法国
家　庭：骑士家庭
出生地：南特巴莱德
性　格：坚贞刚毅、自负高傲
志　趣：逻辑学、神学
身　份：修士

青年时期的阿伯拉尔为了参加“辩证法的比武大赛”，放弃了骑士称号的继承权，他四处寻访名师，到巴黎学习哲学。先后就学于唯名论者洛色林和唯实论者拉昂的安瑟伦，但每次都以对老师的激烈批评而结束。后同香浦的威廉等研究逻辑和神学。1115年回到巴黎讲学，取得巴黎圣母学院教席职位并获座堂神父衔，受到学生热烈拥戴。同年因与学生海洛伊斯的爱情而遭海洛伊斯的伯父巴黎圣母院大堂座堂神父福尔伯的私刑阉割。阿伯拉尔忍辱负重继续从事教学和研究活动。此后，他在法国西北部的一所保惠师修道院设立学校，在简陋的鲁伊修道院任院长，1136年回到巴黎主教座堂学校任教。写了大量著作。

名人影响

阿伯拉尔的思想深深影响了中世纪最伟大的另一位哲学家托马斯·阿奎那，帮助后者彻底结合亚里士多德的哲学思想与基督教的正统学说，创立了完整的经院哲学体系——托马斯主义。阿伯拉尔反对迷信权威，从怀疑权威出发，依据理性进行研究，最后达到真理，开创了后来以笛卡尔等人为代表的近代法国怀疑精神的先河，为后来的宗教改革作了理论准备。

善与善不相反对，恶与恶注定相攻。

阿伯拉尔是12世纪反对迷信权威的勇士。在方法论原则上对经院哲学的形成和发展作出了重大影响。阿伯拉尔的结论是："在学问上最好的解决问题的方法就是坚持的和经常的怀疑。……由于怀疑，我们就验证，由于验证，我们就获得真理"。

阿伯拉尔哲学上认为共相是存在于人心之中表示事物共性的概念。阿伯拉尔继承洛色林的唯名论传统，坚持个别事物的真实存在，否认共相的客观实在性。在逻辑的共相问题上，他既不赞同洛色林的极端唯名论，也反对威廉与安瑟伦的唯实论，主张温和的唯名论，后被称之为概念论。他认为共相仅存在于人的思想中，是显示多个事物间相似性或共同性的概念。

阿伯拉尔的恋人海洛伊斯

在伦理学上他主张动机论，从唯名论原则出发，阿伯拉尔把善恶归诸于个人的意向和良知。他强调人们主恩格斯高度评价了阿伯拉尔的反权威思想：阿伯拉尔的“主要东西——不是理论本身，而是对教会权威的抵抗。不是像安瑟尔谟那样‘信仰而后理解’，而是‘理解而后信仰’；对盲目的信仰进行永不松懈的斗争”。他的墓志铭称他为“高卢的苏格拉底”，“一个多才多艺的人，精细的、敏锐的天才”。

名人轶事

1113年阿伯拉尔向当时享有盛誉的神学家拉昂的安瑟伦学习神学。但他发现他的老师名不符实，便批评安瑟伦像一棵光长叶不结果的树，像光冒烟不发火的炉子。

观动机的重要性，认为违背道德良心的行为就是犯罪。

在“三一论”上，他认为父、子、圣灵是上帝自我显现的三种表象，被控为异端。

在罪与救赎的问题上，他否认传统的原罪说，认为原罪并不带有原过，亚当传给后代的只是对罪的惩罚或后果。他反对坎特伯雷的安瑟伦的救赎补偿说。

在信与知的关系上，他批驳坎特伯雷的安瑟伦信以致知的观点，主张信仰应建立在理性的基础上。阿伯拉尔还提倡宗教宽容。他虽然没有反对教会及基督教信仰，但是，因强调理性，被认为背离正统教会的传统教义。

阿伯拉尔无疑是中世纪哲学家中最有个性和传奇色彩的人物之一

阿利盖利·但丁

Dante Alighieri 欧洲文艺复兴时代的开拓者，现代意大利语的奠基者

阿利盖利·但丁

生卒年：1265—1321
国　籍：意大利
家　庭：没落贵族
出生地：佛罗伦萨
性　格：执着
志　趣：写作
身　份：诗人、现代意大利语的奠基者

但丁6岁母亲去世，18岁父亲病故。他继承父亲遗志，积极参加政治斗争。当时他成为佛罗伦萨重要政党成员，并被选为最高权利机关执行委员会的6位委员之一。1301年教皇宣布放逐但丁，从此但丁再也没有能回到家乡。但丁在被放逐时，他以著作排遣其乡愁，并将一生中的恩人仇人都写入他的名作《神曲》中，对教皇揶揄嘲笑，他将自己一生单相思的恋人，一个叫贝特丽丝的25岁就去世的美女，安排到天堂的最高境界。但丁于1321年客死他乡，在意大利东北部拉维纳去世。

《神曲》中表现出的深刻批判精神和新思想的萌芽，使诗人成为文艺复兴新时期即将到来的预言者。诗中，但丁肯定知识和理性

封建的中世纪的终结和现代资本主义纪元的开端，是以一位大人物为标志的，这位人物就是意大利人但丁，他是中世纪的最后一位诗人，同时又是新时代的最初一位诗人。

名人影响

但丁的作品基本上是以意大利托斯卡纳方言写作的，对形成现代意大利语言以托斯卡纳方言为基础起了相当大的作用，因为除了拉丁语作品外，古代意大利作品只有但丁是最早使用活的语言写作，他的作品对意大利文学语言的形成起了相当大作用，对文艺复兴运动起了先行者的作用，成为欧洲文艺复兴时代的开拓人物之一。

文艺复兴时期的伟大人物但丁手拿他的《神曲》

精神，批判了中世纪的文化专制主义和蒙昧主义，尽管作为一个基督徒，但丁不能将柏拉图、亚里士多德、荷马等直接安排进天堂，但却把这些“高贵的”异教徒放进地狱中一个毫不受苦的美丽幽静之处。但丁还同情为爱情而遭惨杀在地狱中受苦的保罗和弗兰采斯加，批判了教会的禁欲主义。长诗多处流露出期待结束党派纷争，实现民族统一的强烈愿望，对祖国的挚爱，常使诗人情不自禁。

油画《与但丁讨论神曲》

走自己的路 让别人去说吧

名人轶事

一个春光明媚的上午，阳光洒在阿尔诺河上，波光闪闪，把河上的廊桥和桥畔的行人映衬得更加光彩夺目。一位高贵而美丽的18岁少女在侍女的陪伴下向老桥走来。此时，但丁正从廊桥的另一头迎着18岁少女走上廊桥，两人在桥上不期而遇。但丁凝视着18岁少女，既惊喜又怅然；而18岁少女却手持鲜花，双目直视前方，径直从但丁身边走过，仿佛没有看见但丁。但她的眼里放射出的异样的光芒和脸上泛起的潮红却透露出少女情动的信息。贝特丽丝最终并没有嫁给但丁，在但丁第二次见到她时，她已被迫嫁给了一位伯爵，不久就夭亡了。贝特丽丝带走了但丁的梦想，也把美丽和哀伤留给了但丁。但丁是个对爱情矢志不渝的人，他一直爱恋着她，永志一生。这样的哀伤和思念，成就了他早年诗作《新生》。

油画《与但丁讨论神曲》

A DANTE ALIGHIERI
L'ITALIA

托马斯·阿奎那

Thomas Aquinas

13世纪意大利神学家，著名的经院哲学家

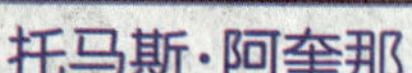

生卒年：1225—1274
国　籍：意大利
家　庭：贵族家庭
出生地：那不勒斯的阿奎诺
性　格：谦虚、沉稳
志　趣：圣经、哲学
身　份：神学家、经院哲学家

托马斯5岁时接受启蒙教育。14岁转入那不勒斯大学攻读文学。期间加入了多米尼克修会。后受修会派遣到巴黎大学深造，在那里拜阿尔伯特为师。不久被阿尔伯特带到科隆继续学习。他的《答外教人》一书，让他成了国际神哲学界的权威。

大约在公元1266年，他着手编写经院哲学中最伟大的不朽名著《神学大全》。1259～1268年间曾先后担任亚历山大四世、乌尔班四世、克雷其四世3位罗马教皇教廷的神学教师和法王路易九世的神学顾问。1274年，应教皇之召赴里昂参加宗教会议，不幸于中途因病去世。

托马斯继承老师阿尔伯特的思想路线，不顾教会保守势力的反

名人影响

托马斯以其大胆革新的精神和渊博的学识，为基督教建立了一个百科全书式的哲学体系，确立了亚里士多德主义在教会神学中的地位，对后世的神哲学的发展产生了深远的影响。随着教会权威日趋没落，托马斯的地位不断上升。1323年，他被封为圣徒，1567年又被封为圣师。1879年，教皇利奥十三世正式规定托马斯学说为罗马公教会的神哲学原理。直到20世纪，亦有新托马斯主义流行于世。在宗教哲学方面，他提出了著名的证明上帝存在的五种论证，对后世有重大影响。

"基督教神学来源于信仰之光，哲学来源于自然理性之光"

对，适应时代的新思潮，将基督教的神学思想和亚里士多德的哲学融合在一起，建立起了庞大的经院哲学体系。

在宗教哲学方面，他提出了著名的上帝论，他通过五种论证来证明上帝的存在，为上帝的存在找到了理论根据，他的上帝主宰学说对后世产生极其重大的影响。

托马斯根据宗教教义与亚里士多德的有关学说，提出处理经济关系的基本原则应当是分配的公正与交换的公正。他把财富分成两种，即自然财富和人为财富。认为自然经济是一国幸福的基础，金银财富作为人为财富，不应成为国家和个人追求的目标。

在伦理学问题上，托马斯吸取了亚里士多德关于至善的理论，但把至善和上帝联系在一起。他认为，人是一种有目的的动物，人的一切行动乃至整个人

画有阿伯拉尔、奥古斯丁、托马斯·阿奎那的窗画

生都在追求着某种目的、幸福或者善。人的至善和最高幸福就在于承认上帝、信仰上帝、认识上帝、分有上帝。

名人轶事

托马斯的兄弟不愿他加入多明我会，就在路上用武力把他劫走，软禁堡垒中。托马斯在软禁期中，研究神学家伯多禄龙伯的著作，还潜心研究圣经。他的兄弟威逼利诱，无法动摇他的意志，竟设法唆使妓女到托马斯室中，用美色诱惑他。托马斯大怒，赤手从炉中取出燃烧的炭，将娼妓驱逐。两年后，家人见托马斯志不可屈，就释放他重返了修道院。

托马斯秉性沉默寡言，又生得身体魁梧同学遂赐以“哑牛”绰号。一位热心的同学见他外表笨拙，就自愿替他补习。

托马斯天性谦虚，欣然接受，每遇疑难字句，这位同学无法解释，托马斯反倒替他讲解，头头是道。不久，全班同学对托马斯渐加注意，私下将托马斯的笔记交给老师亚尔伯。亚尔伯读后异常钦佩，相信托马斯不是平凡之人。第二天，就叫托马斯来面试。考完后，对众学生说：“你们称托马斯为哑牛，将来这位哑牛的叫声，将震动普世。”

阿奎那在宣传上帝学说

尼科洛·马基雅维里

Niccolò Machiavelli

意大利文艺复兴时期伟大的政治家、思想家，近代政治学理论的奠基者

1494年马基雅维里参加反美第奇家族的起义。1498年起任佛罗伦萨共和国掌管军事 外交的“十人委员会”秘书，负责起草政府文件和佛罗伦萨防务，并出使意大利各国和法、德等国。1513年美第奇家族复辟，遭逮捕和监禁。恢复自由后，长期隐居庄园，著书立说。

尼科洛·马基雅维里

生卒年：1469—1527
国　籍：意大利
家　庭：没落贵族
出生地：佛罗伦萨
身　份：思想家、政治家、外交家

马基雅维里是第一个使政治学独立，同伦理家彻底分家的人。在他的学术名著中，《君主论》是最小的一部，但也是最有名的一部。

马基雅维里是中世纪晚期意大利新兴资产阶级的代表，主张结束意大利在政治上的分裂状态，建立强大的中央集权国家。他在其

萨拜因："马基雅维里对国家这个词的近代含义所作的贡献要超过任何别的政治思想家，甚至国家这个词本身，作为最高政治实体的名称似乎也主要是因他的著作而开始在近代语言中加以经常应用的。

名人轶事

马基雅维里在1527年4月21日临终的时候还给那些在他弥留之际陪在他身边的忠诚的朋友们讲述了一个他做过的梦。

在他梦里头，他看见一伙衣裳褴褛，形容邋遢的人。他问他们是些什么人。他们回答说："我们是一些品德高尚、受到祝福的人；我们正在去往天堂的路上。"后来，他看到一群服饰端庄，形容高贵、肃穆的人，在严肃地谈论一些重大的政治问题。在他们中间，他认出了几个伟大的古代哲学家和史家，如柏拉图、普鲁塔克、塔西陀等。他又问他们是些什么人，正往哪儿去。"我们是被诅咒下地狱的人，"他们答。马基雅维里说，他更乐于呆在地狱里，他在那里可以跟古代世界的那些伟人讨论政治，他可不喜欢呆在天堂里，呆在那群受到祝福而品德高尚的人中间，他会饱受煎熬的。

代表作《君主论》中认为共和政体是最好的国家形式，但又认为共和制度无力消除意大利四分五裂的局面，只有建立拥有无限权力的君主政体才能使臣民服从，抵御强敌入侵。他强调为达目的不择手段的权术政治、残暴、狡诈、伪善、谎言和背信弃义等，只要有助于君主统治就都是正当的。这一思想被后人称为"马基雅维里主义"。他还著有《论战争艺术》(1520)和《佛罗伦萨史》(1525)等。

他在《论李维著罗马史前十书》中社会冲突理论：人们相互斗争竟使国家保持统一，而免崩溃的趋势。他留传给后代思想家一个古典的理念，即任何持久的政体必须在君主、贵族、民主三种要素之间维持平衡。创造以及维系一个在市民公共领域中超越私人与家族偏执的国家，虽是人类的最高成就，但却有其终局的厄运。因为国家创造和平，和平带来繁华，当人们逐渐习惯繁华

与和平的日子，他们便丧失公德，放纵私人的情欲；用马基雅维里的话说：自由屈服于腐化。这个强调公民参与的传统，甚至在近代早期欧洲的绝对君主政体中亦未曾断绝，而从法国大革命的时代开始即成为主流。它构成现代所谓“民主政体”的许多内容。

马克思曾经肯定马基雅维里及其后一些近代思想家在国家观上摆脱神学的束缚说，他们“已经用人的眼光来观察国家了，他们都是从理性和经验中而不是从神学中引出国家的自然规律；”并且又一次指出马基雅维里及其后的一些近代思想家使政治研究独立于道德，他说：“从近代马基雅维里……以及近代的其他许多思想家谈起，权力都是作为法的基础的，由此，政治的理论观念摆脱了道德，所剩下的是独立地研究政治的主张，其他没有别的了。”

一位君主如果他的作法符合时代的特性，他就会得心应手；同样地，如果他的行径同时代不协调，他就不顺利。

马基雅维里的故乡

哥白尼

Copernicus

现代天文学创始人，日心说的创立者

哥白尼	
生卒年	1473—1543
国　籍	波兰
家　庭	商人
出生地	托伦布
性　格	勤勉、虔诚
志　趣	天文
身　份	医生、教士、天文学家

哥白尼的父亲是个当议员的富商，10岁的时候，他的父亲去世，被送到舅舅务卡施大主教家中抚养。务卡施是一个人文主义者，在哥白尼念中学的时候，务卡施就带着他参加人文主义者的聚会。1491年，按照舅父的安排，哥白尼到克拉科夫大学去学习天文和数学。1496年，来到文艺复兴的策源地意大利，攻读法律、医学和神学，其间天文学家诺瓦拉对哥白尼影响极大，在他那里学到了天文观测技术以及希腊的天文学理论。

在意大利北部的波伦亚大学，他结识了当时知名的天文学家多米尼克·玛利亚，同他一起研究月球理论。约1510年前后，在赫尔斯堡，哥白尼为阐述自己关于天体运动学说的基本思想撰写了题为

名人影响

哥白尼是欧洲文艺复兴时期的一位巨人。他用毕生的精力去研究天文学，为后世留下了宝贵的遗产。虽然哥白尼的观点并不完全正确，但是他的理论为人类的宇宙观带来了巨大的变革。哥白尼不仅铺平了通向近代天文学的道路，而且开创了整个自然界科学向前迈进的新时代。从哥白尼时代起，脱离教会束缚的自然科学和哲学开始获得飞跃的发展。哥白尼的"日心说"沉重地打击了教会的宇宙观，使天文学从宗教神学的束缚下解放出来，自然科学从此获得了新生，这在近代科学的发展上具有划时代的意义。作为近代自然科学的奠基人，哥白尼的历史功绩是伟大的。

"现象引导天文学家"；"人的天职在勇于探索真理"。

《试论天体运行的假设》的短文，它宣布："所有的天体都围绕着太阳运转，太阳附近就是宇宙中心的所在。地球也和别的行星一样绕着圆周运转。它一昼夜绕地轴自转一周，一年绕太阳公转一周……。"1533年，哥白尼在罗马做了一系列的讲演，进一步提出了他的学说的要点。不久，经过长年的观察和计算，伟大的《天体运行论》终于完成。文中阐述了著名的日心学说，提出"宇宙是球形"、"大地也是球形"、"天体的运动是均匀永恒之圆运动或复合运动"的观点。书中公布恒星年的时间为365天6小时9分40秒，误差只有百万分之一；月亮到地球的平均距离是地球半径的60.30倍，误差只有万分之五。在《天体运行论》中哥白尼还详细讲解了地球的三种运动（自

哥白尼雕像

恩格斯在《自然辩证法》中说："自然科学借以宣布其独立并且好像是重演路德焚烧教谕的革命行动，便是哥白尼那本不朽著作的出版，他用这本书（虽然是胆怯地，而且可说是只在临终时）来向自然事物方面的教会权威挑战，从此自然科学便开始从神学中解放出来。"

名人轶事

哥白尼从小受到良好的学校教育，喜欢观察天象，人小志大。他常常独自仰望繁星密布的夜空。有一次，哥哥不解地问哥白尼："你整夜守在窗边，望着天空发呆，难道这表示你对天主的孝敬？"哥白尼回答说："不。我要一辈子研究天时气象，叫人们望着天空不害怕。我要让星空跟人交朋友，让它给海船校正航线，给水手指引航程。"

转、公转、赤纬运动）所引起的一系列现象，岁差现象、月球运动、行星运动的及金星、水星的纬度偏离和轨道平面的倾角。《天体运行论》的诞生，使当时所知道的太阳系内天体的位置和运动状况更为完整了。

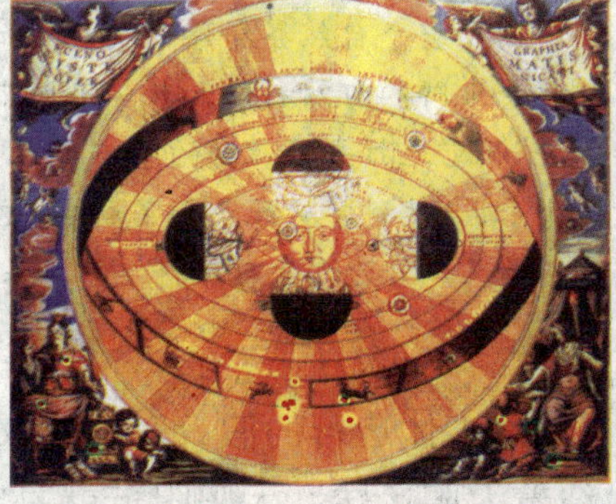

展现哥白尼理论所阐述的行星系统

哥白尼《天体运行论》的日心说，科学地阐明了天体运行的现象，推翻了长期以来居于统治地位的托勒密地心说，并从根本上否定了基督教关于上帝创造一切的谬论，从而实现了天文学中的根本变革。由于哥白尼的学说触犯了基督教的教义，遭到了教会的反对，其后他的著作被列为禁书。但真理是封锁不住的，这一光辉学说经过三个世纪的艰苦斗争，终于在1882年得到罗马教皇的承认。

托马斯·莫尔

Thomas More

英国空想社会主义者，《乌托邦》一书的作者

莫尔幼年丧母，父亲曾担任过皇家高等法院的法官，勤俭持家、正直明达，对儿子要求极为严格，这对莫尔一生产生了深刻的影响。幼时莫尔入伦敦的圣安冬尼学校，学习拉丁文。13岁时，父亲将他寄住在坎特布雷很有影响的政治家，担任过英国的大法官的红衣大主教莫顿家中。从他那儿莫尔得到了很多有益的影响。

托马斯·莫尔

生卒年	1478—1535
国　籍	英国
家　庭	富有家庭
出生地	伦敦
性　格	刚正不阿
志　趣	法律
身　份	官员、思想家、律师

1492年，莫尔进入牛津大学攻读古典文学，学习了希腊文，熟读柏拉图、伊壁鸠鲁、亚里士多德等人的作品。柏拉图的思想对莫尔产生了巨大的影响。同时，他还学习了不少人文主义学科，并与著名人文主义者科利特、格罗辛、林纳克等有很深的交往，受此的影响，他很快成为了一位坚定的人文主义者。1494年他离开了牛津

名人影响

由于莫尔在《乌托邦》中为人类设计的理想社会的美好图景。使他被世人公认为是西欧第一位伟大的空想社会主义者。他的思想深深地影响了西方许多思想家。

大学，进入新法学院学习法学，后又在林肯法学院攻读英国法，23岁时成为一名卓有才华的律师，他在研究法律的同时，还是一个文学爱好者。

26岁时他曾被选为议员，开始从政。后曾担任了伦敦司法长官，并赢得了伦敦市民的信任。1515—1516年在英国商人的敦促下，英王两次委派莫尔到荷兰及加来，调停与当地商人发生的商务纠纷。其间完成了《乌托邦》写作。

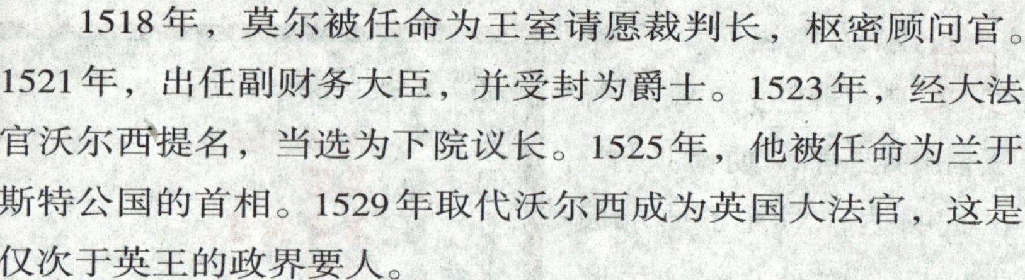

1518年，莫尔被任命为王室请愿裁判长，枢密顾问官。1521年，出任副财务大臣，并受封为爵士。1523年，经大法官沃尔西提名，当选为下院议长。1525年，他被任命为兰开斯特公国的首相。1529年取代沃尔西成为英国大法官，这是仅次于英王的政界要人。

由于在国务活动中，莫尔坚持己见，不肯委曲求全，英王对他甚为不满。不久两人之间的矛盾变得日益深刻了。1532年，他因反对国王离婚再娶愤而辞职。他的做法激怒了亨利八世。后莫尔因拒绝宣誓效忠亨利八世被关进伦敦塔。1535年7月7日，托马斯·莫尔被以“叛国”罪名处以死刑。1886年，在莫尔去世三百多年后，天主教会追封他为圣徒，尽管他不是一位正统的天主教信徒。

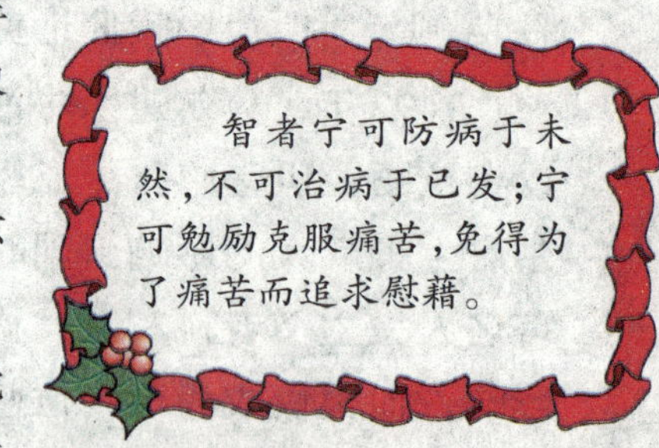

智者宁可防病于未然，不可治病于已发；宁可勉励克服痛苦，免得为了痛苦而追求慰藉。

《乌托邦》一书是莫尔的不朽巨著，拉丁文写成。

《乌托邦》一书，莫尔将批判的矛头直指剥削制度赖以存在的基础——私有制，他认为，私有制是万恶之渊薮，必须消灭它。

莫尔将自己对人类美好国家制度的憧憬投射在他所假想的乌托邦岛上。在政治方面，乌托邦的政治制度的基本特征是民主，即除奴隶之外的全体乌托邦人当家作主。乌托邦社会由自由公民和奴隶构成。在经济方面。乌托邦人的一切经济活动以人们的生产劳动为前提，在乌托邦，“为了满足人们自然需要和便利要求”，不分男女，只要年龄和体力适合，都要参加劳动。乌托邦实行财产公有。所有产品公共管理，按需分配。在科学文化方面。乌托邦人注重提高全体人民的科学文化水平。在社会生活的方面。乌托邦人采取的是一种健康向上的生活方式。家庭伦理对乌托邦社会具有重要意义。在宗教方面，乌托邦人采取了很明智的宽容态度。在对外关系方面。乌托邦人对外部世界所持的是和平友好的态度，但在必要的时候也不会拒绝、甚至会去发动战争。此外，莫尔还对乌托邦的人口、教育、城市规划、交通运输、婚嫁习俗、语言文字、医药生，乃至思想观念等方面进行了描述。

象景邦托乌的述描尔莫

1504年，年仅26岁的莫尔被选为下议院的议员。有一次，当英王亨利七世向议会无理勒索一笔封建性的巨额补助费时，莫尔竟敢当众“直犯龙颜”，义正词严地否决了国王的要求，使出席议会的王公大臣们感到惊慌失措。他们急忙禀奏国王说：“一个还没长胡子的男孩打乱了陛下的全盘计划。”莫尔这种不顾个人安危、敢于仗义执言的性格，早在年轻时候就已经锋芒毕露。

马丁·路德

Martin Luther

16世纪欧洲宗教改革领袖，新教路德宗创始人

马丁·路德

生卒年：1483—1546
国　籍：日耳曼
家　庭：农民
出生地：绍森几亚的艾斯里本
性　格：专断、粗暴
志　趣：宗教创新
身　份：修士、宗教改革思想家

路德自幼家中贫困，父亲的脾气非常暴躁、严厉，对孩子们的教育以恐吓和惩罚并施。路德比较性急，常受父亲的刑罚。少年在惧怕其父母发怒的环境下成长。1497年到纳尔兄弟会学校读书。1502年路德在尔笔特大学毕业。1505年路德不顾父亲的反对，进入了奥古斯丁的修道会。面对神职人员的腐败，路德决定回威腾堡攻读神学博士。当他为解除自己“心灵之痛苦”寻找“蒙神赦罪而得救赎”之路时，认识到传统教会要求人们履行的救赎礼仪和善功，无助于人们解除这种深沉的内心苦闷，经院神学只能引领人的心灵走入死胡同。于是开始向天主教发起挑战。

1517年马丁·路德针对诸多神学问题尤其是对大赦、赎罪券和

名人影响

马丁·路德把95条罪状钉在教堂门上

宗教改革运动的结果是建立了各种不同的新教派。随之而来的是在欧洲发生了广泛的宗教战争，包括德国“三十年战争”。在随后几个世纪中的欧洲政治舞台上，天主教徒和新教教徒之间的政治斗争都起着一种主要的作用。宗教改革运动在西欧文化发展中还起着一种微妙难言但非常重要的作用，宗教改革运动以后，两种教派长期斗争的结果是引发了天主教在17世纪的改革，引入了人文主义。进而出现18世纪法国的自由主义。基督教却在18世纪没落而发动其自身的改革，结果产生了宗教自由主义，最终产生了现代的各种思想，包括社会主义。路德对犹太人的排斥、迫害巫师和巫婆的观点对后世都产生了很大的影响。

一般善工的价值问题，提出了《九十五条论纲》，一场轰动整个欧洲的争辩由此开始。《九十五条论纲》批评某些教会征收发行赎罪券弊端，认为告解圣事的中心是悔改，而不是向神父认罪；肉身的苦修和禁欲，若无内心的忏悔便毫无用处；靠积累功德赎罪无益，论纲触怒了教廷。

1520年路德连续发表《关于教会特权制的改革致德意志基督教贵族公开信》、《论教会的巴比伦之囚》和《论基督徒的自由》等文章，提出了因信称义的命题主张。他一再强调，为灵魂得救只须要信仰，用不着善行，他公开提出教皇无权干预世俗政权。宣称教会如果不能自己进行改革，国家政权应予挽救，并将罗马教会称为“打着神圣教会与圣彼得的旗帜的、人间最大的巨贼和强盗”。

除非圣经或理由清楚的说服我，我受所引用的圣经约束，我的良心受神的话捆绑。我不能，也不愿收回任何的意见，因为违背良心既不安全，也不正当。我不能那样做。这是我的立场，求神帮助我。

1520年6月教皇利奥

恩格斯说，这种宗教的改革带有资产阶级的性质，使教会共和化和民主化，为资产阶级革命提供了意识形态的外衣。

名人轶事

家里生活的窘迫，少年的路德时常到街头去行乞。路德回忆，某一天，教会庆祝耶稣基督降生，我们一同在邻近的村庄游行，高歌伯利恒城里的婴孩耶稣，我们停在一座农舍的前面，一位农夫听到我们的歌声，拿著食物出来给我们吃，他大声喊着："孩子们，你们在哪里?""我们本来不需要惊恐的，因为农夫一片好心要款待我们，可是我们久受教师的斥责，已经变成惊弓之鸟了。这个农夫不断地呼唤我们，我们才停止脚步，原来他给我们两根大的腊肠，叫我们饱餐一顿。"

十世对路德颁布诏谕，限定他在60天内悔过自新，否则要给予开除教籍的处分。

1521年奥格斯堡帝国会议上，决定执行教皇开除路德教籍的通谕，判路德有罪。1522年，他回到威森堡继续鼓吹改革，不停与天主教"大战"。路德的激情和行动激发了整个德意志各阶层渴望改革的人们自发奋起。但随着运动的深入，路德却表示"我不愿意靠暴力和流血来维护福音"。

马丁·路德是新教在信仰和制度等方面的主要奠定人。他有充沛的精力和创新的思想，他的"因信称义"的宗教学说，一反天主教的救赎理论，否定了教会和僧侣阶层对社会的统治权。他发起的宗教改革运动席卷欧洲，永久性地结束了罗马天主教会对于西欧的超国家封建神权统治。马丁的理论具有世界性的广泛影响。

让·布丹

Jean Bodin

近代西方最著名的宪政专家、国家主权学说创始人，政治思想家

让·布丹	
生卒年	1530—1596
国籍	法国
家庭	贵族家庭
出生地	法国安吉尔
性格	稳重
志趣	法学、政治学
身份	律师、议员

布丹出生于法国，年青时在图鲁兹大学攻读法律，毕业留校任讲师，后在巴黎任律师，16世纪70年代任王室检察官，被聘为亨利三世的宫廷法律顾问。1576年担任安吉尔省议会议员、法国三级会议中第三等级的代表。晚年担任何朗松伯爵的顾问，并受到法国国王的恩宠。

让·布丹是近代西方最著名的宪政专家，他的《国家论六卷》被誉为西方关于国家主权学说的最重要论著。不丹是一个百科全书式的学者，除致力于法学、政治学的研究外，对古希腊学说及物理学、地理学、医学、占星学均有造诣。

在西方政治、法律思想史中，他第一个系统地论述了国家主权学说，不丹同马基雅维里一样，摆脱了经院哲学和神学的束缚，开

国家主权是绝对永久的、至高无上的、可以不受法律限制的。

名人影响

布丹的主权思想以及现实中的主权实践对近代欧洲民族国家体制和国际关系有重大影响。在中央集权的民族国家建立初期，贵族、教会的势力十分强大，民族国家的巩固需要权威，没有权威就有可能导致国家的分裂，主权理论的提出适应了历史发展的需要，为中央集权民族国家的建立、巩固和发展奠定了理论基础，也为后来各国政府维护自身的独立自主和领土主权的完整提供了理论依据。但这种理论也引发对拥有主权的人在行使权力时如何从制度上的限制问题。

始用现实的、人的眼光来看待国家政治问题。在《国家论六卷》中，他提出了理想的君主政体等问题，创立了君主主权理论。

布丹的学说与同时代的尼·马基雅维里的学说，被认为具有国家主义、专制主义的倾向。

在国家起源上，布丹认为国家是从家庭发展而来，是顺其自然出现的。是征战的暴力机构。其合法性是通过契约确定的。

布丹以《国家论六卷》，开创了西方公法学，至拿破仑时代编纂一系列公、私法各项法典，直到二战后法治复兴，公法学名声鹊起，臻于繁盛。

布丹第一次提出了国家主权的概念并给它下了一个定义。指出，主权是国家的最本质特征，没有主权就不成其为国家。国家是具有一种最高主权的合法政府。布丹认为：主权是国家的主要标志，是对公民和臣民的不受法律限制的最高权力。主权是指对内具有至高无上的权力，对外具有独立平等的权力。

盲人的寓言

国家主权有三个特征：第一，时间上它是永恒的。第二，空间上不受任何限制。第三，他是不能转让的，也不受法令的限制。第四，它不受法律的约束，因为主权是法律的来源。

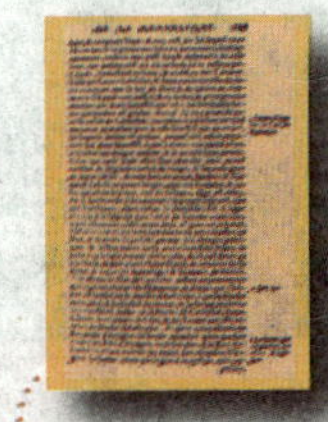

西方宪政国家主权学说第一人

布丹认为，主权的主要内容包括：立法权（议会由君主召集议事，无立法权），宣战、媾和与缔约权，官吏任命权，最高裁判权，赦免权等。

布丹主张把国家和政府分开，国家包括对最高权力的掌握，政府包括一个完整的机构。政体的形式由主体的归属而有所不同，一人掌握主权的称之为君主政体，主权归少数人掌握称之为贵族政体，主权归多数人掌握的称之为民主政体。其中，最好的政体应该是君主政体。

布丹还提出，主权者就是统治者，被统治者都是公民。公民之间是不能平等的。贵族是特权阶级，他们应享有更多的公民权。所有公民都有服从主权者的义务，并享有主权者保护的权利。

布丹的学说反映了中世纪后期法国新兴资产阶级的利益，既要求建立君主专制的中央集权制，又要求维护资产阶级的财产权利。

蒙田

Montaigne

法国人文主义思想家、文学家和伦理学家

蒙　田

生卒年：1533–1592
国　籍：法国
家　庭：富商
出生地：波尔多蒙台涅堡
性　格：睿智随和
志　趣：写作
身　份：作家、人文主义思想家、官员

蒙田的母亲是西班牙人的后裔，父亲是法国波尔多附近的一个小贵族，从6岁起蒙田在波尔多的居依爱纳学校接受了7年人文主义教育。13岁开始研习法律。1557年当选波尔多议会的顾问。1571年退职返回蒙台涅堡。以后，他游历过法国、德国、瑞士和意大利等国；他还在1581–1585年间担任了两届波尔多市长职务。

蒙田在37岁那年即继承了其父在乡下的领地，一头扎进那座圆塔三楼上的藏书室，过起隐居生活来了。不过他的隐居生活不是消极的，而是积极的，他除了埋头做学问而外，还积极从事文学写作，自1572年开始一直到1592年逝世，在长达20年的岁月中，他以对人生的特殊敏锐力，记录了自己在智力和精神上的发展历程，

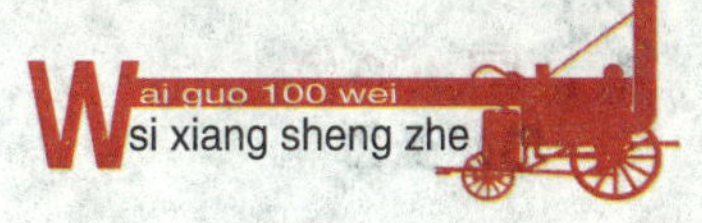

名人影响

蒙田是法国文艺复兴后最重要的人文主义作家。他的名声在17世纪已远播海外，在英国，培根的《散文集》就深受蒙田的影响。在17世纪上半叶古典主义时代，有人认为他那结构松散的散文不合人们的口味，然而到了18世纪，他又声名鹊起，著名作家、哲学家狄德罗欣赏蒙田的散文恰恰在于所谓的“无条理”，认为“这是自然的表现”。他的随笔是“世上同类体裁中绝无仅有的”。法国人对洋溢在《蒙田随笔文集》中的智慧大加赞赏，《随感录》成为法国“正直人的枕边书”，滋润过许多法国人的心田。成为16世纪各种思潮和各种知识经过分析的总汇，有“生活的哲学”之美称。书中语言平易通畅，不假雕饰的风格，在法国散文史上占有重要地位，开创了随笔式作品之先河。

陆续写出了一部部宏篇巨著，为后代留下了极其宝贵的精神财富。

《随感录》共分3卷，收有107篇论文，是一部关于社会政治、宗教、伦理和哲学的论著。同时含有许多蒙田的自我描写。

在哲学上，蒙田是个怀疑论者。他继承了法国的怀疑论者的光荣传统，继承了唯名论者阿伯拉尔反对教会权威著作的勇敢精神，以求通过怀疑去达到真理。他的怀疑论是对旧思想作斗争的理论根据。对于真理、正义、自然，他非但不怀疑，而且坚信不疑。《为雷蒙·德·塞蓬德辩护》充分表达了他的怀疑论的哲学思想。在前期思想中，蒙田主要探讨痛苦和死亡问题，认为蔑视死亡是最大的德行；正是死亡给人们以纯正、幸福的生之乐趣，并使人生的一切快乐更加强烈；学会死亡就是抛弃了奴性和一切限制，

“真理是那么伟大，任何引向真理的事业，我们都不应当鄙视。”

在16世纪的作家中，很少有人像蒙田那样受到现代人的崇敬和接受；他是启蒙运动以前法国的一位知识权威和批评家，是一位人类感情的冷峻的观察家，亦是对各民族文化，特别是西方文化进行冷静研究的学者。从他的思想和感情来看，人们似乎可以把他看成是在他那个时代出现的一位现代人。

微笑的蒙田

就是学会了自由。

蒙田认为，感觉经验是一切认识的起点、源泉和终点，甚至科学也能还原为感觉。理性依赖于感觉，由于感觉的不确定使理性也充满了谬误和不确定。他认为世界是无限的，主体则是有限的。万物包括主体本身都处于永恒流变之中，因此人们不可能达到客观的、绝对的和形而上学的真理。他赞赏伊壁鸠鲁的幸福论的伦理学，反对中世纪基督教的禁欲主义的“道德”。蒙田在《随感录》中还尖锐地谴责内战、宗教迫害和殖民罪行。

在认识论上，他不承认有天赋观念，认为认识应建立在事实的基础上，认识就是从事实出发，经过独立思考，最后作出判断。

ei si xiang sheng zhe

外国100位思想圣哲

刘景云　张云龙/编著

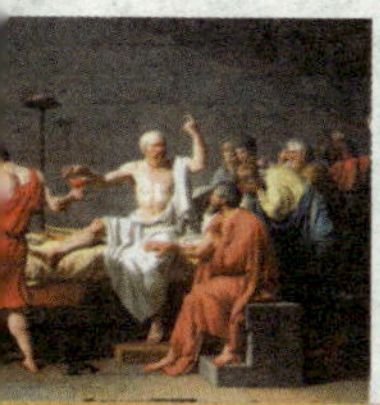

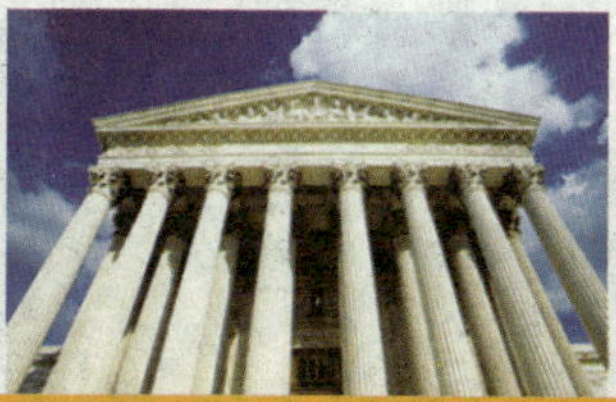

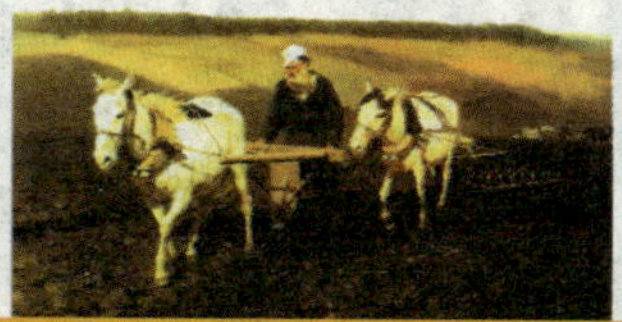

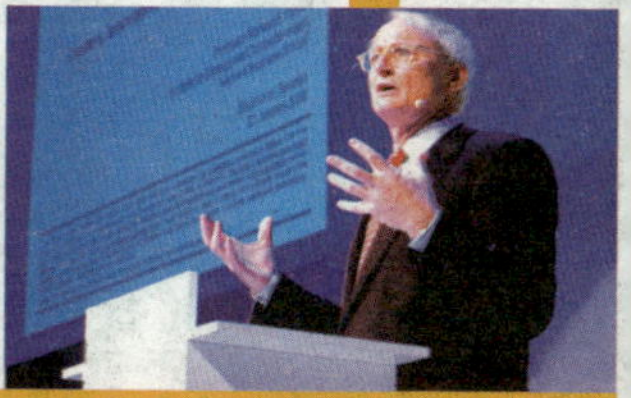

（第二册）

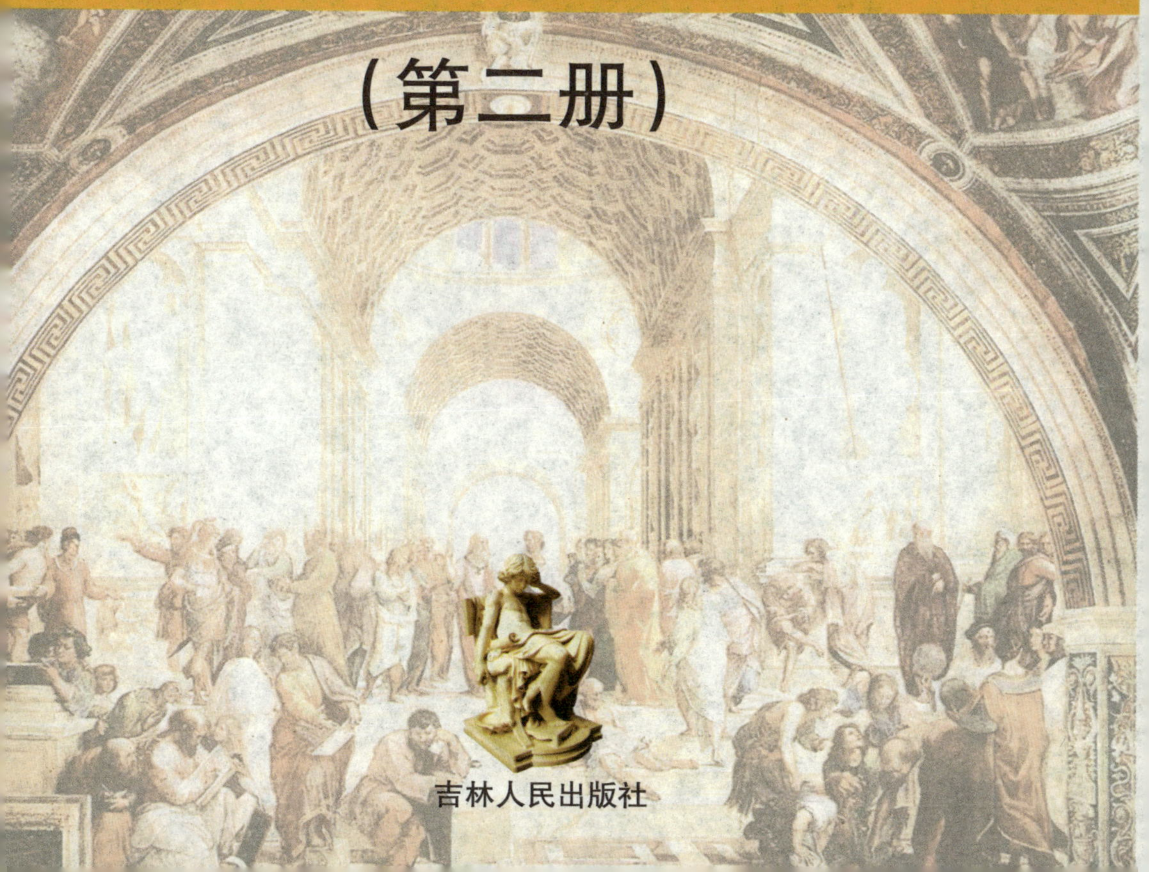

吉林人民出版社

弗兰西斯·培根

Francis Bacon

现代实验科学的始祖，英国近代著名哲学家，唯物主义哲学代表人物，散文家

弗兰西斯·培根的父亲是英国女王的掌玺大臣、男爵、大法官。母亲安尼是一位颇有名气的才女，思想很开明。良好的家庭教育使培根成熟较早，各方面都表现出异乎寻常的才智。

弗兰西斯·培根	
生卒年	1561—1626
国籍	英国
家庭	贵族、官宦世家
出生地	伦敦
性格	聪明
志趣	科学研究、著书立说
身份	官员、科学家、思想家

12岁时，培根被送入剑桥大学三一学院深造，攻读法律。在校学习期间，他思想倾向进步，对传统的观念和信仰产生了怀疑，开始独自思考社会和人生的真谛，反对教皇干涉英国内部事物。

毕业后，培根作为英国驻法大使埃米阿斯·鲍莱爵士的随员来到了法国，在旅居巴黎两年半的时间里，汲取了许多新的思想，这对他的世界观的形成起到了很大的作用。

1579年，父亲病逝，在赡养助学之资无靠的情况下，培根住进

名人影响

培根是近代哲学史上首先提出经验论原则的哲学家。他重视感觉经验和归纳逻辑在认识过程中的作用，开创了以经验为手段，研究感性自然的经验哲学的新时代，对近代科学的建立起了积极的推动作用，他推崇科学、发展科学的进步思想和崇尚知识的进步口号，一直推动着社会的进步。

培根像

知识就是力量。

了葛莱法学院，一面攻读法律，一面四处谋求职位。1582年，他终于取得了律师资格，1584年当选为国会议员，1589年，成为法院出缺后的书记。1597年，培根发表了他的处女作《论说随笔文集》。他在书中将自己对社会的认识和思考，以及对人生的理解，浓缩成许多富有哲理的名言警句，受到广大读者的欢迎。

詹姆士一世

培根打算撰写一部六卷本百科全书式的著作——《伟大的复兴》。但只完成了其中的《论学术的进展》、《新工具》和《新大西岛》。

培根的仕途之路在1602年发生重大转机，这一年伊丽莎白去世，詹姆士一世继位。由于培根曾力主苏格兰与英格兰的合并，受到詹姆士的大力赞赏。培根因此平步青云，扶摇直上。1617年提升为掌玺大臣，1618年晋升为英格兰的大陆官，授封为维鲁兰男爵，1621年又授封为奥尔本斯子爵。但1621年，培根被国会指控贪污受贿，被高级法庭判处罚金四万镑，监禁于伦敦塔内，终生逐出宫廷，不得任议员和官职。培根因此身败名裂。从此培根不理政事，开始专心从事理论著述。

培根对人类哲学史、科学史都作出了重大的贡献。在科学、哲学、逻辑学、美学、教育学方面也提出许多思想。培

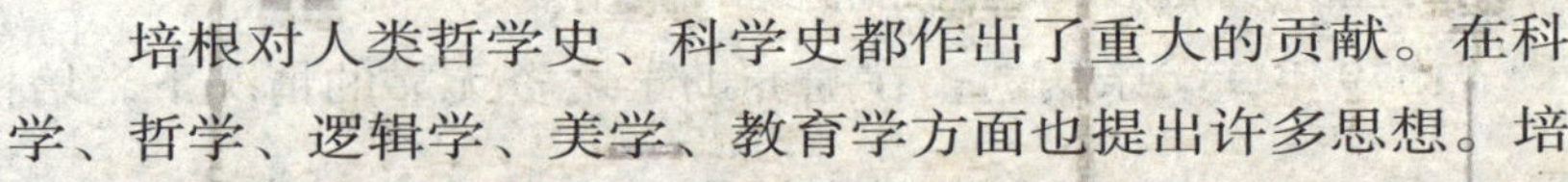

根尖锐地批判了中世纪经院哲学，认为经院哲学和神学严重地阻碍了科学的进步。

他提出著名的“四假相说”。第一种是“种族的假相”，这是由于人的天性而引起的认识错误；第二种是“洞穴的假相”是个人由于性格、爱好、教育、环境而产生的认识中片面性的错误；第三种是“市场的假相”，即由于人们交往时语言概念的不确定产生的思维混乱。第四种是“剧场的假相”这是指由于盲目迷信权威和传统而造成的错误认识。

培根指出，经院哲学家就是利用四种假相来抹煞真理，制造谬误，从而给予了经院哲学沉重的打击。培根认为当时的学术传统是贫乏的，原因在于学术与经验失去接触。他主张科学理论与科学技术相辅相成。他主张打破“偶像”，铲除各种偏见和幻想，他提出“真理是时间的女儿而不是权威的女儿”，对经院哲学进行了有力的攻击。

他提出了唯物主义经验论的原则，认为知识和观念起源于感性世界，感觉经验是一切知识的源泉。主张以实验和观察材料为基础，经过分析、比较、选择、排斥，最后得出正确的结论。为此，罗素尊称培根为“给科学研究程序进行逻辑组织化的先驱”。

马克思称赞培根是“英国唯物主义和整个现代实验科学的真正始祖”。

伊丽莎白一世

1626年3月底，培根坐车经伦敦北郊。当时他正在潜心研究冷热理论及其实际应用问题。当路过一片雪地时，他突然想作一次实验，他宰了一只鸡，把雪填进鸡肚，以便观察冷冻在防腐上的作用。但由于他身体孱弱，经受不住风寒的侵袭，支气管炎复发，病情恶化，于1626年4月9日清晨病逝。

威廉·莎士比亚

William Shakespeare

著名的人文主义思想家，伟大的戏剧家

威廉·莎士比亚

生卒年：1564—1616
国　籍：英格兰
家　庭：杂货商
出生地：斯特拉福镇
性　格：执着
志　趣：写作
身　份：戏剧家和诗人

莎士比亚13岁时家道中落，此后辍学经商，22岁时前往伦敦，在剧院工作，后来成为演员和剧作家；1597年重返家乡购置房产，度过人生最后时光。他虽受过良好的基本教育，但是未上过大学。1596年，他以他父亲的名义申请到“绅士”称号和拥有纹章的权利，又先后3次购置了可观的房地产。1603年，詹姆士一世继位，他的剧团改称“国王供奉剧团”，他和团中演员被任命为御前侍从。1612年左右他告别伦敦回到家乡定居。1616年4月23日病逝，葬于镇上的圣三一教堂。

莎士比亚最大的成就在戏剧创作上，他的悲剧、喜剧举世无双。悲剧主要有：《罗密欧与朱丽叶》、《麦克白》、《李尔王》、《哈

名人影响

17世纪始，莎士比亚戏剧传入德、法、意、俄、北欧诸国，涉及美国乃至世界各地，对各国戏剧发展产生了巨大、深远的影响，并已成为世界文化发展、交流的重要纽带和灵感源泉。戏剧中放射出的强烈的人文主义思想光芒，以及卓越而大胆的艺术技巧，其意义早已超出了他的时代和国家的范围。

不要只因一次失败，就放弃你原来决心想达到的目的。

姆雷特》、《奥瑟罗》等。喜剧主要有：《错中错》、《终成眷属》、《皆大欢喜》、《仲夏夜之梦》、《无事生非》、《驯悍记》、《威尼斯商人》、《温莎的风流娘们》、《冬天的故事》等。历史剧主要有：《亨利四世》、《亨利五世》、《亨利六世》、《亨利八世》、《约翰王》、《里查二世》、《里查三世》。

莎士比亚还写出了流传后世的诗文：《爱人的怨诉》、《鲁克丽丝失贞记》等。

莎士比亚的戏剧注入了人文主义的思想，给旧题材赋予新颖、丰富、深刻的内容。在艺术表现上，他继承古代希腊罗马、中世纪英国和文艺复兴时期欧洲戏剧的三大传统并加以发展，从内容到形式进行了创造性革新。他的戏剧不受三一律束缚，突破悲剧、喜剧界限，努力反映生活的本来面目，深入探索人物内心奥秘，从而能够塑造出众多性格复杂

戏剧家本·琼孙说："他不只属于一个时代而属于全世纪。"

名人轶事

在莎翁的历史剧当中，君主往往是反面角色。伊丽莎白女王呢，当然知道这一点，她并没有下令禁止演出莎士比亚的戏剧。尽管在《哈姆雷特》这样的剧中，就有"脆弱啊，你的名字是女人！"这样的台词。但是呢，这并没有影响伊丽莎白女王就坐在舞台对面的包厢里看戏。女王的宽容，成就了莎士比亚的艺术高度，也成就了英国整个岛国上的人民的面貌和气质。

多样、形象真实生动的人物典型，描绘了广阔的、五光十色的社会生活图景，并以其博大、深刻、富于诗意和哲理著称。尤其表现了他的人文主义思想感情。

莎士比亚文化:英国的象征与

格劳秀斯

Grotius

近代理性主义自然法学派主要代表之一，自然法学说的创始人

格劳秀斯聪慧好学，从小嗜读如命。多学的格劳秀斯年幼便给人以一种少年老成的感觉。他14岁考入大学，16岁随荷兰大使赴法兰西，并在海牙任律师，20岁时任官修《荷西战史》总编辑，到了25岁便担任荷兰等省检察长的高职。1618年因卷入荷兰政治与宗教冲突而被捕并被判终身监禁。1621年他成功越狱，潜居法国开始新的写作。

格劳秀斯

生卒年：1583—1645
国　籍：荷兰
出生地：德尔伏特省
志　趣：研究国际关系
身　份：国际法学家

1634年任瑞典驻法使节。1645年从瑞典返回巴黎时死于途中。格劳秀斯一生十分精彩，他不仅是一位大律师、外交天才，还是一位伟大的法学家。他的著作《战争与和平法》、《捕获法》和《论海上自由》，全面系统地论述了近代国际法的基本原理。

国际法理论在格劳秀斯的法律思想当中占有重要地位。

名人影响

格劳秀斯在国际法领域中提出了一系列较为完整的原则，这些原则对国家关系的调整起到了积极的作用，尤其是对后来国际法理论的发展产生了深刻影响。他的“公海自由”已作为一项国际法原则，为全世界人民所接受，对于世界人民的交往和经济的交流有着积极的意义。1982年《联合国海洋公约》规定了六个方面的自由，也是源自于“公海自由”的精神，因为它规定这些自由对沿海国和内陆国一律适用。

格劳秀斯认为，国际法是“支配国与国相互交际的法律”，是维护各个国家的共同利益的法律，它的目的在于保障国际社会的集体安全。

格劳秀斯认为，国际法存在的前提是国家主权。所谓国家主权是指国家的最高统治权，即主权者行为不受别人意志或法律支配的权力就是主权。主权是国家存在的基础，也是国家作为国际法主体的条件。

格劳秀斯认为，国际法代表一切或许多国家的意志，也来自自然法并服从自然法的一般原则，尤其是信守诺言的原则。他认为国与国之间的战争也应受国际法的约束，并用国

格劳秀斯对人类的贡献之一就是他的国际法概念

际法角度分析战争原因。战争也应遵守法律所规定的权利和义务；战争有正义和非正义之分，正义战争的理由是自卫、恢复财产和惩罚过错。

世人认为他是近代国际法学的奠基人，被誉为“国际法始祖”

战争必须遵循的国际法原则包括：坚持宣战的原则，反对不宣而战的狡猾行为；坚持战争中的人道主义原则，反对杀害妇女、儿童等非参战人员，反对杀害放下武器的战斗人员；坚持公海自由通行的原则，任何国家和个人阻止非武装船只在公海上自由通过都是国际法准则所不允许的。此外，还要坚持遵循保护交战双方外交代表安全的原则。

格劳秀斯的公海自由是他的经典理论。在《海上自由论》一书中格劳秀斯抨击了葡萄牙对东印度洋群岛航线和贸易的垄断；他认为，“海洋是取之不尽，用之不竭的，是不可占领的；应向所有国家和所有国家的人民开放，供他们自由使用。”不得为任何人私有。

格劳秀斯学说的中心思想是以自然法为基础，无论国内法和国际法。他第一个使自然法概念摆脱宗教神学的约束，恢复和发展了自然法的世俗观念，认为自然法代表理性或人的本性。他虽然也承认自然法符合上帝意志，但坚持自然法永恒不变，即使上帝也不能改变。

他指出，在自然法与人定法中，人定法应当服从自然法。

霍布斯

Huobusi

英国哲学家，近代第一位唯物主义者

霍布斯

生卒年：1588—1679
国　籍：英国
家　庭：乡村牧师
出生地：威尔特郡
性　格：执着
志　趣：著述立说
身　份：哲学家

1608年，霍布斯大学毕业后，他受聘为卡文迪什男爵儿子的家庭教师。1610年，霍布斯奉命陪同他的学生出游欧洲大陆，先后访问了法国、德国和意大利。后来，又受聘于克林顿家族当家庭教师。同年霍布斯陪同他的新学生前往欧洲大陆访问。第二次大陆旅行成了霍布斯走向哲学家生涯的转折点，从此，他把自己的兴趣从文学转向了科学和哲学。1636年专程前往意大利拜访了伽利略，两人讨论了有关运动的各种问题。1646年，霍布斯受到推荐，为流亡在巴黎的查理二世王子当数学教师。1651年，霍布斯回到了克伦威尔统治下的英国。1679年冬，卡文迪什家族迁居，霍布斯同行，12月4日，他离

一切推理皆计算

名人影响

代表了英国资产阶级革命期间资产阶级上层的利益，但其思想带有明显的封建落后意识。不反对君主专制，甚至承认专制政权有干涉臣民财产的权利。他认为世界上本没有神，宗教不过是人类无知和恐惧的产物，但又提出宗教有助于维持社会秩序。

开了人世。

霍布斯的主要著作：《论物体》、《利维坦》、《论人》、《论社会》、《对笛卡儿形而上学的沉思的第三组诘难》。

霍布斯用机械论的观点观察一切，认为人也是自然物体，同其他的自然物体没有本质的区别。

霍布斯的伦理思想大致包括“自然权利”说和“自然法”说两个部分。前者讲人的本性是利己主义，后者讲人的理性规定的道德律令。他认为永恒不变的“自然法”是人们行为的准则，是衡量善恶是非的标准，是人们必须遵循的道德律。因此，自然法的学说，是真正的道德学说。遵循自然法，和平就有保障，有益于人们的生存和生命，就是善的。霍布斯同其他进步的思想家一样，用社会契约论来解释国家的起源。霍布斯提出的君主专制，目的是为了创造一个和平的环境，以避免人们之间的相互残杀，保障资产阶级与新

霍布斯的思想充分反映了英国资产阶级和新贵族要求发展资本主义的愿望

霍布斯被恩格斯称为“近代第一个唯物主义者”。

名人轶事

有一次，霍布斯和一些学者聚会，当有人提出“究竟什么是感觉”这个问题时，霍布斯惊奇地发现，在座的大学者们没有一个知道应该如何回答。此后，霍布斯的头脑里总是萦绕着一个问题，感觉的原因和性质到底是什么？他坚信，这个问题的解决，将会使他找到打开哲学大门的钥匙。此时，霍布斯已经40岁了，开始对哲学发生了强烈的兴趣。他提出了一个大胆的设想：假如物体总是处于静止或匀速运动状态的话，那么任何事物也不会有差别了，我们对物体也就不可能产生任何感觉。因此，感觉的原因和本质必定是由物体的运动所决定的。

贵族的利益。因此，霍布斯强调国家元首必须履行的职责有：保卫和平，防止外敌入侵，使公民财富不断增加，促进生产和科学技术的发展，保护公民的权利。霍布斯甚至说，如果国家元首不能保障和平与安全，就应该有新的统治者来代替他。这充分反映了英国资产阶级和新贵族要求发展资本主义的愿望。

《利维坦》

笛卡儿

Descartes 伟大的哲学家、物理学家、数学家、生理学家，解析几何的创始人

笛卡儿	
生卒年：	1596—1650
国　籍：	法国
家　庭：	律师
出生地：	都兰城土伦省莱耳市
性　格：	稳重严谨
志　趣：	数学
身　份：	数学家

笛卡儿的父亲是法国一个地方法院的评议员，1岁时母亲去世，他幼年体弱多病，但从小养成了喜欢安静，充满好奇，善于思考的习惯。父亲见他颇有哲学家的气质，亲昵地称他为“小哲学家”。8岁时接受了传统的文化教育，读了古典文学、历史、神学、哲学、法学、医学、数学及其他自然科学。但他唯一感兴趣的是数学。1612年到普瓦捷大学攻读法学，四年后获博士学位。

1616年笛卡儿结束学业后，便背离家庭的职业传统，开始探索人生之路。他投笔从戎，想借机游历欧洲，开阔眼界。1628年，他从巴黎移居荷兰，开始了长达20年的潜心研究和写作生涯，先后发表了许多在数学和哲学上有重大影响的论著。

名人影响

笛卡儿是欧洲近代哲学的奠基人之一，近代科学的始祖。黑格尔称他为"现代哲学之父"。在哲学领域里开辟了一条新的道路，他自成体系，熔唯物主义与唯心主义于一炉，在哲学史上产生了深远的影响。同时，他又是一位勇于探索的科学家，在物理学、生理学等领域都有值得称道的创见，他所建立的解析几何打开了近代数学的大门，在科学史上具有划时代的意义。堪称17世纪的欧洲哲学界和科学界最有影响的巨匠之一，被誉为"近代科学的始祖"。为后来牛顿、莱布尼兹发现微积分，为一大批数学家的新发现开辟了道路。

1634年完成的《论世界》。总结了他在哲学、数学和许多自然科学问题上的一些看法。1644年又出版了《哲学原理》等重要著作。

1649年冬，笛卡儿应瑞典女王克里斯蒂安的邀请，来到了斯德哥尔摩，任宫廷哲学家，为瑞典女王授课。由于他身体孱弱，不能适应那里的气候，1650年初便患肺炎抱病不起，同年2月病逝。终年54岁。法国大革命后，笛卡儿的骨灰被送到了法国历史博物馆。

笛卡儿长眠St-Germain-des-Pres教堂

笛卡儿在科学上的贡献是多方面的。哲学上，笛卡儿强调科学的目的在于造福人类，使人成为自然界的主人和统治者。他反对经院哲学和神学，提出怀疑一切的"系统怀疑的方法"。同时还提出了"我思故我在"的原则，强调不能怀疑以思维为其属性的独立的精神实体的存在。在形而上学或本体论上，他是典型的二元论者。笛卡儿还企图证明无限实体，即上帝的存在。他认为上

名人轶事

一次，笛卡儿在街上散步，偶然间看到了一张数学题悬赏的启事。两天后，笛卡儿竟然把那个问题解答出来了，引起了著名学者伊萨克·皮克曼的注意。皮克曼向笛卡儿介绍了数学的最新发展，给了他许多有待研究的问题。此后，他开始认真探寻是否存在一种类似于数学的、具有普遍使用性的方法，以期获取真正的知识。

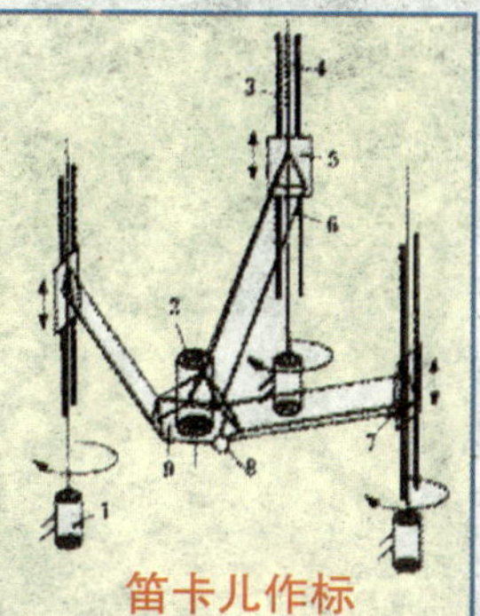

笛卡儿作标

帝是有限实体的创造者和终极的原因。

笛卡儿的认识论基本上是唯心主义的。他主张唯理论，把几何学的推理方法和演绎法应用于哲学上，认为清晰明白的概念就是真理，提出“天赋观念”。

笛卡儿的数学成果是建立“解析几何学”。笛卡儿把几何学的问题归结成代数形式的问题，用代数学的方法进行计算、证明，从而达到最终解决几何问题的目的。1637年，笛卡儿发表了《几何学》，提出了解析几何学的主要思想和方法，标志着解析几何学的诞生。

笛卡儿在其他科学领域的成就同样累累硕果。他从理论上推导出了折射定律，他还对人眼进行光学分析，解释了视力失常的原因是晶状体变形，设计了矫正视力的透镜。在力学方面，他提出了宇宙间运动量总和是常数的观点，创造了运动量守恒定律，为能量守恒定律奠定了基础。他发展了宇宙演化论，创立了漩涡说。笛卡儿的这一太阳起源的漩涡说，比康德的星云说早一个世纪，是17世纪中最有权威的宇宙论。他还提出了刺激反应说，为生理学作出了一定的贡献。

恩格斯说：“数学中的转折点是笛卡儿的变数。有了变数，运动进入了数学，有了变数，辩证法进入了数学，有了变数，微分和积分也就立刻成为必要了。”人们在他的墓碑上刻下了这样一句话：“笛卡儿，欧洲文艺复兴以来，第一个为人类争取并保证理性权利的人。

帕斯卡

Pascal

哲学家、数学家、物理学家

帕斯卡

生卒年：1623—1662
国　籍：法国
家　庭：当地法庭的庭长
出生地：奥维涅省的克莱蒙费朗
性　格：执着
志　趣：科学研究
身　份：著名的数学家、物理学家

帕斯卡很小就独立地发现了欧几里得的前32条定理。12岁独自发现了“三角形的内角和等于180度”。1644年，帕斯卡发明了世界上最早的计算器——加法器。

帕斯卡和数学家费马的通信内容，奠定了近代概率论的基础。1648年，他发表了有关真空问题的论文。1648年帕斯卡发现了随着高度降低，大气压强增大的规律。他还发明了注射器、水压机，改进了托里拆利的水银气压计等。1651

名人影响

科学界铭记着帕斯卡的功绩，国际单位制规定“压强”单位为“帕斯卡”，是因为他率先提出了描述液体压强性质的“帕斯卡定律”。

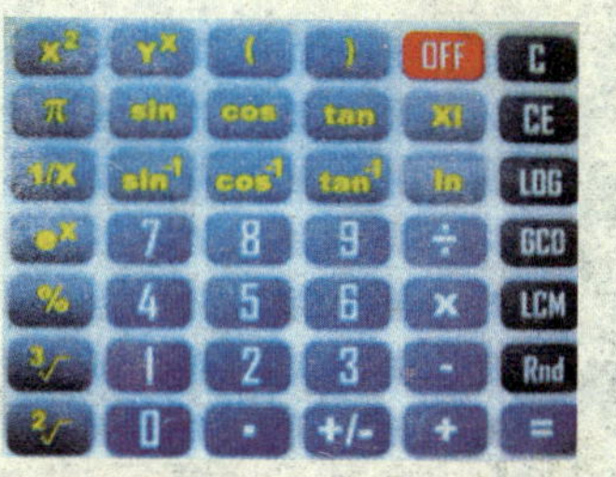

计算器　帕斯卡最先发明

年，帕斯卡同他的合作者皮埃尔详细测量同一地点的大气压变化情况，成为利用气压计进行天气预报的先驱。1651年以后，写成了关于液体平衡、空气的重量和密度及算术三角形等多篇论文，后一篇论文成为概率论的基础。1662年8月19日帕斯卡逝世，终年39岁。

人只不过是一根芦苇，是自然界最脆弱的东西，但他是一根有思想的芦苇。

帕斯卡在数学、物理学、哲学等方面都有很多贡献，他撰写了《圆锥截线论》、《液体平衡的论述》、《思想录》、《液体平衡及空气重量的论文集》等著名论著。后人为纪念帕斯卡，用他的名字来命名压强的单位，简称“帕”。

帕斯卡的思想理论超越笛卡儿的理性主义思潮之外，另辟蹊径。一方面它继承与发扬了理性主义传统，以理性来批判一切；同时指出理性本身的内在矛盾及其界限，并以他所特有的那种揭示矛盾的方法，从两极观念（他本人就是近代极限观念的奠基人）的对立入手，考察了所谓人的本性以及世界、人生、社会、历史、哲学知识、宗教信仰等多方面的理论问题。其中既夹杂有若干辩证思想的因素，又浓厚地笼罩着一层悲观主

以帕斯卡名字命名的Universit é　Blaise　Pascal

名人轶事

有一次笛卡儿去探访帕斯卡，表示对真空的存在十分怀疑，并因此而与帕斯卡争论了整整两天。两人不欢而散之余，笛卡儿更在一封给惠更斯的信中以轻率的语气写道，帕斯卡“这个人的脑袋中实在有太多真空了。”可是过了一年之后，帕斯卡发现大气压力随着离地面的高度而减低，由此推断地球大气层以外是真空。这时的笛卡儿于是突然改变口气，奇怪的自吹自擂的说两年前他已经开始鼓励帕斯卡从事这项研究，又说他自己虽然没有做过，不过他早就料到这些工作是会成功的！

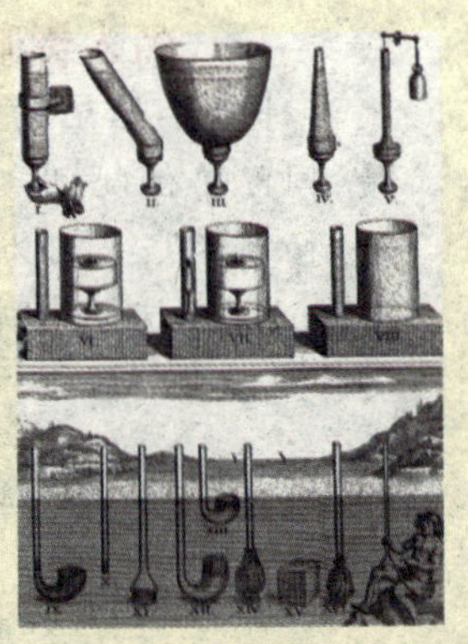

帕斯卡当时用的工具

帕斯卡“这个人的脑袋中实在有太多真空了。”

义的不可知论。他的体系是唯心主义的，但在继承蒙田等“人性学家”的思想传统并宣扬资产阶级人性论而与以耶稣会为代表的天主教会官方的神学理论进行尖锐论战这一点上，却有其鲜明的反封建的历史进步意义。他思想中的一些光辉的片断往往就存在于神学的夹缝之中。既在思想内容方面，也在思想方法方面。

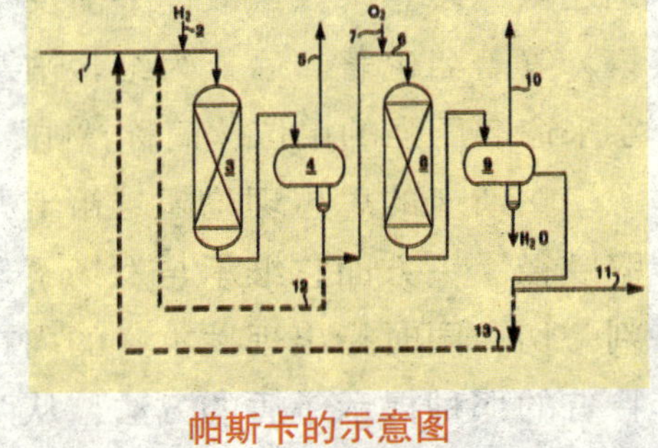

帕斯卡的示意图

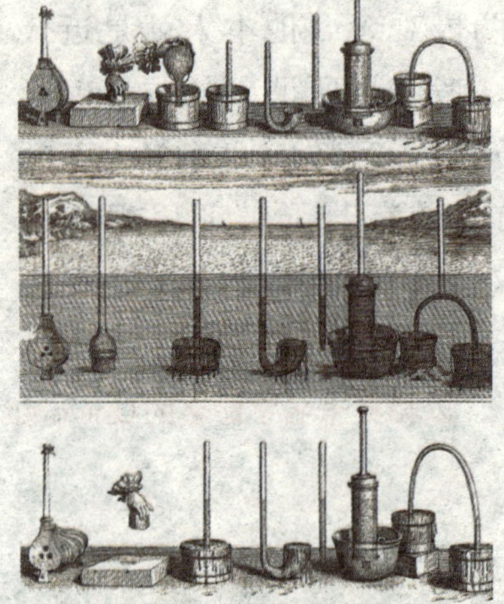

斯宾诺莎

Spinoza

荷兰伟大的哲学家、唯物主义者、伦理学家和政治思想家

斯宾诺莎

生卒年：1632—1677
国　籍：西班牙
家　庭：犹太商人家庭
出生地：荷兰阿姆斯特丹
性　格：坚忍执着
志　趣：哲学
身　份：学者

斯宾诺莎的父母以经营进出口贸易为生，生活宽裕。斯宾诺莎年轻时进入培养拉比的犹太宗教学校，学习希伯来文、犹太法典以及中世纪的犹太哲学等，并接受了拉丁语的训练。凭借着拉丁语，斯宾诺莎接触了笛卡儿等人的著作，由此渐渐脱离所谓正统的学说。

当时，哲学上的“三百年战争”已经开始，笛卡儿、莱布尼茨、休谟、康德先后加入。斯宾诺莎比笛卡儿走的更远。1656年，他被指控有异端言论，长老们欲提供500英镑的年金，换取他忠诚教会和宗教的保证。他拒绝领取此条件，被开除了教籍。他搬出犹太人居住区。后在莱茵斯堡过着隐居的生活，1677年因病去世。

斯宾诺莎的思想是在尼德兰资本主义生产关系急剧发展的时期

名人影响

斯宾诺莎的哲学决定论体系对17世纪的科学运动有重大意义，为科学的一体化提供了蓝图。他对后来的哲学家，例如谢林、费尔巴哈、马克思等人都有过影响。

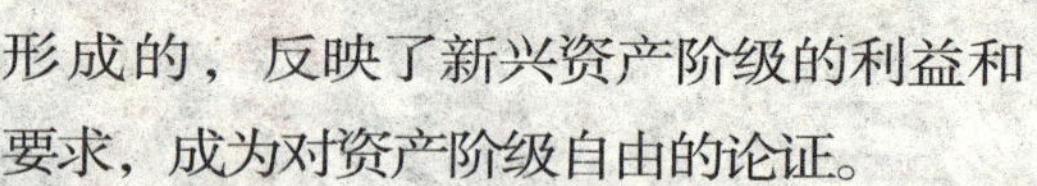

形成的，反映了新兴资产阶级的利益和要求，成为对资产阶级自由的论证。

《几何伦理学》中收录了斯宾诺莎的所有的哲学思想，系统地论述了他的自然权利学说。强调人的天赋自然权利和人在必要时反抗暴政的权利，认为政府的合法性必须建立于人民的同意授权基础上等。自然权利学说是斯宾诺莎哲学的思想基础，他的哲学思想、政治思想，伦理思想都建立在这个基础之上。

爱因斯坦认同斯宾诺莎关于自然和宇宙的理论

哲学上，斯宾诺莎是一名一元论者或泛神论者。在斯宾诺莎的哲学体系中，上帝、自然（当然不是我们平常所说的那个自然）、实存是三位一体的。他提出了以实体、属性与样式为中心的自然论唯物主义世界观。认为宇宙间只有一种实体，即作为整体的宇宙本身，而上帝和宇宙就是一回事。他强调自然界的一切都是必然的，主张“必然性的认识”就是自由。

认为感性知识不可靠，只有通过理性的直觉与推理才能得到真正可靠的知识。这一观点具有一定的唯物主义观点，并披上泛神论的外衣，同时又具有丰富的辩证法因素。

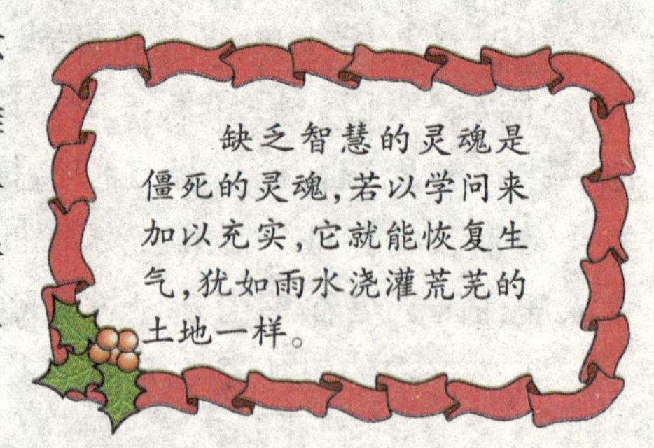

名人轶事

一位高官到莱茵斯堡去看望生活困顿的斯宾诺莎，他看到斯宾诺莎穿着破旧的睡袍，便责备哲学家并要送一件新的睡袍给他，斯宾诺莎谢绝了。他说：“一个人决不会因为穿了一件好睡袍而变得更有价值。”当然，“使我们变成哲人的并不是邋遢的举止和外表。故意不注重举止和外表恰恰证明了精神的贫乏。在这种人的头脑里，智慧找不到栖身之处”。

斯宾诺莎故居

黑格尔说，要达到斯宾诺莎的哲学成就是不容易的，要达到斯宾诺莎的人格是不可能的。

斯宾诺莎的政治思想、国家学说、社会契约论同样来自他的自然权利观念，他的社会契约论，把国家的立足点最终放在个人权利之上。在他看来，国家的职责就是促使每个公民去克服自己的情感欲望，避免不合理的欲求，竭力使人受理智的控制，能够以理性为指导去获得自由。他认为民主制是最好的政体，认为自有人类以来，思想和言论的自由是自然赋予的最珍贵权利。

斯宾诺莎的伦理学也建立在他的自然权利学说的基础上，构成他哲学的目的、终结。他认为，一个人只要受制于外在的影响，他就是处于奴役状态，而只要和上帝达成一致，人们就不再受制于这种影响，而能获得相对的自由，也因此摆脱恐惧。

查理一世被送上断头台（斯宾诺莎伴随着世界政治体制的巨大变革成长）

约翰·洛克

John Lock

英国哲学家、资产阶级教育家，经验主义的开创人

约翰·洛克

生卒年：1632—1704
国　籍：英国
家　庭：清教徒
出生地：灵顿
性　格：执着
志　趣：著述立说
身　份：教育思想家

洛克从小受到严格的教育。1646年在威斯敏斯特学校接受了传统的古典文学基础训练。1652年到牛津大学学习，后担任牛津大学的希腊语和哲学老师。36岁时曾入选英国皇家学会。1666年成为莎夫茨伯里伯爵的好友兼助手。同年写了《论宽容》，并开始了《人类理解论》的创作。1675年洛克离开英国到法国，结识很多重要的思想家，包括艾萨克·牛顿在内的多位著名科学家，后来又回到伯爵身边担任秘书。1682年洛克随莎夫茨伯里伯爵逃往荷兰。在荷兰期间隐姓埋名，潜心著述完成了包括《人类理解论》在内的多部重要著作。洛克致力学术研究，终身未娶。

洛克是英国经验主义的开创者，他认为人类所有的思想和观念

名人影响

洛克是近代西方第一个系统阐述宪政民主政治提倡人的“自然权利”的思想家，他的政治思想对后来的政治发展起到了极大的作用。深远地影响了美国、法国、英国以及其他的西方国家。洛克的自由主义深深影响了托马斯·杰弗逊等美国政治家，并且在美洲引发了一场轰轰烈烈的革命浪潮。伏尔泰是第一个将洛克等人的思想传到法国去的人，法国后来的启蒙运动乃至法国大革命都与洛克的思想有关。洛克开创的经验主义在乔治·贝克莱以及大卫·休谟等人那里得以继续发展，成为欧洲的两大主流哲学思想。他在近代教育史上，第一次从新兴资产阶级的阶级立场出发，提出了德、智、体和谐发展的新教育体系，写下了世界教育史上的新篇章。

都来自或反映了人类的感官经验。他抛弃了笛卡儿等人的天赋观念说，认为人的心灵开始时就像一张白纸，而向它提供精神内容的是经验（即他所谓的观念）。观念分为两种：感觉(sensation)的观念和反思(reflection)的观念。感觉来源于感官感受外部世界，而反思则来自于心灵观察本身。洛克强调这两种观念是知识的唯一来源。

学到很多东西的诀窍，就是一下子不要学很多。

洛克相信世界是由物质构成的，物质的主性质包括了形状、运动或静止、数目等与物质不可分离的那些性质，而次性质则包括了颜色、声音、气味等其他各种性质。洛克认为

美国国会（洛克的自由主义思想在美国得到全面的发展）

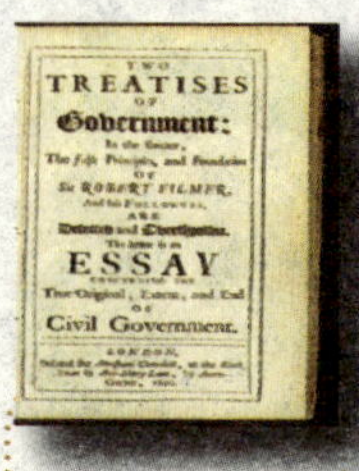

约翰·洛克被誉为“培养绅士和淑女的教育家”

主性质就在物体里，次性质只在知觉者中。

政治上，洛克反对君权神授的主张，主张统治者的权力应来自于被统治者的同意，建立国家的唯一目的，乃是为了保障社会的安全以及人民的自然权利。洛克首次倡导了权力的分配，他把政治权力分为立法权、行政权和外交权三种，认为立法机关应当高于行政机关，防止专政。这方面的理论被后来的法国哲学家孟德斯鸠发展，对美国的三权分立政体产生了影响。

教育上，洛克认为，德育的主要任务是培养性格，锻炼意志，养成高尚的道德和严守纪律的习惯，在教育方法上，他非常重视儿童的年龄特点，强调示范和环境的教育作用，反对单纯的说教。

洛克塑像

莱布尼茨

Leibniz

“单子论”物质观和“前定和谐”论哲学家，微积分学的创始人之一

莱布尼茨的父亲是伦理哲学家，母亲是路德新教徒。耳濡目染，小莱布尼茨十分好学，青少年时阅读了许多著名学者的著作，获得了坚实的文化功底和明确的学术目标。

莱布尼茨

生卒年：1646—1716
国　籍：德国
家　庭：书香之家
出生地：莱比锡
性　格：执着
志　趣：著述立说
身　份：自然、数学、物理和哲学家

15岁入大学学法律，获得博士学位和法学教授职位。1673年4月被推荐为英国皇家学会会员。1682年，莱布尼茨与门克创办了拉丁文科学杂志《学术纪事》。从1695年起，莱布尼茨就一直为在柏林建立科学院到处游说。1700年，建立了柏林科学院，他出任首任院长。1700年2月，他被选为法国科学院院士。英国皇家学会、法国科学院、罗马科学与数学科学院、柏林科学院都以莱布尼茨作为核心成员。1713年初，维也纳皇帝授予莱布尼茨帝国顾问的职位，邀请他指导建立科学院。俄国的彼得

名人影响

作为著名的哲学家，他的哲学主要是“单子论”、“前定和谐论”及自然哲学理论。其学说与其弟子沃尔夫的理论相结合，形成了莱布尼茨—沃尔夫体系，极大地影响了德国哲学的发展，尤其是影响了康德的哲学思想。他开创的德国自然哲学经过沃尔夫、康德、歌德到黑格尔得到了长足的发展。

大帝给了莱布尼茨一个有薪水的宫廷顾问的职务。1712年，他同时被维也纳、布伦兹维克、柏林、彼得堡等王室所雇用。公元1716年11月14日，由于胆结石引起的腹绞痛卧床一周后，莱布尼茨离开了人世，终年70岁。

莱布尼茨在自然科学领域，写出许多科学著作，是人类宝贵的财富，如：1684年《一种求极大极小的奇妙类型的计算》的发表，标志微积分理论的诞生，具有划时代意义。

莱布尼茨的哲学思想受到荷兰哲学家斯宾诺莎的影响，主张现象界的背后有永恒的实在世界，思维实体和物质实体都统一于神这个唯一的实体，而神就是自然。莱布尼茨把组成复合物的单子看做精神性的实体，这就使他的哲学有了神秘主义的色彩。

莱布尼茨热衷于炼金术

莱布尼茨心目中的上帝的作用是预先给世界确定下秩序，以后并不进行干涉。这一思想反映了资产阶级希冀摆脱束缚，追求自由、发展的愿望。在欧洲启蒙思想家中，莱布尼茨发挥了承上启下的作用，但他的哲学思想中还未彻底摆脱神学束缚。

名人轶事

莱布尼茨当初在宫廷里提出他的相异律（凡物莫不相异）时，宫廷里的卫士和宫女们纷纷走入御园，四处寻找两片完全没有差别的树叶，要推翻这位哲学家的相异律。但是，对差别的这种理解却是歪曲了莱布尼茨的原意，因为莱布尼茨所说的差异或差别并非单纯地指外在的不相干的差异，而是指本身的差别，就是说事物的本身即包含差别。

1674年：莱布尼茨改进了帕斯卡的计算机，使之成为一种能够进行连续运算的机器，并且提出了“二进制”数的概念

费尔巴哈：他是“在学识渊博方面无与伦比的天才，是求知欲的化身，是他那个时代的文化中心”。

链接 Lian jie

他是最早研究中国文化和中国哲学的德国人。他向耶稣会来华传教士格里马尔迪了解到了许多有关中国的情况，包括养蚕纺织、造纸印染、冶金矿产、天文地理、数学文字等等，并将这些资料编辑成册出版。他认为中西相互之间应建立一种交流认识的新型关系。在《中国近况》一书的绪论中，莱布尼茨写到：“全人类最伟大的文化和最发达的文明仿佛今天汇集在我们大陆的两端，即汇集在欧洲和位于地球另一端的东方的欧洲——中国。”“中国这一文明古国与欧洲相比，面积相当，但人口数量则已超过”。“在日常生活以及经验地应付自然的技能方面，我们是不分伯仲的。我们双方各自都具备通过相互交流使对方受益的技能。在思考的缜密和理性的思辨方面，显然我们要略胜一筹。”但“在时间哲学，即在生活与人类实际方面的伦理以及治国学说方面，我们实在是相形见绌了”。

孟德斯鸠

Montesquieu

法国启蒙思想运动的代表人物，资产阶级国家学说和法学理论的奠基

孟德斯鸠

生卒年：1689—1755
国　籍：法国
家　庭：贵族世家
出生地：波尔多拉伯烈德庄园
志　趣：政治、法学
身　份：法官

孟德斯鸠自幼受过良好教育，19岁时获法学学士学位，出任律师。1714年开始担任波尔多法院顾问，1716年，继承了波尔多法院院长（他的祖父、伯父一直占有这个职务）职务，并获男爵封号。孟德斯鸠博学多才，对法学、史学、哲学和自然科学都有很深的造诣。

自由就是做法律所许可的一切事情的权力

1721年孟德斯鸠化名“波尔·马多”发表了名著《波斯人信札》，揭露和抨击了封建社会的罪恶，用讽刺的笔调，勾画出法国上流社会中荒淫无耻的教士、夸夸其谈的沙龙绅士、傲慢无知的名门权贵、在政治舞台上穿针引线的荡妇等形形色色人物的嘴脸。书中还表达了对路易十四的憎恨，抨击法国比东方更专制。该书受到了民众欢迎。

1726年，他出卖了世袭的波尔多法院院长职务，迁居巴黎，专心于写作和研究。他漫游了欧洲许多国家，考察了英国的政治制度，阅读了早期启蒙思想家的著作，还当选为英国皇家学会会员。1731年回到法国后，潜心著述。

攻占巴士底狱

1734年发表《罗马盛衰原因论》，利用古罗马的历史资料来阐明自己的政治主张。

1748年，他最重要的也是影响最大的著作《论法的精神》发表。1755年，他因在旅途中染病去世。

《论法的精神》一书中，阐述了政体分类学说，把政体分为共和、君主、专制三种。他认为共和政体是良好的政体。他说共和政体的原则是品德，君主政体的原则是荣誉，专制政体的原则是恐怖。孟德斯鸠在完善发展洛克分权论的基础上，提出政、司法、监督三权分立的学说。他不仅设想了三权的划分，更为主要的是，确定了三种权力之间相互制约的机制，明确了三项权利的归属。

名人影响

孟德斯鸠的著述不多，影响却相当广泛，尤其是《论法的精神》这部集大成的著作，奠定了近代西方政治与法律理论发展的基础，也在很大程度上影响了欧洲人对东方政治与法律文化的看法。

孟德斯鸠的思想对后世思想家们理论的形成是有重大影响的。孟对封建专制主义和宗教神学的批判，他的自然法理论和他有关自由、平等、私有制的论断等，曾对法国唯物主义者狄德罗、霍尔巴赫、爱尔维修等人产生过重要影响。

孟德斯鸠的社会政治思想，尤其是他的法制思想、三权分立思想、君主立宪思想，对德国古典哲学家康德、谢林、黑格尔也产生过不同程度的影响。

名人轶事

18世纪，孟德斯鸠在其《论法的精神》一书曾这样评价当时中国的君主专制："中国政府只有在施用棍棒才能让人民做些事情，政府与其说是管理民政，毋宁说是管理家政。中国的专制主义……用自己的锁链武装了自己，而变得更为凶暴。""因此，中国是一个专制国家，它的原则是恐怖。"

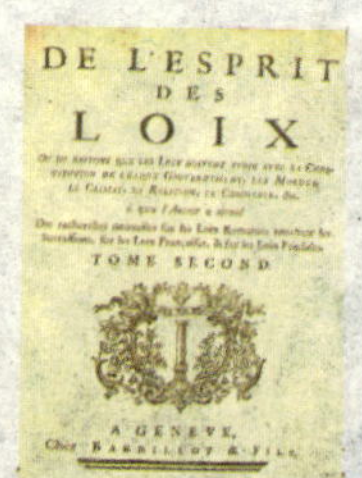

孟德斯鸠不仅是18世纪法国启蒙时代的著名思想家，也是近代欧洲国家比较早的系统研究古代东方社会与法律文化的学者之一。恩格斯指出，孟德斯鸠的三权分立原则"也像其他一切永久性的、神圣不可侵犯的原则一样，这个原则只是在它符合于现存的种种关系的时候才被采用。

孟德斯鸠反对神学，提倡科学，但又不是一个无神论者和唯物主义者，而是一名自然神论者。

孟德斯鸠提倡资产阶级的自由和平等，超越了他之前的启蒙思想家。他将自由界分为民事自由、政治自由和哲学自由。在自由的涵义上，他以现实关怀为尺度，具体限定了政治自由的范围。强调自由的实现要受法律的制约。

孟德斯鸠认为气候对一个民族的性格、感情、道德、风俗等会产生巨大影响，认为土壤同居民性格之间，尤其同民族的政治制度之间有非常密切的联系，认为国家疆域的大小同国家政治制度有极密切的联系。

自由引导人民

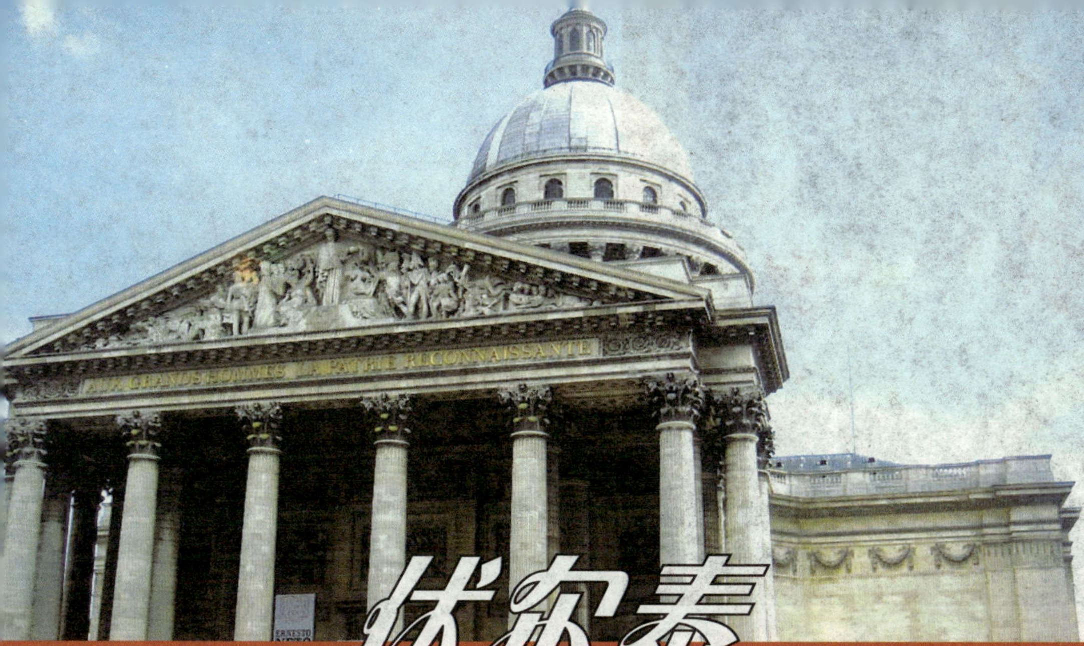

伏尔泰

Voltaire

法国哲学家、历史学家、文学家

伏尔泰自小受过良好的教育，才思敏捷，多才多艺。他父亲是法律公证人，希望他将来做个法官。他的作品以尖刻的语言和讽刺的笔调而闻名。他曾因辛辣地讽刺封建专制主义而两度被投入巴士底狱。他的书被列为禁书，他本人多次被逐出国门。

伏尔泰

生卒年：1694—1778
国　籍：法国
家　庭：中产阶级
出生地：巴黎
性　格：豁达乐观
志　趣：文学
身　份：作家、思想家

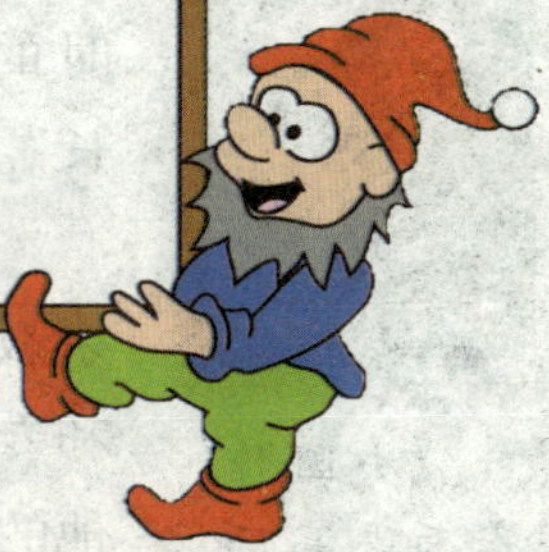

1725年他被迫流亡英国期间，对英国资产阶级的政治、文化产生了浓厚的兴趣。他研究英国的资产阶级君主立宪制，研究洛克的唯物主义经验论和牛顿的万有引力理论。因出版《哲学书简》（又名《英国书简》），宣扬英国资产阶级革命后的成就，抨击法国的专制政体，遭通缉。为

一个家庭没有书籍，如同这个房间没有窗户。

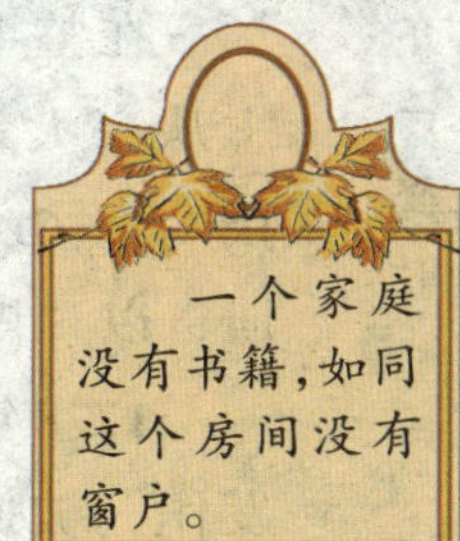

蓬帕杜尔夫人资助过伏尔泰等知名的启蒙思想家

名人影响

伏尔泰是法国启蒙运动的泰斗和灵魂，他漫长的一生几乎跨越了整个启蒙时代。他是自由思想和自由主义的倡导者，他在18世纪启蒙运动中有着重要地位和巨大影响，被启蒙思想家们公认为导师，推动着法国启蒙运动的发展并使其影响扩展到整个欧洲。

此，他逃至女友爱特莱夫人在西雷村的庄园，隐居15年。1746年当选为法兰西学院院士。

伏尔泰抱着对开明君主的幻想，应普鲁士国王弗里德里希二世的邀请，于1750年来到柏林。他本想在政治上有所作为，但弗里德里希二世却把他当文学侍从看待。痛苦的经历使他决心不再与任何君王往来。1753年他离开柏林，寄居瑞士。

1760年起定居法国和瑞士边境的费尔奈庄园。费尔奈成了欧洲舆论的中心，当时的进步人士尊称伏尔泰为“费尔奈教长”。

伏尔泰曾说过，17世于路易十四，而18世于我伏尔泰。

法国作家雨果高度评价，“伏尔泰不只是一个人，而是整整一个时代”。

1763年底，伏尔泰发表了著名的《论宗教宽容》，猛烈抨击反动教会的宗教迫害和专制政体草菅人命的黑暗现象，阐述了他的理想主义和唯物主义思想。

在整个晚年，伏尔泰以更加旺盛的斗志从事大量的创作，先后为《百科全书》撰写了613条辞目，并于1764年汇编成册，以“哲学辞典”为题公开发表。

1778年2月因操劳过度，加之尿毒症发作，被迫卧床。5月30日晚上11时，伏尔泰与世长辞。反动教会对这位亵渎宗教的宿敌恨之入骨，下令连夜将他的尸体运出巴黎，弃之荒冢。在法国大革命后，伏尔泰的骨骸被移葬到伟人公墓。

哲学家们的午餐，图中的伏尔泰正要举手发言。

伏尔泰尖刻地抨击天主教会的黑暗统治。他把教皇比作“两足禽兽”，把教士称作“文明恶棍”，说天主教是“一些狡猾的人布置的一个最可耻的骗人罗网”。他号召“每个人都按照自己的方式同骇人听闻的宗教狂热作斗争。”

伏尔泰信奉自然权利说，认为“人们本质上是平等的”，要求人人享有“自然权利”。他主张人人在法律面前平等，但又认为财产权利的不平等是不可避免的。

他在哲学上信奉英国唯物主义哲学家洛克的经验论。他承认物质世界的客观存在，肯定认识来源于感觉经验，不过，他又认为神是宇宙的“第一推动者”。他对劳动人民十分轻视，认为他们只能干粗活，不能思考，认为“当庶民都思考时，那一切都完了”。

名人轶事

伏尔泰推崇中国文明。他认真研究了中国的儒家思想。热情歌颂中国是一个理性主义国家。他根据元杂剧《赵氏孤儿》的法译本，写了一部悲剧《中国的孤儿》，赞扬了中华民族的智慧和德行，在法国引起了很大反响。

穿着古希腊哲学家装束的伏尔泰雕像

富兰克林

Franklin

美国资产阶级自由主义思想家、政治家、科学家

富兰克林

生卒年：1706—1790
国　籍：美国
家　庭：英国漆匠
出生地：波士顿
性　格：执着
志　趣：科学研究
身　份：实业家、科学家、思想家和外交家

富兰克林出生在一个虔诚的天主教家庭。他从小喜欢读书，5岁与父同读《圣经》，7岁开始写诗。但10岁时因家庭状况不佳辍学。后当过徒工，开过工厂，任过州长秘书，倡议成立费城哲学会。

在1754年北美各殖民地领导人物出席的奥尔巴尼会议上，他提出著名的“奥尔巴尼联盟”的计划，成为最早将美利坚合众国的大联合思想灌输给殖民地人民的人。

1757年，他代表州议会赴伦敦向英王请愿，要求业主交纳税款。1775年5月，他担任宾州治安委员会主席，主持地方军委，并和潘恩共同起草了州宪法。

何处有自由，何处是我家。

他作为宾州代表出席第二次大陆会议，成为美国独立宣

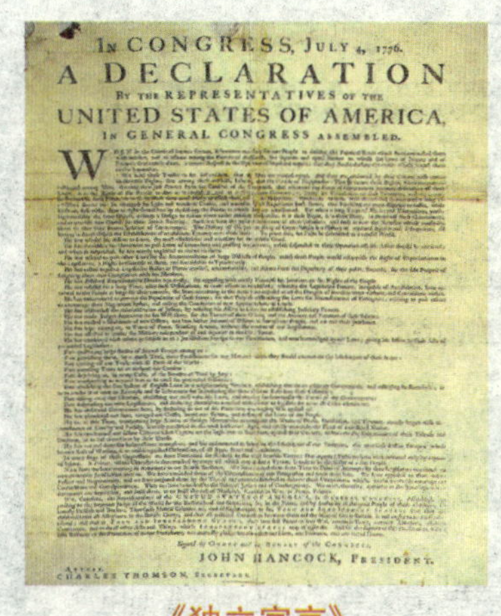
IN CONGRESS, JULY 4, 1776.
A DECLARATION
BY THE REPRESENTATIVES OF THE
UNITED STATES OF AMERICA,
IN GENERAL CONGRESS ASSEMBLED.

JOHN HANCOCK, PRESIDENT.

CHARLES THOMSON, SECRETARY.

《独立宣言》

名人影响

本杰明·富兰克林是美国历史上最有影响力的伟人之一。作为科学家、作家、外交家、发明家、画家、哲学家的富兰克林博学多才，他自修法文、西班牙文、意大利文、拉丁文，并引导美国走上独立之路。

言的起草人之一。富兰克林奉大陆会议之命出使法国，缔结了美法同盟盟约。战后，他成为美国第一任驻法特命全权大使。

在美国宪法会议上，他是宪法起草委员会委员，他提出的议会的两院制，成为美国的一项基本国家制度。

富兰克林在为美国立国而举行的“大陆会议”期间，成为《独立宣言》起草委员会5名成员之一。由他参与起草的《独立宣言》正式获“大陆会议”通过，从此该宣言代表美国“民意”正式向宗主国英国宣布独立。《独立宣言》：“我们认为下列为不言而喻的真理：人人生而平等……。”虽然“上帝面前人人平等”的思想源于中东，但却是美国人最直接最明白地归纳为“人人平等”。这一思想强调的是民意，富兰克林坚持的是民众立场。他是自然神论者，认为精神依附于物质；他认为社会贫困的原因是劳动者必须养活寄生者；他酷爱自由和平，反对战争，痛恨种族歧视和奴隶制度，主张维护黑人和印第安人的利益。他是当时最渊博的资产阶级自由主义思想家之一。

波士顿老市政厅和富兰克林像

法国经济学家杜尔哥为他写下了这样的赞语："从苍天那里取得了雷电，从暴君那里取得了民权"。

名人轶事

1752年6月的一天，阴云密布，电闪雷鸣，一场暴风雨就要来临了。富兰克林和他的儿子威廉一道，带着上面装有一个金属杆的风筝来到一个空旷地带。富兰克林高举起风筝，他的儿子则拉着风筝线飞跑。由于风大，风筝很快就被放上高空。刹那间，雷电交加，大雨倾盆。富兰克林和他的儿子一道拉着风筝线，父子俩焦急的期待着，此时，刚好一道闪电从风筝上掠过，富兰克林用手靠近风筝上的铁丝，立即掠过一种恐怖的麻木感。他抑制不住内心的激动，大声呼喊："威廉，我被电击了！"随后，他又将风筝线上的电引入莱顿瓶中。回到家里以后，富兰克林用雷电进行了各种电学实验，证明了天上的雷电与人工摩擦产生的电具有完全相同的性质。富兰克林关于天上和人间的电是同一种东西的假说，在他自己的这次实验中得到了光辉的证实。

签署《独立宣言》

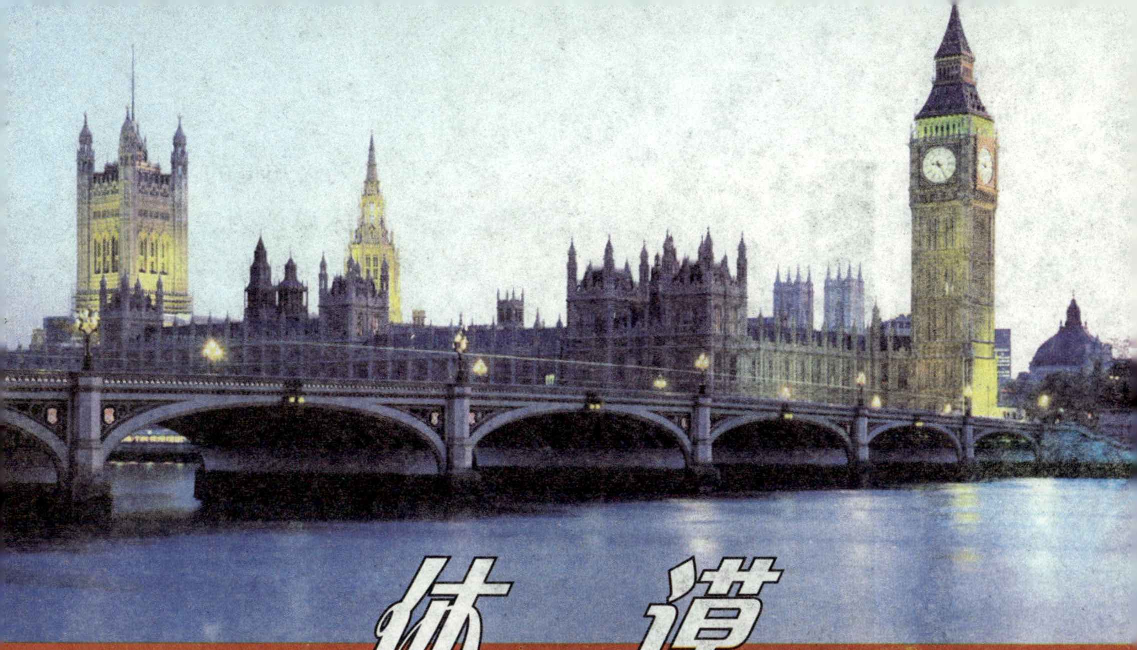

休 谟

Hume 近代不可知论的著名代表、外交家、经济学家

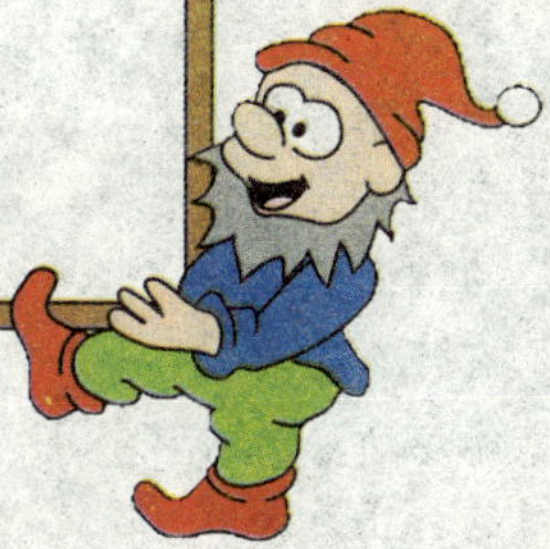

休谟11岁进爱丁堡大学。1729年起专攻哲学。1732年刚满21岁就开始撰写他的主要哲学著作《人性论》，1734年去法国自修，继续哲学著述。1763年任驻法使馆秘书，1765年升任使馆代办。1767–1768年任副国务大臣。1769年8月退休返爱丁堡。

休 谟

生卒年：1711–1776
国　籍：英国
家　庭：没落贵族
出生地：苏格兰爱丁堡
性　格：执着
志　趣：著述立说
身　份：外交官

休谟一生著述颇丰，他并不是一个学院派的哲学家，哲学研究对他来说纯粹是一种个人爱好，而不是谋生的手段。他当过家庭教师。

如果无风鼓帆，就奋力划桨。

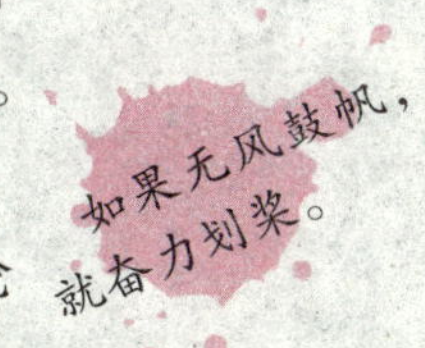

休谟提出了以动摇于唯物主义和唯心主义之间的怀疑论为特色的哲学体系。他从贝克莱的主观唯心论走向不可知论，认为人们只能知道其感知的，至于是否有客观事物存在

位于爱丁堡的休谟大厦

则是无法知道的。

休谟认为，因果性联系只是人心的一种习惯性倾向，他用习惯代替了我们过去确定的知识概念，认为我们的知识只是一些偶然性的结论。休谟对两种知识的区分和对因果关系的怀疑奠定了他在西方知识论中的地位。

休谟对人性的分析开启了西方道德哲学中的情感主义，即功利主义；他的怀疑论为康德破除了独断主义迷梦；他的经验主义方法成为维也纳学派开创分析哲学运动的一个重要法宝。

康德："自从有形而上学以来，对于这一科学的命运来说，它的遭遇再没有什么能比休谟所给予的打击更为致命。"

休谟的政治哲学理念，开启了后来日益强大的自由主义思潮；他的情感主义引发了政治哲学中的德性与正义的思想；他的财产权理论导致了当代关于所有权的争论；他的经济思想推进了后来的政治经济学发展；他的政体理论直接构

名人影响

休谟的哲学是近代欧洲哲学史上第一个不可知论的哲学体系。休谟和康德一样，在哲学的发展上起过很重要的作用。休谟的怀疑论为19世纪英国非宗教的哲学思想提供了理论。休谟的不可知论观点为实证主义者、马赫主义者和新实证主义者所继承，对现代西方资产阶级哲学产生了广泛的影响。

名人轶事

1763年，休谟应驻法公使赫特福德邀请担任使馆秘书，在两年多的时间内与许多著名的法国进步思想家如卢梭、霍尔巴赫、爱尔维修、狄德罗等人交往密切，尤其受卢梭浪漫思想之影响颇深。休谟在法国的声誉比在英国高得多，他的著作也在此广为流传。当卢梭受到政治迫害时，他曾邀请卢梭到英国避难，终因卢梭生性多疑不欢而散。1765年升任使馆代办，1766年初休谟回国。

成了当代政治学的重要内容。

当代英国政治哲学家汉普夏尔-蒙克把休谟的思想看做整个西方政治哲学发展的关键环节。

休谟墓

每个障碍，都有解决的办法——或者跨越，或者钻过，或者绕开，或者突破。

卢梭

Rousseau

18世纪法国大革命的思想先驱，启蒙运动最卓越的代表人物之

卢　梭

生卒年：1712—1778
国　籍：法国
家　庭：钟表匠
出生地：瑞士日内瓦
性　格：执着
志　趣：著述立说
身　份：启蒙思想家、哲学家、教育家、文学家

卢梭的祖父原是法国新教徒，因躲避宗教迫害于16世纪中期来到瑞士。母亲因生他难产去世。父亲嗜好读书，母亲遗留下不少小说，父亲常常和他在晚饭后互相朗读，每读一卷，不一气读完不肯罢休，有时通宵达旦。

卢梭日复一日地读书，养成了读书的习惯，渐渐充实并滋养了他年幼的心灵。他在父亲的鼓励下读了许多古希腊、古罗马文学中的名人传记。7岁的卢梭就将家里的书籍遍览无余。他还外出借书阅读。通过自学卢梭掌握了丰富知识。通过这些历史人物的典范影响和他父亲的谆谆教诲，卢梭深深体会到了自由思想和民主精神的可贵。

因家境贫寒，卢梭13岁起做过仆人、学徒兼杂役。后来，他

名人影响

卢梭的政治观点，对后来的法国革命产生了很大影响。其独到的教育思想，对后来的教育学说产生了深远的影响，其民主自由的思想也成为法国大革命的动力。

与华伦夫人同居，生活稳定，安心读书、思考问题，进行写作。

40年代卢梭离开华伦夫人以后，开始自谋生活，先后当过家庭教师、书记员、秘书等。同时他广交了各方面的人士，尤其是他结识了大哲学家狄德罗。

卡尔·马克思说："卢梭不断避免向现存政权作任何即使是表面上的妥协……"

1749年，他在一次名为《科学和艺术的进步对改良风尚是否有益》的征文中获得了头等奖，一举成名。此后，他决心放弃对财产和声誉的奢望，永远保持贫困和独立。1752年，他的歌剧《乡村魔术师》在枫丹白露王室演出，获得巨大成功，但他拒绝接受路易十五给予的年金。1755年发表《论人类不平等的起源和基础》，并完成《论政治经济学》。

1756年44岁的卢梭接受朋友的馈赠，开始了他的隐居生活。1758年，由于同狄德罗在宗教等观点上的不同，与百科全书派决裂。

1761年，自传体小说《新爱洛伊斯》发表，书中猛烈地抨击了封建专制制度，成为人人争看的畅销书，被翻译成多种语言，风靡全欧，给卢梭带来了巨大声誉。

1762年，《社会契约论》和《爱弥儿》出版，这两部书引起了百科全书派的尖锐批评，更激起了新旧教会的极大愤怒和政府当局的

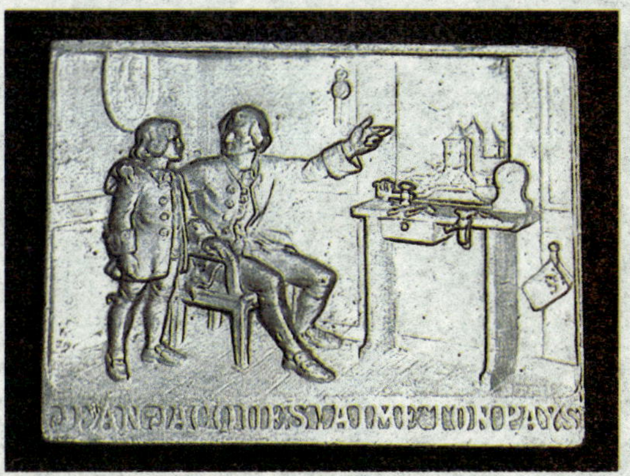

卢梭在讲述他的教育理论

巴黎卢梭像

谴责。为躲避迫害，他只好逃往普鲁士管辖下的讷沙泰尔，宣布放弃日内瓦的公民身份。回到法国隐居后，著有《忏悔录》等。1778年7月2日，已患迫害性心理分裂症的卢梭在巴黎东北面的阿蒙农维拉去世。

在哲学上，卢梭主张感觉是认识的来源，坚持“自然神论”的观点，强调人性本善，信仰高于理性。在社会观上，卢梭坚持社会契约论，主张建立资产阶级的“理性王国”，主张自由平等，反对私有制及其压迫，提出“天赋人权说”，反对专制、暴政。教育上，他主张教育目的在培养自然人，反对封建教育戕害、轻视儿童，要求提高儿童在教育中的地位，主张改革教育内容和方法，顺应儿童的本性，让他们的身心自由发展。卢梭的思想，反映了资产阶级及广大劳动人民从封建专制主义下解放出来的要求。

向他的头脑中灌输真理，只是为了保证他不在心中装填谬误。

名人轶事

有一次，卢梭受到诈骗，但却被判入狱，当审判长向他宣布缓期执行时，他高兴地惊呼道：“谢谢您，审判长先生！为向您表示感谢，如果您愿意的话，我为您画张肖像吧！”

狄德罗

Diderot

唯物主义哲学家，百科全书派代表人物

狄德罗

生卒年：1713—1784
国　籍：法国
家　庭：刀剪业
出生地：郎格里
性　格：执着
志　趣：著述立说
身　份：哲学家、美学家、文学家

狄德罗童年接受过耶稣会学校教育，1732年狄德罗获巴黎大学文科硕士。

青年时代，一直过着贫困的生活，磨炼了意志，了解了社会。他博览各种科学和哲学书籍，获得“哲学家”的绰号。1745年英国人米尔斯和德国人塞利阿斯邀请文人学者团体编纂百科全书的法文版，由此开创了由狄德罗主编《百科全书》的人类文化事业。围绕《百科全书》的编纂，狄德罗形成了一个学派，著名学者有孟德斯鸠、伏尔泰、卢梭、霍尔巴赫、孟戴尔等。为了《百科全书》狄德罗奋斗了30年。1784年2月他开始咯血，7月13日去世。

在《百科全书》、《哲学思想录》、《对自然的解释》、《怀疑者漫

步》、《论盲人书简》等著作中，表述了狄德罗的唯物主义哲学思想；在他的《美之根源及性质的哲学的研究》、《论戏剧艺术》、《谈演员》、《绘画论》、《天才》等著作中，阐述了他的美学、文学思想。

狄德罗的哲学思想既反映形而上学的思维方式，又夹杂着一些辩证法的因素。《论盲人书简》充分表述了无神论思想。这种思想没有停留在以触觉为衡量事物存在与否的准则上，深入到了理论思维的领域。

狄德罗把世界设想为一个大系统，认为其中存在的只有时间、空间与物质；物质本身具有活力，能够自行运动，不需要它以外的神秘力量参与；运动是物质的一种属性，物质与运动不可分割的联系造成绚丽多彩的大千世界，这个世界是统一的，统一于物质。

在狄德罗的自然观中，含有转化的观念。他肯定自然事物可以相互转化，转化还涉及事物质的变化。但狄德罗的自然观仍然存在形而上学倾向。他把一切变化都归结为“纯粹数

名人轶事

丹尼斯·狄德罗是18世纪法国著名的哲学家。有一天，朋友送他一件质地精良、做工考究的红色睡袍，他非常喜欢，每天晚上睡觉都穿。有一天晚上，他突然发现家具的风格有点儿落后，地毯也粗俗得很。为了能和睡袍配套他更新了家具，更换了地毯，使家具和地毯都跟得上睡袍的潮流了。这件事情在200多年后被美国哈佛大学经济学教授朱丽叶·施罗尔定义成“狄德罗效应”：就是指人们在拥有了一件新的物品后，不断配置与其相适应的物品，以达到心理上平衡的现象。

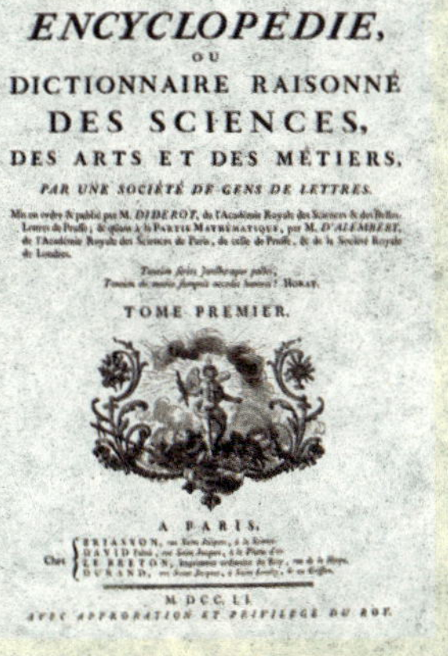

ENCYCLOPEDIE,
OU
DICTIONNAIRE RAISONNÉ
DES SCIENCES,
DES ARTS ET DES MÉTIERS,
PAR UNE SOCIÉTÉ DE GENS DE LETTRES.
TOME PREMIER.
A PARIS,
M. DCC. LI.

百科全书

量增长”，把自然中的因素看做是一成不变的，认为由元素组合的事物，通过嬗变而彼此交替，只能形成循环的局面。

在认识论方面，狄德罗强调感觉论，认为出现在理智之中的，必然首先导源于感性知觉，他从认识的起源上反驳先验论以及纯属思辨性质的形而上学。主张感性与理性两条轨道相辅相成，共同推进人类认识。

霍尔巴赫

Holbach

唯物主义哲学家，实证主义倡导者

霍尔巴赫

生卒年：1723—1789
国　籍：法国
家　庭：商人
出生地：德国巴伐利亚
性　格：执着
志　趣：著述立说
身　份：唯物主义哲学家、无神论者

霍尔巴赫12岁移居法国。青年时代赴荷兰莱顿大学学习科学技术，并大量阅读了霍布斯、洛克和牛顿等人的著作。毕业后回巴黎取得法国国籍。

1753年他继承了舅父的男爵称号和财产，不久又继承了岳父“国王顾问团理事”的贵族头衔和每年的薪俸。霍尔巴赫跻身于贵族的行列并且拥有巨大的财富，他用这些财产来资助自由思想家们的学术活动，当时霍尔巴赫家的“沙龙”就是“百科全书派”集会的场所，他也成为《百科全书》主要撰稿人之一。

哪里没有自由，哪里就没有祖国。

此外，霍尔巴赫还撰写了许多学术著作，主要有：《基督教，对基督教的原则和后果的考察》、《袖珍神学》、《自然

名人影响

霍尔巴赫，作为18世纪实证主义和行为主义的坚定倡导者，他对法国启蒙运动作出了杰出贡献。同时也深受人本主义思想的影响，他与费尔巴哈、休谟、斯宾诺莎等人同样对教会、神权提出了很强硬的批判。这些人本主义思潮从18世纪到19世纪都在西方产生很大的影响。

的体系》、《健全的思想》、《社会体系》等。

霍尔巴赫把18世纪法国唯物主义世界观加以系统化。认为自然是物质和运动的总汇，物质是以任何一种方式刺激我们感官的东西，具有质的多样性。肯定运动是物质固有的本

霍尔巴赫1744年就读于荷兰莱顿大学读书

袖珍神学

[法国]霍尔巴赫 著

马克思、恩格斯：由此可见，霍尔巴赫的理论是关于当时法国的新兴资产阶级的有正当历史根据的哲学幻想，当时资产阶级的剥削欲望还可以被描写成个人在已经摆脱旧的封建羁绊的交往条件下获得充分发展的欲望。但是，在19世纪，资产阶级所理解的解放，即竞争，就是给个人开辟比较自由的发展的新活动场所的唯一可能的方式。理论家们特别把

它系统化了。在理论上宣布符合于这种资产阶级实践的意识、相互剥削的意识是一切个人之间普遍的相互关系，——这也是一个大胆的公开的进步，这是一种启蒙，它揭示了披在封建剥削上面的政治、宗法、宗教和闲逸的外衣的世俗意义，这些外衣符合于当时的剥削形式，而君主专制的理论家们特别把它系统化了。

名人轶事

出身境况不佳的卢梭，抵达法国时，过着艰辛的底层生活，靠着华伦夫人的资助生活与自学，并最终在当年的难友狄德罗的引荐下，跻身巴黎的沙龙生活。然而贫穷而不善于临场应对的卢梭尽管才华横溢，却不能适应围绕着女性打转的生活，也不愿意接受贵族和富人的歧视和支使。他不愿意和霍尔巴赫男爵交往的名言是“因为你太富有了”。最终，卢梭从沙龙生活中退出。

质属性，从不同角度对运动形式作了分类，但最终又把运动归结为机械运动。强调一切事物都处于必然的因果联系之中，但把因果性和必然性等同起来，否认偶然性的客观存在。认为人是自然界的产物，受自然必然性的制约；人的灵魂是肉体的一部分，与肉体同生共死。坚持唯物主义反映论，认为感觉是认识的唯一来源，它是客观事物作用于感官的结果。否认上帝的存在，指出宗教是“神圣的瘟疫”，宗教起源于人们的恐惧和无知以及神学家的欺骗，提出消灭宗教的唯一途径，就是宣传无神论，教育人民，启发人的理性。

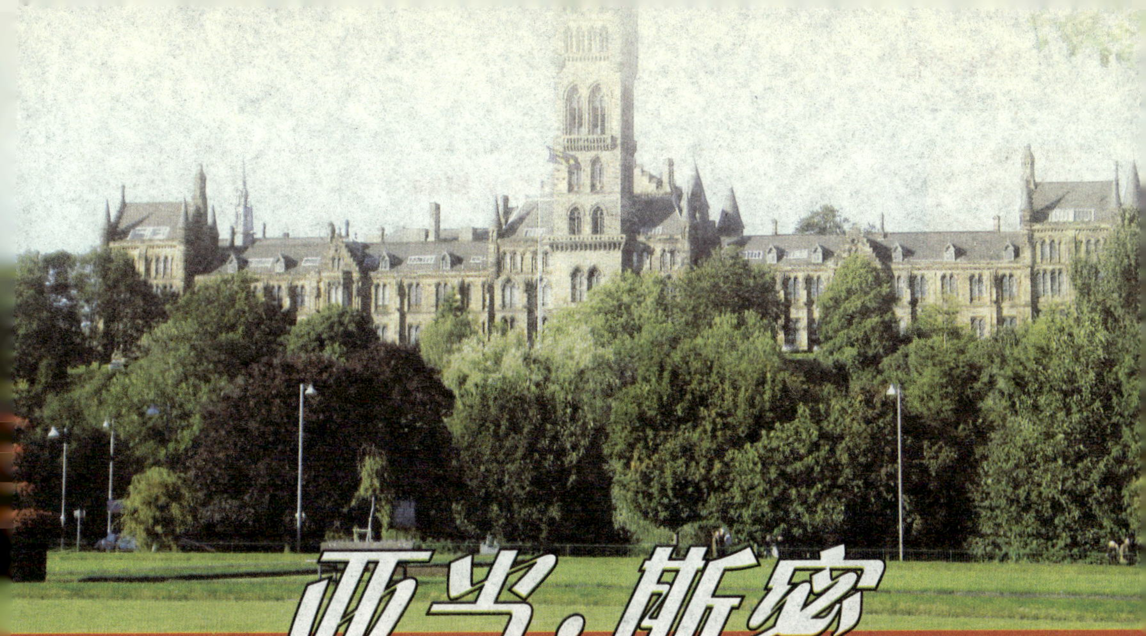

亚当·斯密

Adam Smith

经济学鼻祖、古典经济学家、伦理学家

亚当·斯密

生卒年：1723—1790
国　籍：苏格兰
家　庭：单亲家庭
出生地：苏格兰法夫郡克卡科底
志　趣：政治哲学、伦理学、经济学
身　份：学者、官员

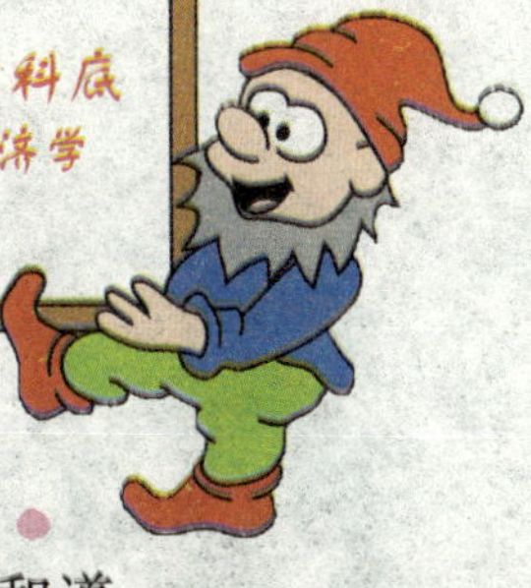

亚当·斯密的父亲是律师，担任苏格兰和寇克卡迪的海关监督，在亚当·斯密出生前去世了，亚当·斯密一生与母亲相依为命，终身未娶。

大约14岁时，斯密进入了格拉斯哥大学，在哈奇森的教导下研读道德哲学。1740–1746年间，赴牛津大学求学。

1751年后，亚当·斯密在格拉斯哥大学担任逻辑学和道德哲学教授，兼任学校行政事务。在此期间发表了他的第一部著作《道德情操论》，获得学术界极高评价，确立了他在知识界的威望。1768年开始着手著述《国家康富的性质和原因的研究》（简称《国富论》），1776年3月出版后，影响了英国、欧洲大陆和美洲。1790年在克科底去世，去世前将自己

“请给我我所要东西的同时，你也可以获得你所要的东西”

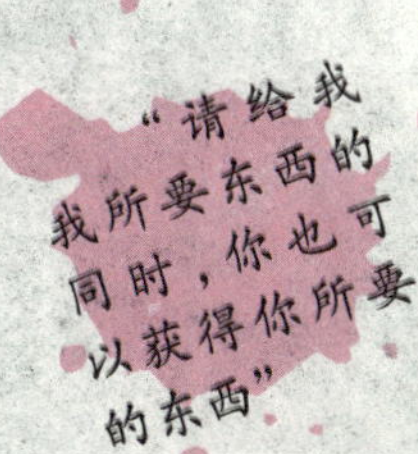

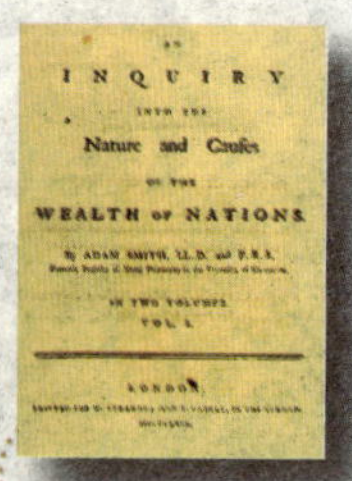

世人尊称其为“现代经济学之父”和“自由企业的守护神”。

名人影响

《国富论》中的思想，是现代政治经济学研究的起点。它第一次阐述了欧洲产业增长和商业发展历史，成了研究现代经济学科的先驱。它为资本主义和自由贸易提供了最为重要的理论依据，极大的影响了马尔萨斯、李嘉图、密尔、凯恩斯、马克思、恩格斯等经济学家。

的手稿全部销毁。

在《道德情操论》中，亚当·斯密竭力要证明的是：具有利己主义本性的个人（主要是追逐利润的资本家）是如何在资本主义生产关系和社会关系中控制自己的感情和行为，尤其是自私的感情和行为，从而建立一个有必要确立行为准则的社会而有规律的活动的。

亚当·斯密在《国富论》中所建立的经济理论体系，就是以他在《道德情操论》的这些论述为前提的。

他的功绩就是把当时零星片断的经济学学说，经过有体系的整理，使之成为一门独立于哲学的学科，首次提出了全面系统的经济学说，为该领域的发展打下了良好的基础。

《国富论》驳斥了旧的重商学说，否定了重农主义者的土地是价值的主要来源的观点，提出了劳动的重要性。斯密认为要获得协助，不能只依赖他人的同情心或利他主义，还要靠激起他人的利己心来实现。换言之，在经济生活中，一切行为的原动力主要是利己心而不是同情心或利他主义。人们在利己心的支配下做各种劳动，从而构成了私人财富和社会财富的源泉。他将利己心看做人的本性，将经济活动看做利己心作用的结果，实际上反映了一切经济现象是客观的，都受某种自然规律的支配。

主张政治中立，不随便干预经济活动，使每个人都按照自己的意志，自由地进行其

墓文;这里安眠着《道德情操论》和《国富论》的作者亚当·斯密

经济活动，如此才能有效率。主张商品的价格，由市场来决定，如此价格自然会调整恰当，而且资源也会配置得当，结果将使社会效益达到最佳的状态。

能力是分工的结果，而不是分工的原因。

他认为倘若放任个人自由竞争，人人在此竞争的环境中，不但会凭着自己理性判断，追求个人最大的利益，同时有一只“看不见的手(指市场)”使社会资源分配达到最佳状态。这样，才有分工、有交换、有价值、有货币等等现象产生。进而他提出了利益为前提的分工理论、货币理论、价值论、分配理论、资本积累理论、赋税理论等。亚当·斯密提出四大赋税原则，即公平、确定、便利、经济。亚当·斯密的经济思想以“人性”为出发点，把普遍性带入了经济学的领域，使之成为社会科学。

名人轶事

亚当·斯密常想事情想得出神，丝毫不受外物干扰，有时也因此发生糗事，例如：亚当·斯密担任海关专员时，有次因独自出神将自己公文上的签名不自觉写成前一个签名者的名字。亚当·斯密在陌生环境发表文章或演说时，刚开始会因害羞频频口吃，一旦熟悉后便恢复辩才无碍的气势，侃侃而谈；而且亚·当斯密对喜爱的学问研究起来相当专注、热情，甚至废寝忘食。

哲学家、星云说的创立者之一，德国古典唯心主义创始

康　德	
生卒年：	1723—1790
国　籍：	德国
家　庭：	手工业者
出生地：	科尼斯堡
性　格：	执着
志　趣：	天文学、伦理学
身　份：	教师、思想家

康德6岁入小学，13岁母亲去世，16岁考取哥尼斯堡大学哲学院学习。22岁父亲去世时，他的《论活力的正确评价》一书付印。1747年后康德先后在牧师、军官、伯爵家当教师。1754年回到哥尼斯堡大学任讲师，他博学多才，著述宏富。担任过自然地理、人类学、矿物学、理论物理、数学、力学等多种课程的教学。其间发表许多有影响的文章。1766年2月康德被认命为王家图书馆副馆长。1769年后任埃尔兰根大学教授、哥尼斯堡大学逻辑和形而上学教授。1780年康德成为哥尼斯堡大学评议委员会成员，1786年夏康德被推选为大学校长。同年，康德被选为柏林科学院院士。

1781年后康德发表了《纯粹理性批判》、《实践理性批判》、《判

名人影响

康德在三大《批判》书及其他著作中，虽然主要是探讨认识论、伦理学和美学三个领域的问题，但他所提出和试图解决的却涉及到逻辑学、科学哲学、心理学等几乎整个知识领域，从多方面给后来的思想家以深刻启发。1795年出版的《论永久和平》应该是康德为人类贡献的最后一部有深远影响的著作，书中提出了世界公民、世界联邦、不干涉内政的主权国家原则等至今仍有现实意义的构想。

有两种东西，我对他们的思考越是深沉和持久，它们在我心灵中唤起的惊奇和敬畏就会日新月异，不断增长，这就是我头上的星空和心中的道德定律。

断力批判》，三部著作的相继问世，标志康德批判哲学体系的诞生。1804年2月12日康德逝世。死后的康德很快就从哲学的影子变成了人类思想天空里的一颗巨星。

康德哲学又称批判哲学。以1770年为界可分为两个时期。“前批判时期”，康德在《宇宙发展史概论》里，提出了关于潮汐延缓地球自转的假说”和“关于天体起源的星云假说”。这两大假说从物质自身的运动和发展来解释自然现象，摒弃了神学创世说和自然界永恒不变的观点，他认为现在的天体都是由一团稀薄的云雾状的物质微粒逐渐演化而来的。由于万有引力的作用，那些散布在宇宙中的物质微粒便不断地聚集起来，在引力较强的地方就形成了聚集状态的物质。以后，大的聚集物又把小的聚集物吸引过来，这样就形成了各个星球。又由于物体的斥力作用，使小的物体环绕大的物体作圆周运动，以及它们自身的转动，结果就形成了整个太阳系的行星绕太阳公转，以及各个行星自转的宏伟图景。

科隆大教堂

当代德国著名哲学家、现代存在主义哲学奠基人卡尔·雅斯贝斯将康德与柏拉图和奥古斯汀并称为三大“永不休止的哲学奠基人”。

名人轶事

康德生活中的每一项活动，如起床、喝咖啡、写作、讲学、进餐、散步，时间几乎从未有过变化，就像机器那么准确。每天下午3点半，工作了一天的康德先生便会踱出家门，开始他那著名的散步，邻居们纷纷以此来校对时间，而教堂的钟声也同时响起。唯一的一次例外是，当他读到法国浪漫主义作家卢梭的名著《爱弥儿》时，深为所动，为了能一口气看完它，不得不放弃每天例行的散步。这使得他的邻居们竟一时搞不清是否该不该以教堂的钟声来对自己的表。

在“批判时期”，康德对他以前的以莱布尼茨为代表的唯理论及以休谟为代表的怀疑主义进行了批判。

康德的“三大批判”构成了他的大哲学体系，他认为：无论是经验论，还是唯理论，都是对人类的认识能力本身缺乏认识的结果，都不能使人们获得普遍性必然性的新知识。为解决矛盾，康德把人类的认识能力区分为感性、知性、理性三个阶段。通过人的认识能力即感性、知性和理性的考察，他把经验论和唯理论结合起来，并在这个过程中，着力阐述主体的能动性和认识中的矛盾问题。

康德提出了著名的“(绝对)范畴律令”。即“永远使得你的意志的准则能够同时成为普遍制定法律的原则。”

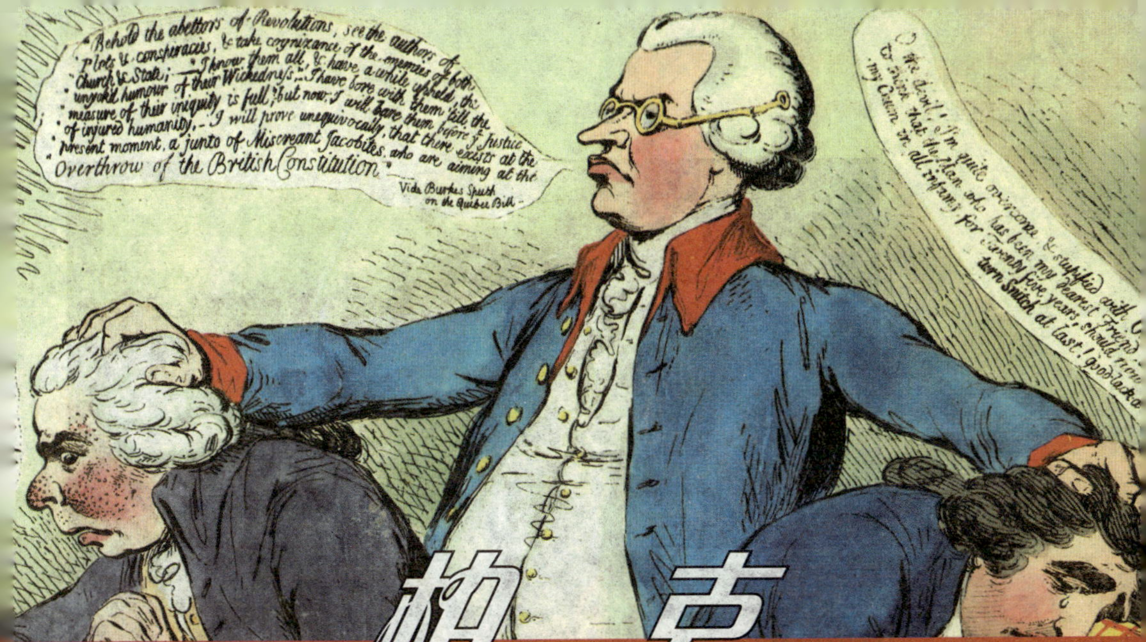

柏　克

Burke

保守主义哲学家，宣传思想家

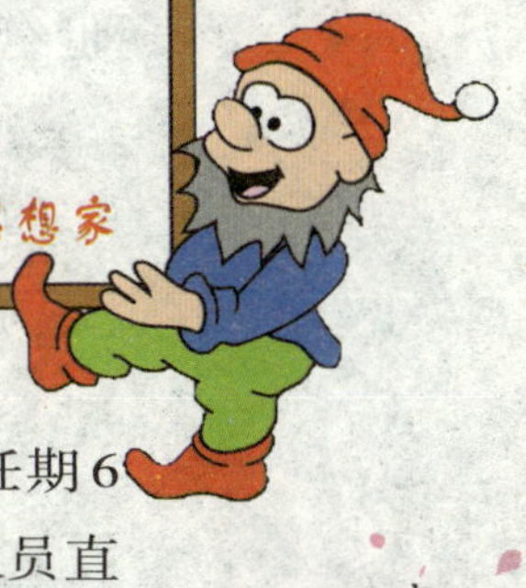

柏克17岁就学于都柏林的三一学院，学习古典语言，拉丁语熟练到能欣赏西塞罗的作品。后曾学习法律，但不久即对法律失去兴趣而游学于英格兰和法国。1765年经堂兄举荐而成为辉格党领袖罗金汉勋爵的秘书而进入下院。1774年，他被选为布里斯托尔的下院议员，任期6年。1780年，作为罗金汉勋爵控制的议员选区的下院议员直到1794年退休。晚年在丧子之痛和对法国革命的仇恨中度过。1797年7月在英格兰的白金汉郡去世。

柏　克	
生卒年：	1729—1797
国　籍：	爱尔兰
家　庭：	律师
出生地：	都柏林
性　格：	孤傲、清高
志　趣：	著述立说
身　份：	哲学家、宣传家、思想家

国家的本质不是物质性的，而是道德性的。

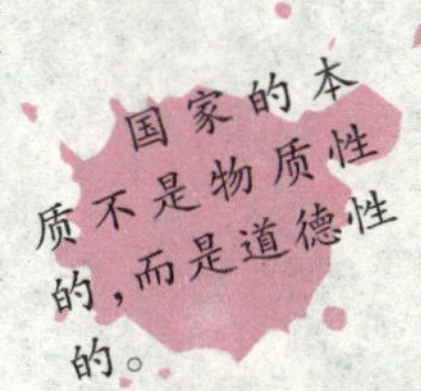

柏克是美洲事业的两大欧洲宣传家之一（另一位是托马斯·潘恩）。他痛斥非洲的黑奴交易，针对英国当局在印度殖民地的腐败行径和蹩脚管理，他不遗余力地与之战斗。他提

柏克拥护美国独立战争却极力反对法国革命

个体的人是物质性的存在，受制于普遍的、一成不变的自然规律。

出“自然的贵族”来对抗“世袭贵族”，从而对贵族阶层予以打击。

他谴责国王和“国王的朋友们”插手政治，设法使他的经济改革法案得以通过——此法案顶住了乔治三世的执意反对，至今还被称作“很可能是18世纪英格兰所通过的最重要的单独的改革法案”。

他认为法国革命是财产权的敌人，因为它褫夺了贵族阶层的财产，而且“事实上法国革命又把财产送到了那些最心

名人影响

柏克的思想是一综合体，有古典内容，也夹杂着中世纪成分，有启蒙时代的精神，又包含英格兰的文化传统，还弹奏着保守主义。柏克的思想激活了大陆保守主义，后者从柏克那里获得灵感，为反对法国大革命打造了理论武器。

名人轶事

柏克很善于预测，他能准确预知革命的洪流正流向何处。据说，这种传闻是真的：与柏克决裂之前，潘恩曾认为，他能说服柏克，让他站到法国革命事业这一边来，并让他了解革命领导人的秘密决定。有一点是清楚的，潘恩的确曾把杰斐逊的一封信送给柏克看，而当时杰斐逊是美国驻路易十六王朝的大使，对革命领导人的某些计划有所耳闻。但是，不论潘恩得到的特别消息有多少，抓住了革命本质的人却是柏克，并且是早早就抓住了，这一点是没有其他人曾做到的。他的敏锐伤害了他的声誉，他是一个早熟的法国革命反对者。

美洲三书

萨缪尔·约翰逊曾说：“任你挑选一个话题，他（柏克）都能给你谈得头头是道。”

狠手辣地攫取钱财的人的手中”。

柏克的保守主义表现为恪守社会风俗、习惯和传统中的价值，强调宗教的作用；在政治上，尊重既存秩序和权威，反对抽象理论指导政治生活、构建政治社会，反对法国革命，认为它是理性指导复杂的政治生活、否定一切传统的典型。

霍华德城堡（柏克一生都在为罗金汉勋爵做秘书工作

柏克的权力（由于柏克极力反对法国大革命，所以法国人如此讽刺他。）

托马斯·潘恩

Thomas Paine

民主主义思想理论家，社会活动家

托马斯·潘恩

生卒年：1737—1809
国　籍：美国
家　庭：裁缝
出生地：诺福克郡
性　格：执着
志　趣：著述立说
身　份：思想家、作家、革命家

由于家境贫寒，潘恩只上过中学。不过，他通过自学读了许多著作。青年时期他当过教师、店员等，屡遭失业和饥饿的威胁。1765年潘恩在列易斯当税吏，社会现实和自己的遭际，激起了他对社会政治的关心，1772年他写了小册子《税吏事件》，描写英国税制的弊端及税吏的苦恼。因有“反政府”倾向被免职。并被作为契约奴流放到美国。后在费城担任《宾夕法尼亚》杂志的编辑。

当时，正值北美人民反英斗争风起云涌，但是，人们的君主制观念还根深蒂固，连华盛顿、富兰克林、亚当斯这些独立战争时期著名的政治家，都没有明确提出美国的独立问题。就在这样的形势下，潘恩发表小册子《常识》，公开提出美国独立问题。小册子痛斥世袭君主的罪恶，成了独立战争时期人民大众的教科书。

宣读《独立宣言》的潘恩

1788年回到英国。不久他写了歌颂法国革命的小册子《人权论》，认为攻陷巴士底狱是“世界性的事件”。这本小册子遭到查禁，潘恩被迫旅居法国。在法国，他参加了法国大革命。反对处决路易十六。在雅各宾派“无产阶级”实行专制独裁统治时，潘恩公开反对，认为：“共和国死了”。由此，公安委员会以“图谋反抗共和国”的罪名逮捕了他，在美国驻法大使门罗的干预下才获释。1802年，潘恩回到美国，在默默无闻中于1809年死去。

潘恩是激进的民主主义和自然神论者，他宣传“世界公民”理念，主张建立“世界共和国”，他也是公共教育、最低工资限额的提出者之一。

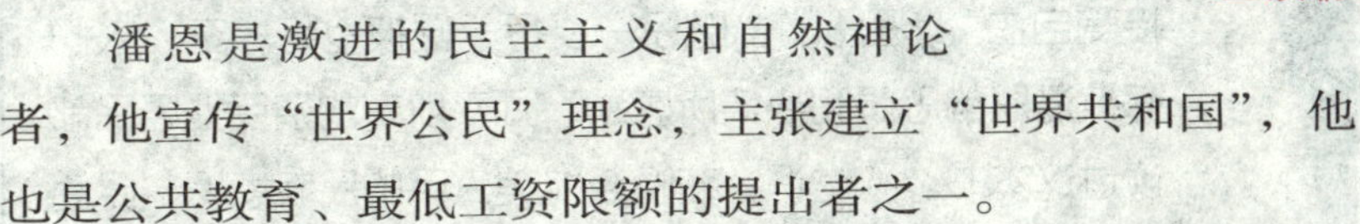

在潘恩思想体系中，国王与贵族不存在了，人与人之间是平等的。潘恩认为人显然有某些根本权利，这些权利先于政府而在，故政府不得侵犯。潘恩深信社会是自然的，而政府是人造的。他指出，人们供养政府，因为他们知道政府能提供超乎个人自身能力之外的最起码安全。政府影响到每一个人，不只是限制不良分子与潜在的不良分子，因为政府的开支平等落在义者与不义者身上。所以，人们要政府，是两害取其轻，而且其目的非常清楚。

确定政府的目的之后，潘恩以典型的启蒙思想方式描述

名人影响

潘恩《常识》、《人权论》中的进步思想，极大地鼓舞了美国独立运动的广大士气，赞扬甚至推动了法国、英国的民主事业。

《共产党宣言》褒扬了作者的贡献："潘恩的名字是民主主义传统和社会主义伟大传统的象征之一。"

名人轶事

1775年潘恩所写的小册子《常识》，北美独立战争初期，起到了极大的作用。在这本小册子中，潘恩强烈抨击了英国对殖民地的统治。批判了那种依赖英国的殖民地思想，陈述了英国统治对殖民地人民所带来的种种害处。他指出，现在已经不是辩论的时期了，只有用武力才能解决最后的争端。他满怀激情地向人们呼吁，"站起来吧，接受自由"。潘恩的小册子一发行，便被抢购一空，人们都被潘恩的思想和热情所感动，几乎所有的殖民地居民都读过这本书。《常识》在唤起北美人民的民族意识，促使殖民地人民将独立作为自己战斗的唯一目标的宣传中，起了极大的作用。

政府的起源：找一处方便的树下集会，此树形同议堂，在此讨论共同生活之"管理事宜"，此一会议中，一人一席，其决定则只是有关尊重生命与财产的一些建议，而且这个还在幼稚阶段的共同体，其仅有的制裁方式是大众的鄙视。社会日益增大而且复杂之后，选举立法者比人人出席立法会议方便，加上启蒙运动认定他们必为理性之人，于是他们协议频频选举，以免立法与选民脱节。选民与被选者之间这种频繁互换，自然而然能建立整个共同体利害与共的意识，治者与被治者也自然而然会彼此支持。一个政府的力量，基础就在这种相互支持，而不在毫无意义的国王名义。

社会产生于我们的需求，政府产生于我们的恶行。

托马斯·杰弗逊

Thomas Jefferson

美国《独立宣言》起草人，第3任总统，人民主权的倡导者

托马斯·杰弗逊

生卒年	1743—1826
国籍	美利坚合众国
家庭	律师
出生地	维吉尼亚的阿尔伯马尔郡
性格	孤傲、清高
志趣	哲学
身份	总统《独立宣言》主要起草人

1757年，杰弗逊丧父，他继承了约5000英亩的土地及数十名黑奴。16岁时，杰弗逊入学威廉斯堡的威廉与玛丽学院哲学系。他于1774年写下英属美洲民权概观，引领维吉尼亚地方议会走向国会。

1776年大陆议会为撰写《独立宣言》所委任的5人小组全体一致同意，由杰弗逊单独起草宣言全文。《独立宣言》颁布后，杰弗逊回到维吉尼亚，选入新成立的维吉尼亚州代表议会。他于3年间起草126条法案。杰弗逊后来在乔治·华盛顿的政府中担任首任国务卿。他与亚历山大·汉弥尔顿两人之间开始对全国性的金融政策展开论战。

杰弗逊1801年至1809年间担任美国第三任总统，是首位于白

罗马天主教的神学领袖艾佛略·杜勒斯枢机主教曾说："杰弗逊在威廉与玛丽学院的生涯中，以法兰西斯·培根、艾萨克·牛顿、约翰·洛克为三位智慧典范。而在数名教授的影响下成为自然神论的哲学家。"

名人影响

杰弗逊在美国历史上有很重要的影响。他的民主思想一直影响着美国，身为政治学家，杰弗逊秉持古典自由主义与共和主义，制定了维吉尼亚宗教自由法。该法日后成为美国宪法第一修正案创设条文之基础，杰弗逊式民主因他而得名。他创立领导的民主共和党，为美国民主党的前身，成为统治美国的主要政党。

宫任职并离任的总统。也是民主共和党首任总统。

从天赋权利到人民主权是杰弗逊在《独立宣言》中表达的重要思想。杰弗逊主张天赋权利，他继承发展了洛克关于自然权利的理论。认为人生来是平等的，但他指出财产权是一种法律上的权利而不是天赋人权。他用人人都有追求幸福的权利来代替洛克的财产权利，这使得他的天赋权利理论更加彻底，也更能反映和适应追求自由独立平等的北美人民的精神需要，更能体现人民大众的意志和愿望。对于被压迫民族来说，这一思想是反抗暴政的最有力的思想武器。

杰弗逊将天赋权利进一步阐发，引出人民对政府的权利，即人民主权理论。认为人民对政府有完全的权利，且这一权利神圣不可侵犯。政府只能基于保护人民权利而存在，人民主权是最高准则。在人民主权的基础上他又进一步提出了人民革命的权利。从人民主权出发，杰弗逊认为只要政府

杰弗逊纪念堂

侵犯了人民的权利的时候，人民就有反抗的权利。

杰弗逊追求的目标是建立一个自由平等的民主共和国。为此，他主张实行三权分立制度。立法、行政、司法三个机构将永远分立，在其中一个机构中行使权力的人将不在其他或其中一个机构中任职。

他还主张要保证三权的制约和平衡，以使任何一个权力机构都不能越出他们合法的限度之外。在强调三权分立和制衡时，杰弗逊特别强调了要注意行政权的扩张和侵蚀。他认为总统由于拥有执行法律和直接管理公共事务之权，因此总统扩大自己的权利有很多有利条件，对行政权的制约尤其重要。

纪念杰斐逊草拟《独立宣言》的塑像

杰弗逊认为人民有自治及参与社会管理的天然禀赋，政府应该不断地提高人民的知识水平和道德水平，人民的文化水平提高了，他们就可以更好的行使自己的民主权利，更有效的监督政府，防止它蜕变和出现独裁者。杰弗逊认为人民对于他们政府机关的控制是衡量一个政府是否为共和制的标准。人民通过选举制度来实现。杰弗逊坚定不移的认为实行普选制是选举制度的首要前提。

名人轶事

第三任总统杰弗逊吩咐每天早晨打开总统官邸房门，公民可以在不影响总统办公的前提下参观官邸。这是杰弗逊民主思想的一个具体体现。在欧洲的经历告诉了他，社会公众对政府首脑的办公室都很感兴趣。那时，前来参观的人不少，杰弗逊本人也会在某一休息时刻走出办公室，与素不相识的客人握握手，表示欢迎。消息传开，有更多的人远道赶来，就是为了见见杰弗逊。杰弗逊有时仅凭一封友人的介绍信就会请陌生的来客共进下午茶。

“每一个人都被造物主赋予不可转让的权利，其中有生命权，自由权以及追求幸福的权利。”

杰里米·边沁

Jeremy Bentham

哲学家、法律思想家，功利主义法学倡导者

杰里米·边沁

生卒年：1748—1832
国　籍：英国
家　庭：律师
出生地：伦敦
性　格：执着
志　趣：著述立说
身　份：哲学家、经济学家、法律思想家

1760年6月28日，边沁在牛津女王学院正式入学。1763年，边沁进入林肯法学院，并在高等法院法庭中做见习生。1766年，取得文学硕士学位，结束了他的大学生活。1785至1787年边沁在欧洲大陆上作了一次漫长的旅行。他取道法国、意大利、地中海东岸和君士坦丁堡到俄国去观光。1787年12月，他到了柏林，取道荷兰回到了祖国。他请求西班牙政府准许他到墨西哥去住。

边沁学说的中心是功利主义，他极力反对17、18世纪以来的古典自然法学的理性法观点，认为它们是虚构的；大自然将人类置于苦乐两大主宰之下，人的天性是避苦求乐，功利原则就是一切行为都适从这两种动力的原则。谋求功利是

名人影响

边沁所倡导的功利原则曾对英国法律改革产生深远的影响，边沁的理论和主张同英国政治制度和法律制度的发展历史是分不开的。

人们行为的动机，也是区别是非、善恶的标准；是自然人和政府活动遵循的原则，也是道德和立法的原则。

人是追求快乐的机器。宁愿做不快乐的人，也不愿做快乐的猪。

他认为最好的立法是达到“最大多数人的最大幸福”，最好的立法就在于促进社会幸福。他认为良好的政府和立法必须达到四个目标：即公民的生存、富裕、平等和安全。

边沁对19世纪30年代英国立法起到了巨大的推动作用，塞缪尔·罗米利爵士所提出的刑法典的改革和布鲁厄姆勋爵所

名人轶事

边沁反对死刑，认为死刑对反抗者的威吓是有局限性的。他举例说：“一次，当一个刽子手指着刚刚被处死的一个人的血淋淋的头，对一位上了年纪的爱尔兰人说：“瞧，瞧你的儿子的头”。爱尔兰人答道：“我儿子不只有一颗头。”尽管边沁要说明的仅仅是死刑对于造反的威吓的局限性，但是，推而广之，我们不妨说刑罚对基于政治信仰的犯罪的一般预防效果有限。这是因为，在出于政治动机的犯罪中，既存的政府与法律等均在行为人的仇视之列，受刑罚惩罚被视为实现政治追求所必须付出的代价，相应地，面对刑罚的威吓，行为人产生畏惧心理，一般预防的作用自然有限。

亨利·梅因高度评价边沁的权利分析思想，认为权利的概念，无论法律的或道德的，显然属于现代世界的。毫无疑问，是边沁第一次给予法律权利一个清晰一致的含义，并且提出了一个十分重要的方法论的问题。

主张的法律体系改革都是受到边沁的鼓舞。而对法律、法律术语的定义和编撰法典计划的关注也有边沁的功劳。边沁的功利主义法学使整个19世纪中英国制度一直处于不断合理化改革的过程中。对其他西方国家的立法和司法发展也产生过重大影响。

亚历山大·汉密尔顿

Alexander Hamilton

政治思想家，联邦主义共和体制的维护者

亚历山大·汉密尔顿	
生卒年	1757—1804
国　籍	美国
家　庭	农场主
出生地	英属西印度群岛
性　格	执着
志　趣	政治活动
身　份	财政部长、政治思想家

汉密尔顿出身卑微贫贱，少年时甚至成为无家可归的孤儿。生活的苦难铸就了顽强的奋斗精神。在独立战争期间，他是华盛顿的副官，也是一位战场上的英雄和指挥官。被称作是华盛顿的“堪属无价之宝的参谋”。

革命结束后，他推动了费城制宪会议的召开，并为宪法的批准作出了很大贡献。他与麦迪逊、杰伊三人为争取新宪法批准在纽约报刊上共同以“普布利乌斯”为笔名发表的一系列论文，给后人留下了一部政治学的经典——《联邦党人文集》。

1789年联邦政府成立，华盛顿当选为第一任总统，汉密尔顿随即被任命为第一任财政部长。他深得华盛顿的赏识与信任，是华盛顿政府决策圈内的核心人物，政府各项内外政策的制定都有他的参

与和主导。他还是当时主宰政治舞台的政党——联邦党的领袖。他提出的整顿财政与发展经济的纲领，不仅使美国从根本上结束了财政混乱状况，而且为美国以后的经济发展规定了方向。

波士顿倾茶事件 在汉密尔顿看来，倾茶事件是他大展鸿图的契机。

亚历山大·汉密尔顿是美国的开国元勋之一，是美国财政事业的伟大开拓者和奠基者。在华盛顿任总统时，他作为财政部长政绩非凡，并创建了美联储的前身——合众国第一银行；作为联邦党人的首领，他为美国两党制的出现奠定了基础等等。他竭力鼓吹中央政府应“强而有力”，主张设立国家控制的国家银行和制订国家征税的有关制度。

汉密尔顿的政治思想与美国的建国实践以及由此而生发的政治辩论有着紧密的联系，具有很强的现实性和公共性品格。作为一个具有实干精神的政治家，他的政治思想是对他所处时代的那些重大问题的回答。

汉密尔顿认为现代的共和政体必须是实行代表制的共和政体，它比古代的直接民主制更为优越。汉密尔顿的共和主义还是与法治原则紧密相联的，如果说精英统治体现了汉密尔顿对高尚的共和政体的追求，

人的生存权就是他的意志权。

名人影响

汉密尔顿为推动美国经济的发展，他制定了一系列影响深远的政策，塑造了美国财政经济体制的框架，将美国引入了一条新的经济发展道路，为美国日后成为世界一流强国奠定了坚实的基础。

名人轶事

1804年7月11日，美国新泽西州维赫肯城果真发生了一次两位大政治家之间“真枪实弹”的决斗。决斗一方为开国元勋、大名鼎鼎的政界巨头亚历山大·汉密尔顿，另一方为竞选总统的落败候选人艾伦·博尔。博尔也是当时美国政坛上举足轻重的大亨。1800年，他与杰弗逊竞选总统，双方势均力敌，相持不下。汉密尔顿以其在众议院巨大的影响力使杰弗逊大获全胜，最后顺利地登上了总统宝座。这使一败涂地的“输家”博尔对汉密尔顿怀恨在心。

博尔竞选总统失败后便狼狈地退回故乡纽约州，决心“屈尊”参加州长竞选，然而冤家路窄，博尔的梦想又一次遭到汉密尔顿的干扰。博尔又一次以失败而告终。愤怒已极的博尔写信给汉弥尔顿，要求汉密尔顿公开向他道歉，并对“诬蔑和攻击”作出“解释”，但汉密尔顿对此不屑一顾，不作回答。恼羞成怒的博尔于是提出了决斗的要求。决斗那天，浓雾弥漫。双方走到指定地点站定。汉弥尔顿将手枪枪口指向天空。射了一枪。然而博尔的一枪击中了汉密尔顿的要害。呻吟着的汉密尔顿被送往医院抢救，终因伤势过重而在次日凌晨与世长逝。

那么对法治原则的维护则体现了他对自由的捍卫。在将共和主义原则转换为政治实践的过程中，汉密尔顿是联邦主义和分权与制衡理论的有力的维护者。他的联邦主义着眼于大国的共和主义实践，他力主建立一个统一而坚固的联邦，以之作为国家富强和人民安全的保障。

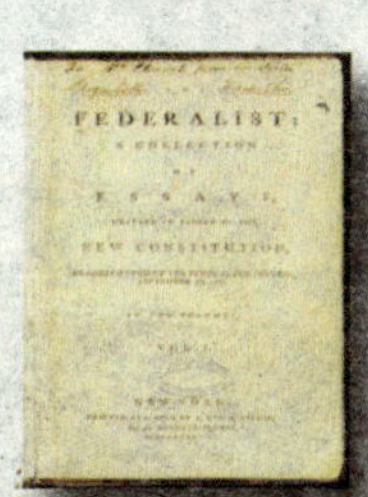

切尔诺夫：“如果说杰斐逊提供了美国政治论文的必要华丽诗篇，那么汉密尔顿就撰写了美国的治国散文。没有哪位开国元勋像汉密尔顿那样对美国未来的政治、军事和经济实力有如此的先见之明，也没有哪个人像他那样制定了如此恰如其分的体制使全国上下团结一心。”

美国国会大厦

圣西门

Saint Simon

法国杰出的思想家，空想社会主义者，实业制度倡导

圣西门

生卒年：1760–1825
国　籍：法国
家　庭：贵族
出生地：巴黎
性　格：执着
志　趣：著述立说
身　份：哲学家、经济学家、空想社会主义者

圣西门从小受过良好的教育，特别爱好研究哲学。圣西门早年受启蒙运动影响，曾参加北美人民反对英国殖民统治的独立战争。圣西门拥护法国大革命，主动放弃了伯爵爵位。1789年，法国爆发资产阶级大革命，29岁的圣西门，出于对封建制度的不满，积极投入了这场革命。此后为研究、宣传甚至是实践社会主义学说，倾注了毕生精力。1805年圣西门开始著书立说。1825年5月19日圣西门逝世于巴黎。

只有有天才的人才能发现天才的幼芽。发展这些幼芽，并善意地给予他们以必要的帮助。

圣西门认为社会变革是从低级到高级发展的。现存制度只是从封建制度转向理想制度的一个过渡阶段，并初步意识到经济状况

名人影响

他的著作，是人类文化宝库中一份珍贵的思想财富。他的思想为后来的马克思的科学社会主义理论做了准备。他的社会实践为后来的人们提供了历史经验。

圣西门塑像

是政治制度的基础。

圣西门承认历史的发展是有规律的，在发展的总过程中，每一次新旧社会制度更替，都是历史的进步。圣西门认为法国革命不仅是贵族和市民等级之间的斗争，而且是贵族、市民等级和无产者之间的斗争。他指出这次革命只产生了新的奴役形式，即“新封建制度”。他预言，旧的社会制度必将为理想的实业制度所代替。

圣西门设想的未来的理想制度是一种“实业制度”。在实业制度下，由实业者和学者掌握社会政治、经济、文化各方面的权力；社会的唯一目的应当是尽善尽美地运用科学、艺术和手工业的知识来满足人们的需要，特别是满足人数最多的最贫穷阶级的物质生活和精神生活的需要；人人都要劳动，经济按计划发展，个人收入应同他的才能和贡献成正比。不承认任何特权。

在理想社会中，政治学将成为生产的科学，政治将为经济所包容，对人的统治将变成对物的管理和对生产过程的领导。

由于历史的局限性，圣西门把从事产业活动的资产者看成是和工农一样的劳动者或“实

凯旋门

马克思、恩格斯把他同傅立叶、欧文并列为三大空想社会主义者。

名人轶事

1823年3月9日，63岁的圣西门感到极度不安。他由痛苦到绝望，由绝望到愤怒，他再也不能控制自己，愤然地举手枪，对准自己的脑袋打了一枪。圣西门为什么要自杀呢？面对法国大革命胜利后建立起来的资本主义制度，只给少数富有者和大资产阶级带来了利益，那些“游手好闲”的人仍旧过着荒淫无耻的寄生生活，广大无产者和劳动群众依旧遭受苦难的现状。圣西门十分失望，终于对资本主义采取了否定的态度，他抨击资本主义社会是“黑白颠倒的世界”。他希望以一个“旨在改善占人口大多数的穷苦阶级命运”的新社会来取代它。

圣西门经过一番研究，终于勾勒出他心目中的理想社会，他把这叫做“实业制度”。在这个制度下，人人要劳动，人人有劳动权，没有失业现象，实行“按能力计报酬，按工效定能力”的原则。圣西门关于新社会的理论，在当时，并没有坚实的社会基础，得不到人们的理解和重视，经常受人奚落，四处碰壁，加之他缺乏实际经营才干，家庭破产。不过，圣西门并没有死去！高明的医术将他从死神手中抢救过来。后来，依靠他的一个学生，勉强摆脱了物质生活上的困境。

表现社会主义的画作，这也是圣西门一直追求的理想。

业者”。并寄希望于统治阶级的理性和善心，幻想国王和资产者会帮助无产阶级建立实业制度。这就使得他的社会主义学说不能不流于空想。

费希特

Fichte

德国唯心主义哲学家、政治思想家，提出“绝对自我”概念

费希特早年家境贫寒，得邻人资助上学，曾入耶拿大学，后转入莱比锡大学，为生活所迫弃学担任家庭教师。

费希特

生卒年：1762—1814

国　籍：德国

家　庭：手工业者

出生地：拉梅诺

性　格：执着

志　趣：著述立说

身　份：哲学家

1790年，他开始研读康德的著作。1791年，他前往哥尼斯堡拜见康德。1794年，费希特成为耶拿大学教授，主持康德哲学讲座，并完善他的哲学体系。

1806年，普法战争爆发，费希特担负起宣扬爱国主义的任务。1807年，他回到法军占领的柏林，发表了著名的《对德意志民族的演讲》，同时倡议建立柏林大学。1810年，柏林大学建立，费希特担任第一任校长。1813年柏林保卫战爆发，城中挤满伤员，瘟疫流行，费希特感染斑疹伤寒，于1814年1月去世。

费希特不赞同康德对于物自体存在问题的论述，他认为这种将

表象与物自体分离开来的体系将不可避免地导向一种怀疑主义。他认为我们应该抛弃物自体这个概念，取而代之的是一种绝对自我的概念。他认为这个绝对自我，是所有自我意识中的先验要素。这种自我意识提供了所有认识的先验根据，是一切知识和经验实在性的根据和先验的源泉，也就是认识论和知识学中的最高根据和出发点。他提出自我意识是一种社会现象。任何客体的自我意识，他的必要条件是所有其他理性的客体存在。这些（其他）客体共同影响并召唤起每个单个个体其自身的自我意识。

费希特由一种自给自足的哲学观点发展出他的国家理论。在他看来，一个国家应该控制国际关系、货币价值，并维持一种自给自足的状态。由于为了达成意识需要与其他理性的存在建立彼此之间的关系，所以费希特认为在不同的党派间必须有一种彼此之间的共识。

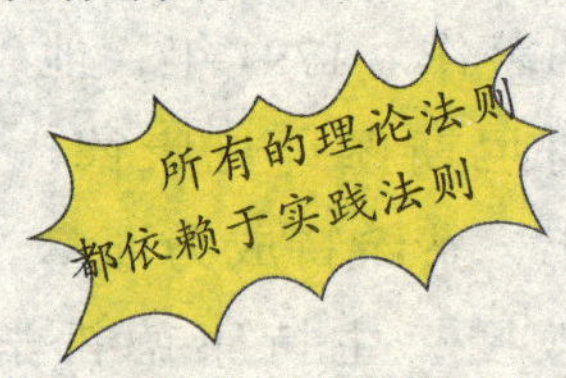

普法战争开始后，费希特成为宣扬爱国主义的积极分子

名人影响

尽管他是自康德的著作发展以来的德国唯心主义哲学的主要奠基人之一，但他在西方哲学史上的重要性往往被轻视了。费希特往往被认为是连接康德和黑格尔两人哲学间的过渡人物。和在他之前的笛卡儿和康德一样，对于主观性和意识的问题激发了他的许多哲学思考。费希特也涉及政治哲学，他被一些人认为是德国国家主义之父。影响谢林、黑格尔、叔本华、诺瓦利斯、亨利希。

名人轶事

费希特把人类从纯朴的本能到理性的自觉走过的历程，划为如下五个阶段：一、人类的“纯然本能状态”，相当于亚当和夏娃吃了“禁果”以前那种洁白无瑕、一派天真、本能理性的状况。二、由于抵不住外界的种种诱惑，亚当和夏娃偷吃“禁果”，恶性开始发作，于是进入了“犯错误的初始状况”。三、再进一步进入了“罪孽状况”，纯朴的本性、天生的理性至此已荡然无存，主宰人类社会的是放纵、横暴、冷漠和怀疑，是一个“纯粹的物质利己主义成为煽动一切激情的动力”的时代。四、物极必反，理性时代开始降临，理性科学渐渐受到重视，前一段的“罪孽状况”正在发生变化，是为“赎罪的初始状况”。五、人类进入了真正理性时代，认识了必然的“自由王国”，到了这个阶段，人取得了完整意义的自由，即所谓“赎罪的完成状况和圣化状况”，或叫做“理性艺术的时代”。

马克思主义哲学家曼弗莱德·布尔认为“伽尔伽诺(宣传许多费希特的学者)是以极其现实的态度对待费希特的。他把费希特唤呼出来，仿佛把费希特当做医治现时代的疾病的代言人。”

柏林大学(费希特人生的最后时光在这里度过)

马尔萨斯

Malthus

英国资产阶级庸俗经济学家、人口理论的创立者，牧师和教授

马尔萨斯

生卒年：1766—1834
国　籍：英国
家　庭：贵族
出生地：英格兰
性　格：勤奋
志　趣：人口问题
身　份：教授、牧师

马尔萨斯出生在一个土地贵族家庭。1784年依靠剑桥大学耶稣学院奖学金上学。大学时期，特别关注人口问题。1788年在大学生优等生考试中，他是9名一等合格者之一。他在获得文学学士位之后，被任命为萨里郡阿尔希的副牧师职务。

1798年加入英国教会的僧籍，任牧师。1799年到欧洲一些国家调查人口问题。

1798年，马尔萨斯发表了他的《人口原理、对于社会将来进步的影响，反对葛德文、康多塞及其他作家思索的评论》一文。马尔萨斯的《人口原理》从食物为人类生存所必需，两性间的情欲是必然的这两个抽象前提出发，认为人类的贫困应该归咎于人口过剩，

名人影响

马尔萨斯人口论对马克思主义人口论的建立起了借鉴、启发、推动作用，今天仍可以从中汲取某些有益的东西。20世纪在经历了30年代的经济萧条及70年代的人口爆炸后，以限制人口增长来建立社会和谐之根本的理论，一度被世界各国视为不可动摇的公理。

而与社会制度毫无关系。因为在不加抑制的情况下，生活资料以算术级数增加，而人口是以几何级数增长的。因此生活资料的增加赶不上人口的增长是自然的、永恒的规律。那么，人类如果不能理性地对人口施以限制，就必将陷入幸福与灾难之间的循环往复。为了解决这个矛盾，克服所谓自然的、永恒的规律，他提出了一个荒谬的抑制人口增长的所谓积极抑制理论。他提出了两种“抑制”，即“预防性抑制”和“积极性抑制”。前者指不结婚或者节制性生活，后者指失业、饥饿、贫困、瘟疫以至战争等。

人类的贫困应该归咎于人口过剩，而与社会制度毫无关系。

马尔萨斯把资本主义制度所存在的一切问题和灾难都归结为人口过剩。借此，他反对社会改革论，认为资本主义社

马尔萨斯的母亲亨丽埃塔·凯瑟琳小时候(图中身蓝色衣服手拿樱桃者)

马尔萨斯是系统地提出人口危机的第一人。

会中的贫穷和罪恶并不是社会经济和政治制度造成的，而是人口规律作用的结果。废除财产私有制，实行婚姻自由，改善和提高人们的生活，势必刺激人口增加，最终使建立起来的平等社会制度趋于瓦解。同时他竭力反对当时英国实行的济贫法，认为济贫法使不能独立维持家庭的人也将结婚，生育子女，这是供养贫民以创造贫民。

马尔萨斯的理论起到了维护当时资产阶级的制度和政权，反对革命的作用，起到了为当时的统治阶级进行开脱辩护的作用。

马尔萨斯是系统地提出人口危机的第一人，创立人口理论，提出人类必须重视人口问题，看到了人类生活资料的生产和人类自身的生产的内在联系，提出了在社会的发展中必须考虑物质生产的发展如何和人口增加保持平衡的问题，主张用道德抑制、限制生育等手段调节两者的关系。这些都具有积极意义。

马尔萨斯预测人口快速增长

马尔萨斯在经济上的第二个成就，那就是他的地租论。他主张实行保护制，主张用抬高粮价的办法来振兴农业。他站在土地贵族立场上反对废除谷物法。他反对李嘉图的劳动价值论，并从有效需求不足角度论证了经济危机。

孔斯坦 Constant

法国自由主义思想家，自由市场经济“真正的解释者和代言人”

孔斯坦

生卒年：1767—1830
国　籍：法国
家　庭：贵族
出生地：瑞士洛桑
性　格：执着
志　趣：著述立说
身　份：自由主义思想家

孔斯坦青年时先后就学于德国、英国，后在不伦瑞克大公府邸供职。1799年雾月（2月）18日政变后，被任命为法案评议委员会委员。1803年流亡瑞士、德国。1814年拿破仑退位后返回法国。1819年当选议员。1830年7月革命后任立法委员会主席。

个人自由是孔斯坦自由主义的核心内容。他把自由分为政治自由和个人自由两类。政治自由是指公民参与政治的权利，包括制定法律、选举公职人员、参加审判和决定战争与和平等；而个人自由主要指思想、言论、财产、经营和贸易等自由。

就国家和社会发展的根本动力而言，不是政治自由而是个人自由。从个人自由出发孔斯坦反对国家对个人自由的干预，竭力鼓吹

拿破仑加冕(孔斯坦是拿破仑的反对派,他在拿破仑称帝之后逃离法国)

国家不应干预私人经济生活，提倡自由竞争。孔斯坦将自由看做现代社会的一个成果，确信立宪制度能够保障公民的各项权益，保障公民的人身安全和思想自由，保障对所有权的尊重和避免任何独断专行。

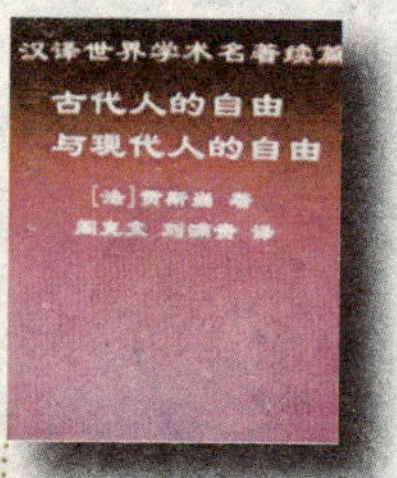

《立宪政治教程》被西方誉为“资产阶级社会的真正的解释和代言人”。

孔斯坦主张君主立宪制。他认为一个温和的共和党人可以变成一个君主立宪党人，但决不会变为专制君主制的拥护者。孔斯坦是近代自由主义的代表，他使自由主义进一步适应了当时的现实，并使自由主义在法国成为主流。但他的自由观忽视了经济制度和社会结构对自由权利的影响，这使他的立宪思想显得过于浪漫，而不能有效的推动整个社会的变革。

名人影响

孔斯坦的个人自由理论反映了大革命后的法国资产阶级对自由的要求，在自由主义思想史中具有重要地位。

名人轶事

孔斯坦的新宪政理论认为，从历史上来看，民主固有的缺陷使得多数人的暴政成为一个潜在的威胁，而多数人的暴政必然会沦为少数人的专断，从而产生“邪恶循环”，革命将会有始无终。孔斯坦曾对此作过论述，他从卢梭的人民主权和霍布斯对主权无限性的分析得出人民主权可能导致专政的结论，认为无论主权掌握在谁的手中都可能变成压迫人民的工具，因此问题要从权力的所属向权力的范围转移。因而他提出，要保障自由，关键不是要解决权力掌握在谁手中的问题（权力控制问题），而是要解决权力的范围问题。指出，任何权力都不应该是无限的，不管是人民的权力，还是代表人民的少数人的权力，不管是国王的权力，还是法律的权力。在分析权力的“邪恶循环”的基础上，新宪政理论提出了相应的制度设计思想，认为要遏制这一现象的产生，关键在于重新考虑制度的作用，利用制度的功能来解决古典宪政理论没有解决的问题即权力变异问题。防止权力从多数到少数的邪恶循环。

18世纪的咖啡馆是哲学家与科学家交流思想的主要场所，也是孔斯坦主张的散播地。

每个人都知道有一个时刻将来到，使他与所见到的、所爱的(如果他爱过什么的话)分离，伴随着不祥征兆的挣扎和无名的痛苦，是任何人无法描写的，任何人无法臆测。地面裂开，一片静寂……

虽然孔斯坦反对波旁王朝复辟，但他同时也反对人民主权理论。

萨 伊

Say

法国庸俗经济学家，提出效用价值论和萨伊定律

萨 伊	
生卒年：	1767—1832
国 籍：	法国
家 庭：	商人
出生地：	里昂
性 格：	执着
志 趣：	著述立说
身 份：	经济学家

萨伊家世殷富，父亲是银行家，少年入私塾，不久举家迁巴黎，进银行当学徒。后到英国学习金融，1787年加入法国人寿保险公司，其间研读《国富论》。1794～1799年任《哲学、文艺和政治旬刊》主编，后受拿破仑一世重视被委任为法官，又被派往财政委员会工作。不久，因拒绝支持拿破仑保护关税政策被解职。曾与人合伙办纱厂。1815年波旁王朝复辟后，先后在法国阿森尼大学、工艺学院和法兰西学院讲授政治经济学。

供给创造自己的需求。

萨伊建立了政治经济学的三分法，把政治经济学划分为财富的生产、财富的分配和财富的消费三部分。提出效用价值论，认为生产只创造效用（物品满足人类需要的内在力

名人影响

萨伊的理论多被后来的资产阶级经济学家接受，在经济思想发展史上产生了重大影响。

量），物品的效用是物品价值的基础，劳动、资本、土地(自然力)共同创造了产品的效用，从而创造了产品的价值，还用工资、利息、地租这三种收入组成生产费用来构成价值。他断言工资、利息、地租分别来源于劳动、资本、土地，建立起三位一体公式的分配论，利润则被看做企业家才能的报酬，否定资本主义剥削。他还提出供给创造需求的原理(即萨伊定律)，全面否认资本主义经济危机产生的必然性。

1767年，萨伊出生在法国里昂

名人轶事

萨伊法则，或称萨伊定律。萨伊法则的意思是说，每个生产者之所以愿意从事生产活动，若不是为了满足自己对该产品的消费欲望，就是为了想将其所生产的物品与他人换取物品或服务。18世纪末19世纪初，法国经济学家萨伊否定生产过剩的存在，提出了著名的“供给能够创造其本身的需求”的观点，即所谓的“萨伊定律”。萨伊认为商品买卖实质上是商品交换，货币只在刹那间起媒介作用。产品总是用产品来购买，买者同时也就是卖者，买卖是完全统一的。因此，商品的供给会为自己创造出需求，总供给与总需求必定是相等的。局部供求不一致也会因价格机制的调节而达到均衡。

马克思在指出萨伊的生产三要素论是他的分配论的基础时说：“我们可以由此了解庸俗的让·巴·萨伊的荒诞无稽了：他想从生产资料（土地、工具、皮革等等）的使用价值在劳动过程中所提供的‘生产服务’，引出剩余价值（利息、利润、地租）。”

1815年萨伊从英国回到法国，开设政治经济学课程

黑格尔 Hegel

德国古典哲学的完成者，黑格尔主义创立者

黑格尔

生卒年：1770—1831
国　籍：德国
家　庭：官僚家庭
出生地：德国斯图加特
性　格：富有激情
志　趣：政治、哲学
身　份：教授、思想家

黑格尔15岁进了本城的市立文科中学。3年毕业后，考进图宾根神学院。在那里，他与荷尔德林、谢林成为朋友。同时，被斯宾诺莎、康德、卢梭等人的著作和法国大革命深深吸引。黑格尔为法国大革命欢呼，但不赞成暴力行动。他崇敬卢梭和拿破仑，热衷于政治。

凡是合理的都是存在的，凡是存在的都是合理的。

大学毕业后，黑格尔在贵族家里当了7年家庭教师，兴趣开始转向哲学方面。1801年，30岁的黑格尔任教于耶拿大学，期间黑格尔出版了他的《哲学全书》，标志着黑格尔哲学体系的建立。直到1829年，就任柏林大学校长。1831年在德国柏林去世。黑格尔晚年是一个爱国者，安享公认的哲学家声望。

黑格尔的研究领域涵盖逻辑学、历史哲学、美学、宗教、形而上学、认识论、政治学。

黑格尔是德国古典唯心主义的集大成者，他最重要的思想就是辩证对立统一的矛盾思想。

黑格尔认为事物的对立面是相互渗透的。他从同一、差别、对立等范畴中，逐步推出矛盾范畴。黑格尔认为：事物不仅仅是统一的，而且还是有差别的，这种差别也可以分为两种：一种是杂多的差别或外在的差别，另一种是本质的差别或内在的差别，就是指不同的双方是正相反对的两个对立面。这两个对立面不像“杂多”事物那样各自独立，只有外在关系，而是处于一种不可分割的内在联系之中，每一方均出于对方的存在才保持自身的存在，失去了对立也就丧失了自身存在的理由。而本质的差别或内在的差别就是“对立”。

黑格尔是德国古典哲学的完成者

名人影响

黑格尔的思想象征着19世纪德国唯心主义哲学运动的顶峰，对后世哲学流派如存在主义和马克思的历史唯物主义都产生了深远的影响。由于黑格尔的政治哲学思想兼具自由主义与保守主义，黑格尔学派分为两个阵营，黑格尔右派的代表是柏林汉博德大学的追随者，他们拥护福音正统的宗教观念，拥护后拿破仑时代的政治保守主义。黑格尔左派，有时也被称为“青年黑格尔派”，他们继承黑格尔学说中的革命成分，在宗教方面主张无神论，在政治领域主张自由民主，其中包括费尔巴哈和年轻时代的马克思和恩格斯。进而造就了对以后150年有很大影响的思想家们，形成了无神论、人文主义、共产主义、无政府主义和利己主义的基本观念。20世纪黑格尔的哲学开始复兴，主要是因为几个原因，一是发现黑格尔的哲学是马克思主义哲学的源头，还因为黑格尔的历史观开始复活，再有黑格尔辩证法的重要性得到广泛的认同，将黑格尔的理论重新带到马克思经典中的最重要的著作是乔治·卢卡斯的《历史和经典概念》，掀起一股重新了解评价黑格尔的著作热，黑格尔的复兴也引起对黑格尔早期著作的兴趣。现代美国的哲学家也明显受到黑格尔的影响。

我们可以断言，没有激情，任何伟大的事业都不能完成。

名人轶事

叔本华从小孤僻，傲慢，喜怒无常，并带点神经质。他对自己的哲学也极为自负，声称是一种全新的哲学方法，会震撼整个欧洲思想界。然而他的著作在此时却常常受人冷落。在柏林大学任教时，他试图和黑格尔在讲台上一决高低，结果黑格尔的讲座常常爆满，而听他讲课的学生却从来没有超出过三人。于是叔本华带着一种愤愤的心情离开了大学的讲坛。叔本华与黑格尔的对抗实际上是两种哲学倾向之间的较量。他失败了，因为他不属于那个他超越了太多的时代。

“和18世纪的法国哲学一起并继它之后，近代德国哲学产生了，而且在黑格尔身上达到了顶峰。它的最大的功绩，就是恢复了辩证法这一最高的思维形式。”（恩格斯《反杜林论》）

质量互变的辩证思想。黑格尔认为，任何事物都具有质和量双重规定性，质是与事物直接同一的内在规定性，量则是与事物不直接同一的外在规定性。二者在一定条件下互换。

否定之否定的辩证思想。否定之否定规律是黑格尔整个哲学体系构成的基本方法。他认为：从“正”到“反”是第一次否定，从“反”再回到“正”，即对否定的再次否定。

主体客体辩证统一的思想。黑格尔反对康德割裂主体与客体的思想，主张主体与客体的统一，但他又不同意谢林的主客体“无差别的同一”的说法，认为主体与客体不仅是统一的而且是有差别的。要使有差别的东西真正统一起来，还必须经历一条辩证的道路。

黑格尔墓

欧文 Owen

英国空想社会主义思想家、活动家,伟大的社会主义先驱

欧　文	
生卒年	1771—1858
国　籍	德国
家　庭	官僚家庭
出生地	德国斯图加特
性　格	富有激情
志　趣	政治、哲学
身　份	教授、思想家

欧文家境贫困，小学未读完便开始了学徒生涯。但他十分刻苦好学，通过自学阅读了许多书籍，掌握了丰富的知识。1799年，欧文合伙买下了苏格兰新拉纳克工厂并进行改革试验。他的改革原则是既有利于工厂主，又有利于工人。1824年欧文到美国创办了“新和谐”公社，公社实行生产资料公共占有，权利平等，民主管理等原则。

欧文在进行实验的30年中一次也没请过律师或法官来对任何一个工人起诉，在这期间也没有任何一个工人被法庭判过刑。工人们真正为自己而工作，自己教育和管理自己。在30年

> 当你往前走的时候，要一路撒下花朵，因为同样的道路你决不会再走第二回。

名人影响

欧文的著作，抨击了资本主义社会的全部基础，提供了启发工人觉悟和科学地研究资本主义的宝贵材料，为科学社会主义的产生准备了条件。

实验中，工人始终都有工作可做，工资从来都按时发放，丝毫没有减少。在美国禁运棉花的4个月中，工资也照付，不打折扣。除偿付一切开销和支付资本年息5厘外，还有30万英镑以上的利润分给了股东。这是人类历史上第一个成功的社会主义实例。欧文是伟大的社会主义先驱。1829年欧文回到英国，适值英国工人运动处于高涨时期。他一方面在工人中宣传自己的主张，一方面投身于蓬勃的工会运动。

1833年10月和1834年2月，欧文主持了英国工会和合作社的代表会议，成立了英国工会运动史上第一个全国性的总工会——“全国大统一工会”，并任联盟主席。但是后来由于欧文坚持自己的空想社会主义理论，反对无产阶级的政治斗争，他逐渐脱离了工会运动。1858年11月17日，欧文逝世，终年87岁。

欧文的一生是一个伟大改革者和空想家的一生。欧文

凡尔赛宫与路易十四像(凡尔赛宫是主权高度集中的象征,与空想社会主义理论相左)

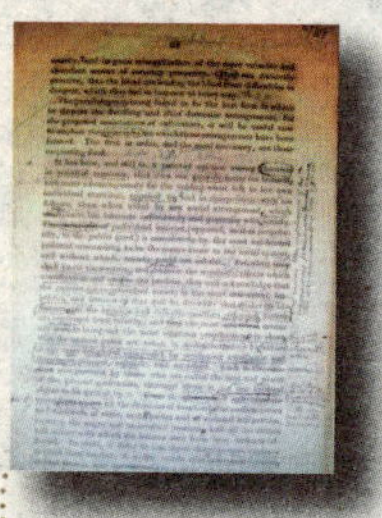

马克思给予其较高的评价。"我们说的是合作运动，特别是少数勇敢的'手'独立创办起来的合作工厂。对这些伟大的社会试验的意义，不论给予多么高的评价，都是不会过分的。恩格斯也指出："当时(指19世纪上半叶，英国的有利于工人的一切社会运动、一切实际成就，都是同欧文的名字联成为在……"

名人轶事

在欧文对工厂新的管理方式下，在非常不利的环境中被应用了30年之久。全体居民的性格改变了：从懒惰、肮脏、嗜酒、愚蠢和不道德变成了非常勤勉、积极、清洁和有道德。……在这个工厂出生并自幼在为培养性格而开办的新式学校里受到培训和教育的儿童，比任何一洲的同一阶级的儿童都好得多，而且连某方面甚至高于任何一个社会阶级的儿童。这一点非常明显，以致高等贵族的许多妇女在看到这些儿童的举止、风度和知识时，都含着眼泪说：只要我的孩子能像这些儿童一样，我花多少钱都可以。还有些人在参观了工厂和考察了学校的制度以后对欧文说：这对我说来是一个全新的世界和全新的人类。

的思想在许多方面都具有伟大的历史意义。他尖锐地批判资本主义的制度，指出劳动人民的贫困是资本主义社会的必然产物，他幻想建立完美的社会主义制度，但反对通过暴力对社会关系进行社会主义的改造。他同情工人阶级的处境，但不了解这个阶级的伟大历史作用，反对无产阶级的革命斗争。

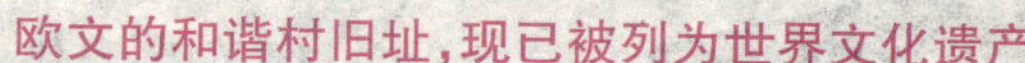

欧文的和谐村旧址，现已被列为世界文化遗产

傅立叶

Fourier

法国哲学家、经济学家、空想社会主义者，“和谐社会”的实验者

傅立叶

生卒年：1772—1837
国　籍：法国
家　庭：商人
出生地：贝桑松
性　格：坚定
志　趣：建设理想社会
身　份：思想家、社会改良者

傅立叶从小聪明善良，具有正义感和同情心，往往为穷人和弱者抱不平。中学毕业后，他遵照父亲的遗嘱学习经商，曾当过会计、出纳、发行员、文牍员、推销员和交易所的经纪人。后在里昂独立经营一家商店。他酷爱读书，阅读了大量报刊、杂志、书籍，是一位自学成才者。

20岁的傅立叶继承了他应得的遗产，1793年参加里昂联邦派（吉伦特派）起义，一度被捕。

傅立叶通过刻苦自学，积累了丰富的自然科学和社会科学知识，从19世纪初，他开始提出“世界运动规律”的理论，研究“复杂的协作社”，并先后发表了《全世界和谐》、《四种运动论》、《新的工业世界》等著作。

“在任何社会中，妇女解放的程度是衡量普遍解放的天然尺度。”

他认识到法国革命是一场严重的阶级斗争，是“穷人反对

傅立叶墓

富人的战争”。他对资本主义制度进行了全面的批判，揭露了资本主义商业的种种罪行。他认为资本主义是一种“每个人对全体和全体对每个人的战争”的制度，资本主义的文明就是奴隶制的复活。

他从资本主义生产的无政府状态中推论出资本主义制度下危机的不可避免性。但傅立叶并不主张废除私有制，在实现社会主义的途径上，反对阶级斗争，反对暴力革命，主张以他设计的“和谐制度”来代替资本主义制度。

1832年，他和几个门徒一起创办了一个“法朗吉”，试图用组织“法朗吉”的试验方法建立新的社会制度。他在法国，特别是在美国建立了协作移民区进行试验，他还创办《法朗吉》周刊和《工业改革》等期刊，宣传他的主张。

最光辉的使命已授予最伟大的英雄，他应该在野蛮和文明制度的废墟上建立起世界的和谐。

傅立叶为理想社会设计“和谐制度”，是一种工农结合的社会基层组织。“法朗吉”通常由大约1600人组成。在“法朗吉”内，人人劳动，男女平等，免费教育，工农结合，没有城乡差别、脑力劳动和体力劳动的差别。“法朗吉”是招股建设的。收入按劳动、资本和才能（包括知识）三者为标准，按一定比例进行分配。傅立叶试图通过这种社会组织形式和分配方案来调和资本与劳动的矛盾，从而达到人人幸福的和谐社会。他认为法朗吉比资本主义制度更能合理分配财富，并可以为任何政治制度包括君主制度所采纳。

FOURIER
A négy mozgás
és az általános rendeltetések elmélete

傅立叶认为社会从低级向高级发展，不能长期停滞在一个历史阶段。他把当时的资本主义制度看做是历史发展中的一个阶段，必定为更高一级的社会制度所代替。

傅立叶按照生产的性质把人类社会划分为原始时期、蒙昧时期、宗法制度、野蛮制度、文明制度、保障制度、协作制度和和谐制度。傅立叶力图认为生产发展水平和妇女解放的程度是社会不同发展阶段的标志。他首次提出妇女解放的程度是人民是否彻底解放的准绳。

大卫·李嘉图

David Ricardo

英国古典经济学理论的完成者，古典学派的最后一名代表

大卫·李嘉图

生卒年：1772—1823
国　籍：英国
家　庭：犹太人家庭
出生地：伦敦城
性　格：富于激情
志　趣：经济学
身　份：学者、议员

李嘉图的父亲是证券交易所经纪人。尽管李嘉图并没有正儿八经地上过什么学，但他的父亲却有钱给他请任何他喜欢的家庭老师来给自己讲课。他12岁的时候，就曾被父亲派到荷兰留学，那时候的荷兰，可是全球商业最发达的地区。两年后，李嘉图回到英国，开始跟父亲经商。1793年独立开展证券交易活动，25岁时拥有200万英镑财产，随后钻研数学、物理学。

1799年，27岁的李嘉图在某温泉胜地养病期间，偶尔翻阅了亚当·斯密的《国富论》，他“非常喜欢它”，由此对政治经济学产生了浓厚兴趣，以致要取得研究的体验。

从27岁到37岁，是李嘉图学习研究政治经济学的时期。这中间，他参加了当时关于黄金价格和谷物法的讨论。1815年，发表了《论低价谷物对资本利润的影响》的小册子，要求允许谷物自由贸易，进口

名人影响

他的理论达到资产阶级界限内的高峰，对后来的经济思想有重大影响。

低价谷物，以降低工资，增加利润，促进资本主义的发展。《论低价谷物对资本利润的影响》的发表引起了一定的社会反响。得到了英国当时著名学者、功利主义的创始人詹姆斯·穆勒（即后来写《论自由》的密尔的爸爸）的无私帮助。穆勒认为李嘉图已经是当时最优秀的经济思想家，还应该成为最优秀的经济学著作家，于是敦促和帮助李嘉图对小册子加以扩充和修改。1817年4月著名的《政治经济学及赋税原理》终于发表了。

与大经济学家马尔萨斯的论战，更是成为李嘉图学术上迅速成熟的一个助推器。他们两人几乎在每件事上都有争执，讨论无休无止，直至李嘉图去世为止。

李嘉图并不是一个坐在书斋里高谈学问的人，相反，他是个活跃的社会活动家，1819年选为下议院议员，整天为经济政策和政治问题忙碌着。

1823年9月李嘉图去世，年仅51岁。他死得很突然，小小一只耳朵的感染就夺去了这位天才的生命。

李嘉图以边沁的功利主义为出发点，建立起了以劳动价值论为基础，以分配论为中心的理论体系。坚持商品价值由生产中所耗费的劳动决定的原理，并批评了斯密价值论中的错误。

他提出决定价值的劳动是社会必要劳动，决定商品价值的不仅有活劳动，还有投在生产资料中的劳动。他认为全部价值由劳动产生，并在三个阶级间分配：工资由工人的必要生活资料的价值决定，利润是工资以上的余额，地租是工资和利润以上的余额。由此说明了工资和利润、利润和地租的对立，从而实际上揭示了无产阶级和资产阶级、资产阶级和地主阶级之间的对立。

李嘉图还论述了货币流通量规律、对外贸易中的比较成本学说。他的比较成本学说则成为最具价值的思想。

他模仿亚当·斯密关于个人劳动分工的理论来分析两个国家间贸易的好处。这种理论为自由贸易提供了坚实的理论基础。李嘉图还认为，国际分工与国际交换的利益，只有在政府不干涉对外贸易，实行自由贸易的条件下，才能最有效地实现。

外国100位思想圣哲

刘景云　张云龙/编著

（第三册）

吉林人民出版社

西斯蒙第

Sismondi

法国著名经济思想家、政治思想家，产权理论奠基人

西斯蒙第	
生卒年：	1773—1842
国 籍：	法国
家 庭：	贵族
出生地：	瑞士日内瓦
性 格：	执着
志 趣：	著述立说
身 份：	经济学家、历史学家

西斯蒙第，原籍意大利，后移居法国，先在巴黎上大学，后在里昂银行当职员。1800年西斯蒙第返回故乡瑞士。此后一直到他去世，基本上是在恬静的著述生涯中度过的。曾任日内瓦政府成员并写过一些政治论文。法国大革命后小生产者的破产分化和英国的经济危机使他成为英国古典政治经济学的激烈反对者。先后出版《论商业财富》、《政治经济学研究》等，由于学术上的成就，1833年他被选进法兰西道德与政治学科学院。1842年法国政府授予他十字勋章。1842年因患胃癌去世。

西斯蒙第虽然接受了英国古典经济学的若干经济范畴和原理，可他比前人更清楚地看到资本主义的缺陷和矛盾，并从中分析出涉

名人影响

西斯蒙第学说问世，无论是法国还是英国，都没有人感兴趣。但西斯蒙第学说就是用事实说话的学说，他的信念还有现实意义。西斯蒙第“在政治经济学上开辟了一个时代”，这是马克思对西斯蒙第学说的评价。他奠定了社会经济学前提和理论基础。社会经济学的前提是人比物质更重要。西斯蒙第说“劳动是财富的唯一源泉”，另外一方面他又声称，“我们几乎始终呼吁亚当·斯密所摈弃的政府干预。”西斯蒙第提出了完整、天才、科学的产权理论构想。西斯蒙第的产权理论是一个包括物权、产权、劳力权的实现形式及其相互关系在内的完整思想体系。

拨动时针不等于时间过得快。

及资本主义本质的问题，得出了和古典经济学家截然不同的结论。他否认了他们所宣传的资本主义自然性、合理性和永恒性，提出了对资本主义进行重新分析研究的任务。

西斯蒙第是用小资产阶级的眼光来批评资本主义制度的，因而也

关于西斯蒙第其人，有一个故事很能说明他的个性。一次，一位贵族怀疑西斯蒙第在报上匿名伤害他，于是要求西斯蒙第承认自己是作者，否则就决斗。西斯蒙第选择了决斗。西斯蒙第等到挨完对方一枪后，自己朝天放了一枪，才第一次说出他并非文章的作者。

马克思："如果说在李嘉图那里政治经济学无情地作出了自己的最后结论并就此结束，那么，西斯蒙第则表现了政治经济学对自身的怀疑，从而对这个结束作了补充。"

不可能对资本主义制度作出科学的分析，他把资本主义内在矛盾归咎于人们的思想和国家政策，以及错误的经济学说和经济方针，并主观地寻求保证人类物质幸福的一般原则和政治措施，创立了小资产阶级的社会主义思想体系或经济浪漫主义的思想体系。

在西斯蒙第看来，消灭资本主义矛盾的途径，就是使现代社会回到被他所理想化了的小生产方式中去。他把中世纪宗法式的农业和行会手工业理想化为人类幸福生活的新境地，呼吁国家采取措施来保护和发展生产，建立资本主义和工人之间的宗法式的合作关系。

西斯蒙第在巴黎上过大学，后中途退学到里昂一家银行当职员

克劳塞维茨

Clausewitz

德国军事理论家和军事历史学家，普鲁士将军

克劳塞维茨

生卒年：1780—1831
国　籍：德国
家　庭：小贵族家庭
出生地：马格德堡
志　趣：军事历史学、理论学
身　份：将军

克劳塞维茨12岁就参加了普鲁士军队。1795年晋升为军官，他自修了战略学、战术学和军事历史学。1803年从柏林军官学校毕业后，任奥古斯特亲王副官。1809年初调至普军总参谋部工作。1810年秋任军校教官，为王太子讲授军事课。

1812年春，主张联合俄国抗击法国，因不满普鲁士国王同拿破仑一世结盟而辞职，转到俄军，在骑兵和步兵司令部中任职。

1814年回归普军。翌年任G.L.布吕歇尔军团第三军参谋长，参加利尼会战。

1818年5月任柏林军官学校校长，9月晋升为少将。任校长之职12年，潜心研究战史，从事军事理论著述。克劳塞维茨研究了

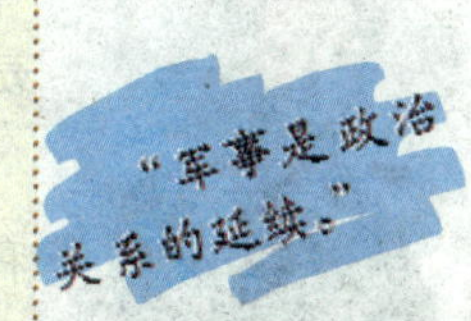

名人影响

克劳塞维茨的著作，构成了西方军事思想发展史上的一个完整阶段。西方把克劳塞维茨捧为“空前绝后的军事经典作家”，大肆宣扬克劳塞维茨关于夸大个人作用和战争充满偶然性因素的观点，特别是鼓吹他那种有关战争残酷无情的思想，为强者国家有权采用最野蛮的武力方式作辩护。这些观点在德国反动军队中，特别是在法西斯专政时期盛行。一些现代西方军事思想家仍然推崇这些观点，竭力证明，帝国主义集团挑起和进行的战争和武装冲突，与剥削阶级的侵略政策毫不相干，并且把这些战争说成是“全民”的战争，甚至美化为“革命”的战争。他们竭力使克劳塞维茨理论遗产中的论点，适应他们今天的需要。

1566～1815年期间所发生过的130多次战争和征战，撰写了许多军事历史著作。1831年5月任驻波兰边境普军参谋长。同年11月卒于布雷斯劳。他的妻子于1832–1837年整理出版了《卡尔·冯·克劳塞维茨将军遗著》，共10卷，1–3卷为《战争论》，其余为战史著作。

克劳塞维茨认为，战争绝不是孤立的社会现象。不论战争具有什么样的形态，归根到底总是一种政治行为，一种政

克劳塞维茨认为：政治是整体，战争是部分，政治产生战争。

列宁称他为"一位非常有名的战争哲学和战争史的作家"。

治表现，总少不了政治所赋予它的属性。政治是目的，战争是手段。政治操纵战争，军事观点从属于政治观点。

克劳塞维茨在论述战争目的问题时，曾对消灭敌人军队和保存自己军队的关系作了精辟的阐述。认为消灭敌人军队是战争的最高目的。

克劳塞维茨揭示了精神因素的制胜作用，认为精神要素是战争中最重要的问题之一。这也是他对军事理论的重大贡献。他认为，主要精神力量包括：统帅的才能、军队的武德及其民族精神。在他看来，军事天才是一种擅长军事活动的高超的精神力量，它不是某一种力量，而是各种精神力量和谐的结合，是各种力量的综合表现。

克劳塞维茨第一个在西方军事科学中明确提出了最大限度使用全部力量；集中尽可能多的兵力于主突方向；发挥军事行动的突然性、快速性和坚决性；有效地利用既得战果等原则。

克劳塞维茨认为"每个时代均应有其特定的战争"，军事学术的变化是由"新社会条件和社会关系"引起的。对于克劳塞维茨的这一论点，列宁曾给予极高评价。

名人链接

法国大革命、历次拿破仑战争和19世纪初欧洲各国人民的民族解放运动，对于克劳塞维茨世界观、军事观的形成，产生了决定性的影响。克劳塞维茨虽然对法国大革命持反对态度，但他同时也清楚地看出了这次革命在军事上引起的根本性变化，并对封建主义军事理论进行了尖锐的抨击。

弗里德里希·李斯特

List F

德国经济学家，保护贸易论倡导者

弗里德里希·李斯特	
生卒年：	1789—1846
国　籍：	德国
家　庭：	鞋匠
出生地：	南德符腾堡州卢林根据镇
性　格：	执着
志　趣：	著述立说
身　份：	经济学家、保护贸易论倡导者

李斯特高中毕业参加文官考试被录取，后升为邦会计监察官。曾任蒂宾根大学行政学教授。因鼓吹德国统一，废除多邦关卡，遭当局反对，被迫辞职。后主持德国工商同盟工作，被选为符腾堡州议会议员。因提出改革方案受迫害，被判处10个月监禁。

1825年赴美，任当地德文报纸主笔，后出版《美国政治经济学大纲》。1830年入美籍，曾任美驻莱比锡、汉堡领事。后回德国继续致力于振兴国家经济的事业。1841年撰写《政治经济学的国民体系》。

李斯特认为贸易政策应服从国家利益，服从发展生产力的需要，服从发展工农业的需要。他反对把“唯利是图”的自由贸易原则“哪里便宜就到哪里买，哪里贵就到哪里卖”作为普遍规律。认

名人影响

他以经济学家的超凡智慧为德意志勾画未来发展的蓝图，他以改革者的开拓精神亲自投身国家统一和建设的伟大实践。他提议并参与建造的全德铁路系统将四分五裂的国家和民族联系在一起，他开创的“幼稚工业保护理论”为工业革命初期的德意志乃至此后的众多后发达国家的成功崛起提供了值得借鉴的理论依据。

财富的生产力比之财富本身，不知道要重要多少倍。

为每个国家各有其发展的途径与特点，适用于一切国家的经济理论并不存在。

李斯特的“经济发展阶段说”是其保护贸易的一个主要根据。认为各国经济发展的历史都经历不同阶段，不同时期应实行不同的贸易政策。在农业时期，实行自由贸易，自由输出农产品，自由输入工业品。在农工业时期转而实行保护贸易，对具有发展可能的工业，采取措施防止外国竞争，保护民族工业的建立与发展。在农工商业时期，则实行自由贸易，用先进工业打入外国市场，以获得最大的贸易利益。李斯特把保护贸易作为工业落后国家建成工业先进国家的手段；而在自由贸易下，那是无法实现的。他认为，保护是对有发展前途的工业，而不是完全工业进行保护。当被保护的工业建立发展起来以后，应取消保护。保护的方法主要使用关税，税率不宜过高，但也不宜过低。

出于对国家和自身前途命运的失望，1846年11月30日，李斯特在一个小镇开枪自杀，结束了57岁的生命。

名人轶事

1846年，在儿子病故的打击下，贫病交加的李斯特心力憔悴，在一个风雪弥漫的雪夜，选择用自杀的方式，离开了他寄托着无限憧憬的德意志。李斯特带着遗憾离开，历史却没有给德意志留下遗憾。经过半个多世纪的努力，一个统一的德意志呼之欲出。各个邦国已经陆续加入关税同盟，以普鲁士为中心的铁路网逐渐成为连通这片土地的强劲有力的动脉。到19世纪中期，关税同盟地区工业总产量已是欧洲第三，仅次于英国和法国。德意志经济统一的目标已经实现，政治统一的道路上也曙光初现。1848年，在李斯特去世两年后，德意志的多个邦国爆发了推翻君主专制，建立君主立宪制的革命，革命在短时间内几乎全部取得成功。

德国马克思主义者罗莎·卢森堡在1908年说道：与理想主义者费希特相比，李斯特“更加无可非议地被认为是德意志民族统一的救星”。

德意志人在法国大革命思想的引导下，开始寻求建立一个统一与自由的国家，以实现从经济统一走向政治统一。李斯特呼吁各邦国建立全德关税同盟，为此，他四处游说。但是很多小邦国都将他驱逐出境，德意志邦联的第二大邦国奥地利，称他为“最危险的煽动者”。因为，各个邦国都不想取消关税这一最重要的收入来源。李斯特身体虚弱，在很长的时间里，他没有固定的职业和收入，也没有一个正式的助手。但这一切都没有阻止他的脚步。十多年的时间，几乎跑遍了所有邦国，最终，德意志邦联中最大的邦国普鲁士接受了李斯特的建议。经济融合仿佛坚冰下的细流，缓缓汇聚。破冰的一天不可阻挡地到来了。在李斯特的呼吁与努力下，1834年1月1日零点，在德意志18个邦国的边界上，满载着货物的四轮马车，像潮水一般汹涌而过，几百年来第一次，无须在边界停下来交纳过境税。德意志关税同盟建立了。

孔德

Comte

法国实证主义哲学家，西方社会学的创始人

孔德

生卒年：1798—1857
国　籍：法国
家　庭：天主教徒和君主主义者
出生地：蒙彼利埃城
性　格：执着
志　趣：著述立说
身　份：编辑、教师、思想家

孔德16岁进入巴黎综合技术学校学习。后回故乡的医学院研习医学及生理学。回到巴黎后，以教数学为生。

1817年8月，孔德任圣西门秘书。两人合作编辑出版《工业》、《政治家》、《组织者》、《工业制度》、《企业家入门》等刊物。后因观点相左，两人分道扬镳。1826年设馆讲授实证哲学。1830年，《实证哲学教程》第一卷出版，稍后其他各卷陆续出版。在1842年出版的第四卷中，正式提出“社会学”这一名称并建立起社会学的框架和构想。

1844年孔德遇到对其理论发生重大影响的德克洛蒂尔德·德沃。受德沃影响，孔德创立“人道教”，并成立了具有宗教色彩的“实证主义学会”。1857年9月5日，孔德在巴黎默西厄·勒·普兰斯

名人影响

孔德开启了社会学实证主义的先河，他的一些思想为后来的迪尔凯姆等人从不同方面加以继承和发展，成为100多年来西方社会学发展中的主流。由于阶级和历史条件的局限，他的思想中有许多不切实际的成分。孔德的实证科学理想激发了后来几代人为把社会学变成一门“科学”而辛勤努力。

知识是为了预见，预见是为了权力。

路10号逝世。

孔德从秩序、进步的原则出发提出他的社会学构想，阐发其实证哲学思想。他强调感觉经验，排斥形而上学传统的西方哲学派别。其基本特征是，将哲学的任务归结为现象研究，拒绝通过理性把握感觉材料，认为通过对象的归纳就可以得到科学定律。它把处理哲学与科学的关系作为其理论的中心问题，并力图将哲学溶解于科学之中。实证主义对哲学、社会科学均发生深刻影响，成为其后一个半世纪西方社会学的主流。

巴黎街头的孔德塑像

孔德反对一切空想的、批判的学说。把重整法国革命后社会动荡的希望寄托在工业社会自身的秩序上，最终以建立一种普遍人性的新宗教作为他的社会学任务。他笃信与理智发展最高阶段相匹配的社会组织形式——工业社会具有普遍的、全人类的品格。

他是西方社会学界一致公认的社会学及其理论的创立者，人称"社会学之父"。

名人轶事

孔德在26岁时公开主办"实证哲学讲座"，以博识多才深受欢迎，听众之中不乏巴黎知名学者。但事情并不顺利，由于贫病交困、与妻子不和而精神分裂，1827年曾投河自杀。"实证哲学讲座"在他身体及精神恢复正常后，又从1829年初开讲，历时近两年，全部共72讲。讲完后以《实证哲学教程（或称讲义）》为题，从1830年开始出版第一卷，因经济困难直到1842年其余五卷（共六卷）才陆续出齐。孔德系统地阐述了他的哲学思想，开创了近现代哲学中一个重要的实证哲学派。

1845年是孔德最重要的一年，孔德向德克洛蒂尔德·德沃求婚遭拒。

孔德认为，为了获得实证知识，要采用4种方法，即观察法、实验法、比较法和历史法。贯穿在这些具体方法中的基本原则就是坚持统一的科学观，即认为社会同自然并无本质的不同，没有必要在自然科学和社会科学之间作出划分。这一思想，为后来的实证主义社会学奠定了方法论基础，也成为长期争议的问题。

费尔巴哈

Feuerbach

德国启蒙主义思想家，古典唯物主义哲学家

费尔巴哈	
生卒年	1804—1872
国籍	德国
家庭	法学家
出生地	巴伐利亚
性格	执着、坚强
志趣	哲学
身份	教学

费尔巴哈早年入海德堡大学神学系，后转入柏林大学学习哲学，1826年转入埃尔兰根大学学习植物学、解剖学和心理学，后获博士学位，并在该校任教，因发表反对神学的著作被辞退。

隐居乡间期间，进行了大量的哲学研究。在逝世前不久曾参加德国社会民主工党（爱森纳赫派）。1872年9月13日，费尔巴哈在贫困中离开人世。

他的主要著作有《黑格尔哲学批判》、《基督教的本质》、《未来哲学原理》。

费尔巴哈的功绩在于摒弃了唯心主义在德国哲学界长达数十年之久的统治，恢复了唯物主义的权威。费尔巴哈早年曾属青年黑格尔派，在1848年德国资产阶级革命前夕，他抛弃了黑格尔唯心主义

凯尔郭克尔深受费尔巴哈的影响。

友谊是美德之手段，并且本身就是美德，是共同的美德。

热爱科学就是热爱真理，因此，诚实是科学家的主要美德。

哲学。从认识论的根源上，对黑格尔的唯心主义进行了分析批判。他批判康德的不可知论，主张人的认识能力是无限的；批判黑格尔的唯心主义，认为黑格尔把物质与精神的关系加以颠倒，他认为人的精神、思想是人脑的属性，是附属于肉体的。指出黑格尔的错误在于把精神和思维看做是一种脱离人脑而独立存在的东西，认为黑格尔将精神、思维“外在化”为自然的学说，不过就是改装了的上帝创世说“绝对精神”，不过是以精神、思维形式表现出来的上帝。

费尔巴哈主张物质先于精神，批判了黑格尔的思维和存在同一说，提出了以人和自然为哲学唯一对象的人本学。他肯定自然是物质的客观实在，空间、时间和机械运动是物质的存在形式，人是自然的产物，是灵魂和肉体的统一。唯物地阐述了思维和存在的关系。他认为人是认识的主

名人影响

费尔巴哈的唯物主义思想，对马克思、恩格斯产生过重大影响，成为马克思主义哲学的来源之一。马克思和恩格斯在创立辩证唯物主义时，吸收了费尔巴哈哲学中的唯物主义这一“基本内核”。建立了科学的、革命的辩证唯物主义。

体，主体和客体通过感觉直接联系达到统一，自然是可以被人认识的，主张直观的反映论。他把自然界与人提到了首要的地位，由此恢复了唯物主义的权威。

不过费尔巴哈所说的人，是生物学上抽象的自然人，而不是社会的人，因此他的唯物主义是“人本学唯物主义”。他在批判黑格尔哲学时，丢掉了其中的辩证法，看不到人对客观存在的主观能动性，不了解社会实践在认识中的作用，导致他的唯物主义依然是形而上学的，社会历史观是唯心主义的。

费尔巴哈反对君主专制，主张资产阶级民主制，代表了当时德国资产阶级激进集团的利益。

他对宗教神学进行了有力的揭露和深刻的批判，他论证了宗教和唯心主义在本质上的联系，提出唯心主义只是用理性改造了的神学。认为上帝不过是人的本质在幻想中的反映。在否定了过去的宗教之后，他试图建立一种无神的宗教来宣扬超阶级的爱。鼓吹普遍的爱的宗教、爱的道德。

人们在悼词中说：要“永远把路德里希·费尔巴哈的名字保存在记忆里，并把这个名字传给自己的子孙们。”

费尔巴哈墓

约翰·斯图亚特·穆勒

John Stuart Mill

英国古典自由主义思想家、哲学家、经济学家、心理学家

约翰·斯图亚特·穆勒

生卒年：1806—1873
国　籍：英国
家　庭：学者
出生地：爱丁堡
性　格：执着
志　趣：著述立说
身　份：著名哲学家和经济学家

穆勒是家中长子，自幼聪慧，没有进过学校，全部青少年时期的教育，都是由其父在家里细心负责完成的。3岁开始学习，11岁他父亲撰写《英属印度史》时，他已担任校对工作，12岁时能阅读亚里士多德的名著《工具论》和T.霍布斯等人的逻辑学著作，14岁时已精通希腊文、拉丁文、数学和文学。由于其父和李嘉图交往甚密，穆勒也曾受教于他，曾多次访问休谟。穆勒因童年的杰出表现，被誉为神童。14岁时曾与功利主义著名代表边沁同游法国，并颇受萨伊和圣西门的影响，次年回国即研究心理学。

1825年发起组织了“思辨学会”，这是一个业余的读书会和哲学研究会，经济学和人口论等成为这些学会讨论的中心话题。1836

名人影响

穆勒是19世纪最具影响力的古典自由主义者之一，同时也是声名卓越的经济学家和哲学家。除了他的《政治经济学原理》之外，穆勒最为出名的是两本鸿篇巨制《论自由》和《功利主义》，这两本著作深刻影响了后来的经济学家。

年穆勒任激进派刊物《伦敦和威斯敏斯特评论报》主编。1840年他深入研究了圣西门学派的思想和著作，。1865年被选为英国议会下议院议员，1868年竞选连任失败，即退出政坛专心著述。1873年5月8日逝世。

个人的自由，以不侵犯他人的自由为自由。

穆勒的经济思想的形成，受益于法国日益高涨的民主自由气氛以及萨伊的自由主义经济学。穆勒从小就常常拜访边沁，逐渐接受了边沁的功利主义学说。在穆勒看来，边沁功利主义关于“最大多数人的最大利益”的原理尤其具有重要意义，因为它既表明了人类道德行为的动力不是个人的自私利益，而是最大多数人的最大幸福；也表明道德伦理的是非

穆勒故居

美国经济学家阿尔钦编辑一个台历，里面每一页都有一个经济学家的逸事，其中穆勒的一句话是，“休谟先生，你给我的《罗马衰亡史》（上），我已经看完了，请你把下册寄给我”。他的一个学生，怎么看都看不出有什么异样，但他知道他老师不干无意义的事情，后来，一核对穆勒说这句话的时间和穆勒的生日——穆勒说这句话时只有4岁。

马克思认为：以约翰·斯图亚特·穆勒为最著名代表的调和主义的产生宣告了“资产阶级”经济学的破产。

标准应是效果，而不是动机，这效果就是最大多数人的最大利益。功利主义的这些原理成为穆勒观察问题的根本观念和哲学思想。

穆勒的政治信仰在他中年以后发生了很大变化，在空想社会主义和民主主义的影响下，他逐渐接受了社会改良主义思想，在很大程度上接受了他们的下述观点：人类社会的发展阶段和组织都是相对的而不是绝对的，私有制和自由竞争是造成当时社会种种弊端的根源；他甚至认为对社会加以改革是必要的。但他明确指出，他只是一个民主主义者，而不是社会主义者。他主张通过普及教育、启发民众觉悟来改革时弊。他不认为圣西门主义的学说和立场应当加以肯定，也不希望把他们提出的改革方案立即加以实施，只是希望把空想社会主义学说灌输到民众之中，使统治阶级觉悟到，未受教育的民众比受过教育的民众更可怕。

学习中的穆勒

达尔文

Darwin

英国博物学家，进化论的奠基人

达尔文	
生卒年：	1809—1882
国　籍：	英国
家　庭：	医生
出生地：	施鲁斯伯里镇
性　格：	坚韧
志　趣：	自然界
身　份：	博物学家

达尔文的祖父是一位提倡生物进化观念的先驱者。达尔文可能受他祖父的影响，从小爱好自然。很小的时候就想知道各种树木的名称，从10岁开始又搜集各种昆虫、贝壳、鸟蛋和矿石。他对学校里教条式的课程几乎不感兴趣，常和哥哥一起做化学实验，读课外书。《世界奇观》一书，深深地吸引了他，使他做梦都想到那遥远的地方去亲眼看一看古代的奇迹，以及现有的珍贵植物。

达尔文的父亲不理解达尔文，认为他游手好闲，先是送他学医，后见不成，又送他到剑桥大学改学神学。

在剑桥大学期间，达尔文巧遇“伯乐”，结识了当时著名的植物学家 J.亨斯洛和著名地质学家席基威克，接受了植物学和地质

名人影响

达尔文的进化理论，成为生物学史上的一个转折点。自然选择的进化学说对各种唯心的神造论、目的论和物种不变论提出根本性的挑战。使当时生物学各领域已经形成的概念和观念发生根本性的改变。百余年来在学术界产生了深远的影响，被称为19世纪自然科学的三大发现之一。马克思认为，进化理论实际上也为历史上的阶级斗争提供了“自然科学根据”。他所提出的天择与性择，在目前的生命科学中是一致通用的理论。除了生物学之外，他的理论对人类学、心理学以及哲学来说也相当重要。他的进化论引导了美国机能主义学派心理学思想的兴起，从而开启了以美国为中心的心理学新时代。

学研究的科学训练。期间，《南美旅行记》，《自然哲学入门》两部著作激起了达尔文对大自然火一般的热情。亨斯洛教授因势利导，鼓励达尔文努力钻研地质学。达尔文听从他的意见，读了好几本地质学著作，还在短时期内考察了家乡附近的地质情况，绘制了一套彩色地图。

物竞天择，适者生存，是一种自然之道。

达尔文快毕业时，亨斯洛介绍他跟随剑桥大学地质学教授塞奇威克去北威尔士旅行，考察了那里的古岩层地质。在这次旅行考察中，达尔文学会了发掘和鉴定化石，学会了整理和分析科学调查的材料。

1831年毕业后，他的老师亨斯洛推荐他以“博物学家”的身份参加同年12月27日英国海军“贝格尔号（Beagle）”

威斯敏斯特教堂内部（1882年，达尔文去世，被葬于威斯敏斯特教堂内。）

环绕世界的5年科学考察航行。这次航海改变了达尔文的生活。回到英格兰后，他开始整理航海研究成果。1839年–1843年编纂5卷本巨著《贝格尔号航行期内的动物志》。

1859年，历经多年的研究思考，《物种起源》一书问世。

该书一问世，立即引起各方的讨论。当宗教狂热者攻击《物种起源》的进化论思想与《圣经》的创世说相违背时，达尔文陆续发表了《动物和植物在家养下的变异》、《人类的由来和性选择》、《人类和动物的表情》几本书。报告了人类自较低的生命形式进化而来的证据，报告了动物和人类心理过程相似性的证据，还报告了进化过程中自然选择的证据。

达尔文在《物种起源》中系统地阐述了他的进化学说。其核心自然选择原理的大意如下：生物都有繁殖过剩的倾向，而生存空间和食物是有限的，所以生物必须“为生存而斗争”。在同一种群中的个体存在着变异，那些具有能适应环境的有利变异的个体将存活下来，并繁殖后代，不具有有利变异的个体就被淘汰。如果自然条件的变化是有方向的，则在历史过程中，经过长期的自然选择，微小的变异就得到积累而成为显著的变异。由此可能导致亚种和新种的形成。从生物与环境相互作用的观点出发，认为生物的变异、遗传和自然选择作用能导致生物的适应性改变。

英国植物学家华生说，我认为《物种起源》这本书的格调是再好也没有的，它可以感动那些对这个问题一无所知的人们。至于达尔文的理论，我准备即使赴汤蹈火也要支持。

马克思

Marx

全世界无产阶级和劳动人民的伟大导师，马克思主义创始

马克思

生卒年：1818—1883
国　籍：德国
家　庭：律师
出生地：莱茵省特利尔城
性　格：坚韧刚正
志　趣：著述立说
身　份：马克思主义的创始人

1842年5月，他开始为自由主义反对派创办的《莱茵报》撰稿，10月担任了该报的主编。1846年初，他和恩格斯一起建立了布鲁塞尔共产主义通讯委员会。1847年初，马克思和恩格斯应邀参加了德国工人的秘密组织正义者同盟——共产主义者同盟；并担任了同盟布鲁塞尔区部和支部的领导人。1847年11月，马克思出席了共产主义者同盟第二次代表大会，并受大会委托与恩格斯共同起草同盟的纲领。后该纲领于1848年2月发表，即著名的《共产党宣言》，它标志共产主义思想体系的建立。1848年3月，他立即着手建立共产主义者同盟新的中央委员会，并当选为主席。6月他创办了《新莱茵报》。1864年9月28

万事开头难，每门科学都是如此。

名人影响

马克思的一生是伟大的一生。他和恩格斯共同创立的马克思主义学说，是指引全世界劳动人民为实现社会主义和共产主义伟大理想而进行斗争的理论武器和行动指南。马克思的名字永垂史册，他的学说将永放光芒。

日，国际工人协会，即第一国际成立，他被选为国际的领导机构总委员会的成员，并担任德国通讯书记。他为国际起草了《成立宣言》、《临时章程》和其他许多重要文件。1883年3月14日，马克思逝世。

马克思在政治、经济、哲学、历史等许多思想领域给我们留下了宝贵遗产。创立了马克思主义哲学，包括辩证法、唯物史观，科学社会主义和马克思主义政治经济学体系。

马克思最伟大的功绩是完成了马克思主义政治经济学理论体系的建立，这一理论主要体现在他的《资本论》一书中。

《资本论》这部不朽著作具有划时代意义，是政治经济学中的一次革命。它论述了资本主义社会的经济运动的规律，揭露了资本主义的内在矛盾，揭示了资本家对工人剥削的秘密在于占有工人的剩余价值，科学地论证了资本主义必

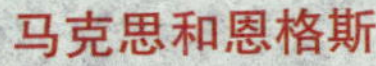
马克思和恩格斯

在说到马克思的贡献时，恩格斯说，我不能否认，我和马克思共同工作40年，在这以前和这个期间，我在一定程度上独立地参加了这一理论的创立，特别是对这一理论的阐发。但是，绝大部分基本指导思想（特别是在经济和历史领域内），尤其是对这些指导思想的最后的明确的表述，都是属于马克思的。我所提供的，至多除了几个专门的领域外，马克思没有我也能很容易地做到。至于马克思所做到的，我们做不到。

名人轶事

与马克思志趣相投的妻子是这样观察马克思的，她说：我无论如何也不能把一个具有如此贵族趣味的人和他在著作中所预测的平等社会很贴切地联系在一起。对此，马克思则足够真诚地回答道：“我现在也不能。”马克思说他确信“那样的时刻会到来”，不过又开玩笑地说：“届时我们离得远远的就是了”。

恩格斯说，马克思比我们一切人都站得高些，看得远些，观察得多些和快些。马克思是天才，我们至多是能手。没有马克思，我们的理论远不会是现在这个样子。所以，这个理论用他的名字命名是公正的。

然灭亡社会主义必然胜利，从而把他的社会主义学说置于牢固的科学基础上。它成了无产阶级反对资本主义的最锐利的理论武器。

书是我的奴隶，应该服从我的意志，供我使用。

大英博物馆（马克思在这里完成《资本论》）

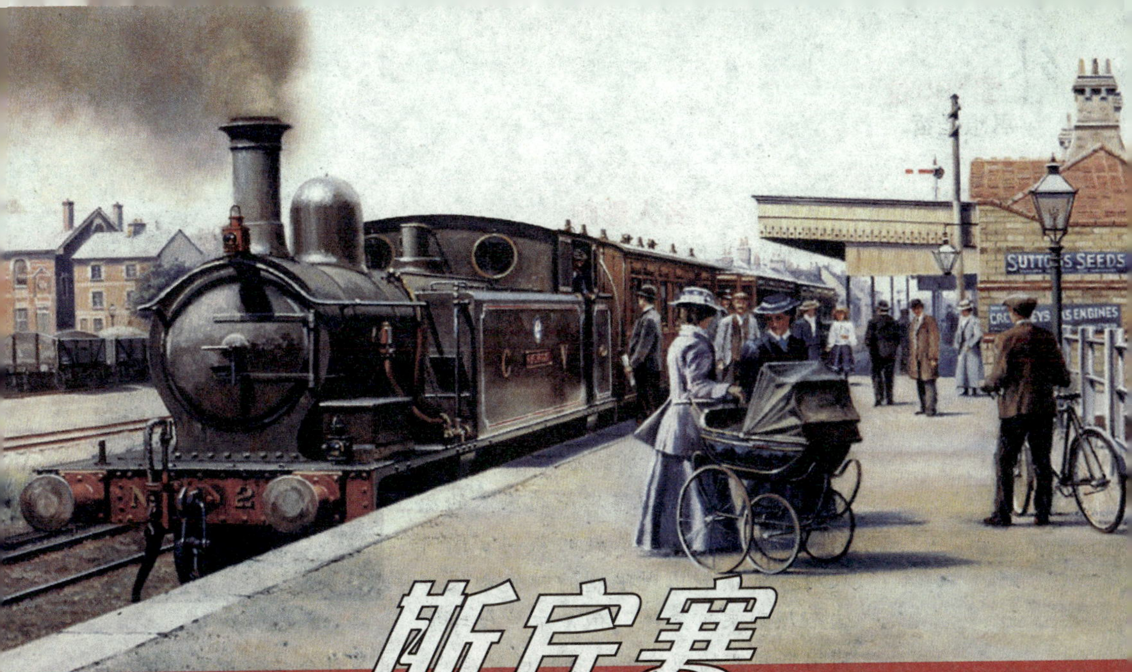

斯宾塞

Spencer

英国哲学家、教育家、社会学家，“社会达尔文主义”倡导者

斯宾塞是教育家乔治亚·斯宾塞的儿子，少年时进行正统教育。1836年找了一份土木工程师的职位。工作中他看到工人的劳累与上司的欺压，决心写文章研究社会问题。1848年，成为《经济学家》的编辑。1853年，继承了大笔遗产，辞职而专心著述。1858年，他开始了一个涵盖他整个演变哲学和法律进展的大项目。1882年，他打破自己的不去教堂的惯例出席了达尔文的葬礼。1902年，他被提名竞逐诺贝尔文学奖。1903年逝世，享年83岁。

斯宾塞

生卒年：1820—1903
国　籍：英国
家　庭：教师
出生地：打庇
性　格：执着
志　趣：著述立说
身　份：学者

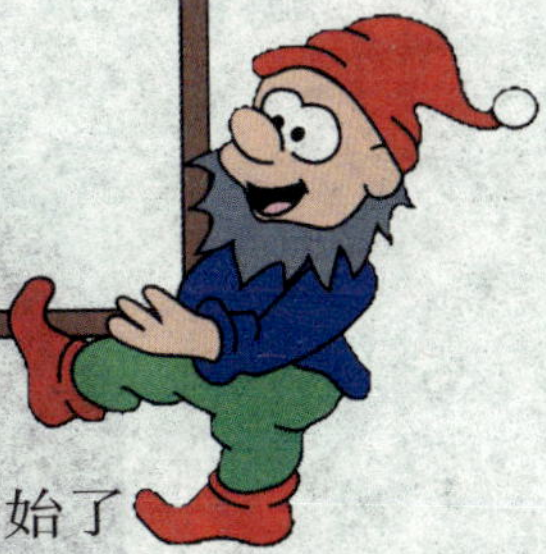

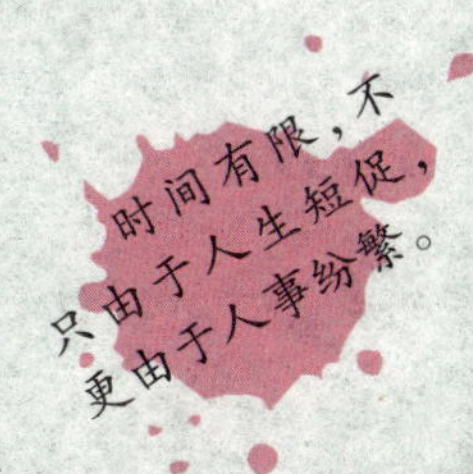

斯宾塞提出了“社会达尔文主义”，把进化理论“适者生存”应用在社会学上尤其是教育及阶级斗争上。认为社会可以和生物有机体相比拟，社会与其成员的关系有如生物个体

时间有限，不只由于人生短促，更由于人事纷繁。

名人影响

他的著作被翻译成多国语言的版本，并在欧洲北美等地得了很多荣誉。他的哲学证明了对政治保守派是有用的，不单是对社会阶级架构的应用，也包括社会公义概念，当中强调对本性及行为的个体责任。斯宾塞支持“平等自由定律”，这是自由意志论的基本的原则。很多美国高等法庭的裁判官面对政府劳资惯例出现限制的时候都根据这个原则来下定论。但是不只保守派利用斯宾塞的理论来宣扬自己的观点。很多社会学家都套用他的理论来解释阶级战争。无政府主义者把它应用在个体自主的信念上。斯宾塞对文学及修辞学也有很大影响力。他的《式样哲学》(1852年)开创了写作上形式主义的潮流。他高度关注英语句子的各个部分的正当排列，订立有效写作的指引。斯宾塞的目标是把散文从“阻力与惯性”释放出来。读者不因吃力研讨及句子的精确意义而缓慢下来。透过这样方式作家能够达到最高沟通效率。这成为修辞学上形式主义者最权威的支持。

身体既是心智的基础，发展心智就不能使身体吃亏。

与其细胞的关系。社会达尔文主义是一种社会基本模式，根据自然界“食物链”现象，提出：社会发展也同生物界一样“弱肉强食，物竞天择，适者生存”的观点，并以此解释社会现象。然而，把生物学中的遗传、变异、自然选择等概念

乔治·艾略奥特（英国著名女作家，斯宾塞曾向其求婚，但没有结果，俩人最终也没有跨越好友的界线。）

名人轶事

19世纪英国斯宾塞调整了古希腊亚里士多德教育目的的顺序，不是德智体，而是智德体。在斯宾塞之前，几乎所有的中外教育家，都把道德教育放在第一位，他的这一改变，成为现代教育重视技能、忽视道德的开端。当然，斯宾塞针对当时西方填鸭式的知识灌输也提出了改进方法，就是所谓快乐教育，但是，这种主张在当时的英国没什么实际反响。

引进社会学，就未免有些牵强；至于他把生物界生存竞争法则作为社会发展的规律，则完全混淆了人类社会与自然界的本质差异。

海格特公墓（斯宾塞被葬于这里，在他的两边分别是乔治·艾略奥特和卡尔·马克思。）

美国哈佛大学校长艾利奥特："很少有人像斯宾塞一样，对各个国家、各个阶层的人民有那样大的吸引力。他像闪电一样冲击着美国和英国的学校教育。在美国，他的思想统治着美国大学达30年之久。他是一位真正的教育先锋。"

赫胥黎

Huxley

英国伟大的生物学家和教育家

赫胥黎	
生卒年：	1825—1895
国　籍：	英国
家　庭：	教师
出生地：	伦敦
性　格：	执着
志　趣：	生物研究
身　份：	生物学家、教育家

赫胥黎出生在英国一个中学教师的家庭。早年因为家境贫寒而过早的离开了学校，只受过两年小学教育。但他凭借自己的勤奋，自修了法、德、意、拉丁、希腊等语言，靠自学考进了伦敦大学医学院，他博览群书，刻苦钻研，1845年获得医学学位。后以海军军医身份航行澳大利亚，研究海洋动物。1851年当选为英国皇家学会会员，1871—1885年任英国皇家学会秘书、会长。曾获剑桥、牛津、博洛尼亚等大学荣誉博士学位。达尔文的《物种起源》于1859年发表后，他英勇捍卫与宣传，被称为达尔文进化论的“总代理人”。

赫胥黎酷爱博物学，一生致力从事生物科学的研究与教学。自1854年起先后任英国矿业学校（1890年发展为皇家理科学院）讲

名人影响

赫胥黎是继英国哲学家F.培根之后，提倡科学教育、促成科学教育思潮的主要代表之一，对后世教育思想影响很大。他的进化理论完善发展了达尔文的理论，成为指导社会发展更直接的思想动力。1898年由中国学者严复将《进化论与伦理学》的一部分译为中文(改名《天演论》)出版后，极大地影响了中国的近代思想界。

师、教授、院长，1885年退休后任名誉院长，直至逝世。

珍惜科学，尊重科学吧，忠实地、准确地遵循科学的方法，将其运用到一切人类的思想领域中去，那么，我们这个民族的未来就必定比过去更伟大。

赫胥黎热心工人的科普教育，长期担任南伦敦工人学院名誉院长。1870年，推动英国议会通过初等教育法案。同年，他被选为首届伦敦教育委员会委员，参与制订幼儿教育、初级小学、高级小学体制。

赫胥黎在古生物学、海洋生物学、比较解剖学、地质学等方面都有重大贡献。他发表过150多篇科学论文。

《进化论与伦理学》集中体现了赫胥黎的进化思想。在《进化论与伦理学》中，赫胥黎以准确生动的语言深刻论述了有关宇宙演化过程中的自然力量与伦理过程中的人为力量相互激扬、相互制约、相互依存的根本问题。对于生物发生、生物进化也作出了科学的解释，使进化理论又向前大大跨越了一步。赫胥黎是最早提出人类起源问题的学者之一。认为人类社会进化过程与自然演化是相互分离的，社会哲学与自然科学截然不同，甚至是相互对立的。

赫胥黎认为，伦理产生于人类社会的相互感通，并为人类利益服务，与自然规律毫无关系，自然不知道道德与道德标准为何物。人类社会虽然存在竞争，而伦理法则，也就是人类本然的互助互敬、相亲相爱的善性，可以抑制社会的残酷竞争。“社会进展意味着对宇宙过程每一步的抑制，并代之以另一种可称为伦理的过程。”

马克思称其为19世纪下半叶英国的"一位科学界的权威"。列宁认为:"他的'不可知论'实质上掩藏着唯物主义。"

名人轶事

1860年6月30日，关于进化论大论战的第一个回合，在牛津大学面对面地展开了。这是英国科学促进协会召开的辩论会。以赫胥黎、胡克等达尔文学说的坚决支持者为一方，以大主教威伯福士率领的一批教会人士和保守学者为另一方，摆开了论战的阵势。赫胥黎以激动而响亮的声音说道："我要重复地断言，一个人承认人猿为他的祖先，这并不是可羞耻的事。可羞耻的倒是这样一种人：'他惯于信口雌黄，并且不满足于他自己活动范围里的那些令人怀疑的成就，还要粗暴地干涉他根本不理解的科学问题。''企图煽动一部分人的宗教偏见来压制别人，这才是真正的羞耻啊'！"

赫胥黎主张自由教育，他把自由教育理解为各级学校都应进行的文、理兼备的普通教育，主张以文学、历史、政治经济学、科学为基础课程。他认为受过"自由教育"的人，应该是知、情、意都受过陶冶，体、智、德都得到发展，培养适应工业革命后英国资本主义发展需要的商人、工业家、议员、殖民者等。认为科技发展与工商业竞争生死攸关，主张从小学起进行文化教育和科学教育。他认为科学教育不应光读书本，要重视实践知识；不能光靠讲授，要注重实际训练；要采用直观教法，多做实验。他认为博物馆、图书馆、实验室都不可缺少。他在英国首创生物实验室，把生物学的讲授与学生的实验结合起来。他认为教师要深信科学，熟悉业务，将教学与教导结合起来；在大学中，教学工作要与科学研究相结合。

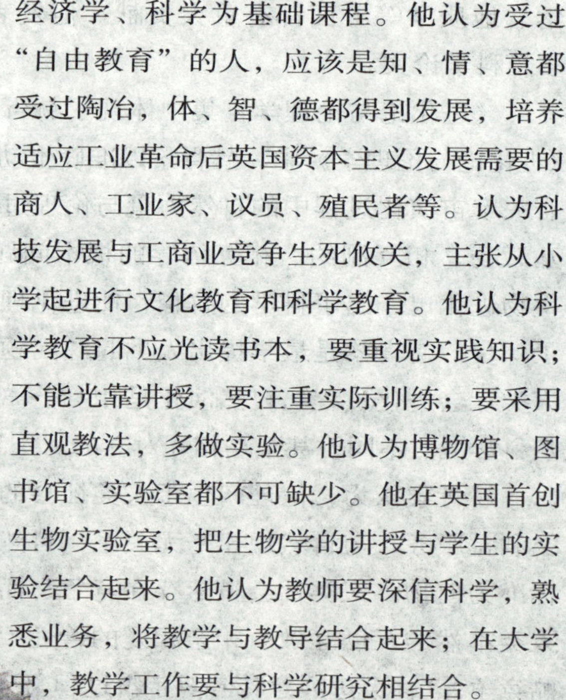

列夫·托尔斯泰

Lev Tolstoy

俄国民主主义思想家、人文主义文学家，改革思想家

列夫·托尔斯泰	
生卒年：	1828–1910
国　籍：	俄国
家　庭：	名门贵族
出生地：	图拉省克拉皮文县的亚斯纳亚·波利亚纳
性　格：	执着
志　趣：	文学
身　份：	思想家、教师

托尔斯泰的童年始终在无忧无虑的环境中度过，受到良好的启蒙教育，不过10岁前后父母先后故去了。1844年考入喀山大学东方系，次年转到法律系。期间他对哲学尤其是道德哲学发生兴趣，受到卢梭、孟德斯鸠等启蒙思想家影响。1847年4月回到家乡，在自己的领地上做改革农奴制的尝试。1850年秋天还为农民子弟兴办学校。1855年11月到彼得堡进入文学界。1860–1861年，为考察欧洲教育，托尔斯泰再度出国，结识赫尔岑，听狄更斯演讲，会见普鲁东。60–80年代，分别写出了以《战争与和平》、《安娜卡列尼娜》、《复活》为代表的文学巨著。托尔斯泰晚年力求过简朴的平民生活，1910年10月从家中出走，11月7日病逝于一个小站，享年82岁。

托尔斯泰早期写过文学论文，肯定文学的崇高使命；反对暴露文学，但仍主张文学应当适应社会的要求。

在60–70年代的论文中，主要强调应为人民而写作。最值得注意的是晚年的论著。要求忠于现实主义艺术的原则；他要求作家对所描写的事物抱道德的态度，明确“善和恶之间的区别”。批判“为艺术而艺术”的美学观点，指出当时一些美学理论为统治阶级的口味进行辩解的实质，揭示颓废派艺术反人民的本性及其哲学思想基础；同时提出艺术是人们交流感情的工具的论点。

没有智慧的头脑，就像没有蜡烛的灯笼。

托尔斯泰是伟大的思想家和艺术家。从他的创作初期开始，特别在60年代以后，他始终不渝地真诚地寻求接近人民的道路，“追根究底”地要找出群众灾难的真实原因，认真地思考祖国的命运和未来，因此，他的艺术视野达到罕有的广度。

他在自己作品中反映1861年农奴制废除后到1905年革命之间的重要社会现象，提出这个转折时期很多的“重大问题”，尽管他的立场是矛盾的，他的解答不都是正

名人影响

从19世纪60年代起，他的作品开始在英、德等国翻译出版。70–80年代之交以《战争与和平》的法译本出版获得国际上第一流作家的声誉，成为当时欧美的“俄国热”的主要对象。80–90年代法、英等国最早论述他的评论家，都承认他的现实主义创作对自己国家文学的振兴作用。在19世纪末–20世纪初成长的进步作家法朗士、罗曼·罗兰、亨利希·曼和托马斯·曼、德莱塞、伯纳·萧、高尔斯华绥以及其他欧美作家和亚洲作家都受到他的熏陶。

确的。然而，托尔斯泰的伟大，主要还由于他以天才艺术家所特有的力量，创作了无与伦比的俄国生活的图画，而那些“重大问题”大多就是在“图画”中艺术地提出来的。

托尔斯泰的艺术是博大精深的。他以特有的概括的广度，创造了史诗体小说。历史的事实融合着艺术的虚构，奔放的笔触糅合着细腻的描写；在巨幅的群像中显现出个人的面貌，于史诗的庄严肃穆中穿插有抒情的独白，变化万千，蔚为奇观。他善于驾驭多线索的结构，千头万绪，衔接得天衣无缝；又能突破小说的“封闭”形式，波澜壮阔，像生活那样无始无终。

名人轶事

有一次，一位法国青年拜访托尔斯泰。他俩一同散步闲聊，恰巧旁边有副单杠。青年跑过去，一跃而起，抓住单杠，做了几个动作，骄傲地说：“伯爵，这门艺术，您大概是外行吧”。托尔斯泰笑一笑。“文人不会武，这也不必苛求……”法国青年似乎怕托尔斯泰尴尬，连忙为他解脱。托尔斯泰看了看同伴，走到单杠下面，轻轻一跃，双手握杠，两腿挺直朝前一伸，往后一摆，连续绕了几个“大翻车”，随后又轻松自如地做了几个难度很大的动作，像燕子那么轻巧，像猿猴那么自如。法国青年看得眼花缭乱，惊诧得吐出舌头，老半天都没缩回去。他哪里知道，体育活动正是伯爵的爱好呢!托尔斯泰喜欢骑马、打猎、游泳、滑冰、划船等运动。当托尔斯泰从单杠上跳下来，法国青年心悦诚服地说：“伯爵，您单杠上的动作也是真正的艺术。”托尔斯泰没有吭声，只是淡然地笑笑。

列宁称赞托尔斯泰是最清醒的现实主义的天才艺术家，俄国革命的镜子。

里昂·瓦尔拉

Léon Walras

法国数理经济学家、边际革命领导人，洛桑学派创

> **里昂·瓦尔拉**
>
> 生卒年：1834—1910
> 国　籍：法国
> 家　庭：教授
> 性　格：执着
> 志　趣：著述立说
> 身　份：经济学家、教授

里昂·瓦尔拉青年时，在父亲的指导下自修经济学，当过编辑，与人合办过生产合作银行。1870年被聘为洛桑大学政治经济学教授。一直到1892年退休。

瓦尔拉创立了以数学论证边际效用理论的体系，在他的影响下，洛桑学院成为数理经济学派的中心。

瓦尔拉把经济学划分为三个部分，即：纯粹经济学、产业与应用经济学和财产与社会经济学。他认为，纯粹经济学本质上是在设想的完全自由竞争的机制之下，研究价格决定的理论，它只涉及物与物之间的关系，是应用经济学和社会经济学的基础，研究方法应采用抽象的逻辑方法，必须采用数学方法进行推理。

瓦尔拉的纯粹经济学包括两个基本理论：稀缺价值论和一般均

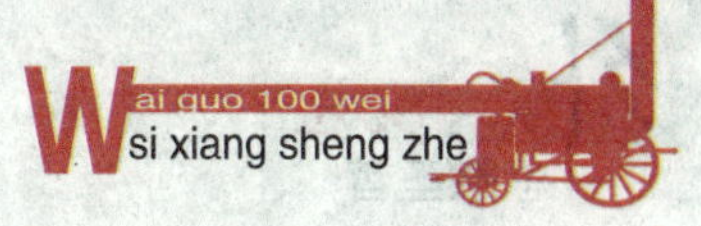

名人影响

他的一般均衡分析方法被西方经济学所普遍使用。瓦尔拉是19世纪"边际革命"的倡导者,他的一般均衡理论开创了现代经济均衡分析的先河,在西方经济思想史上具有极为重要的影响。

价值来源于稀缺

衡论，后者是建立在前者的基础之上的。

瓦尔拉的稀缺价值论实际上是边际效用价值论。他继承其父亲关于"价值起源于稀缺"的思想，认为价值来源于稀缺。随着商品供给量的增加，欲望满足的强度，即人们从商品中所感受的满足程度是不断递减的。"稀缺"就是表示消费一定量商品所满足的最后欲望程度。他不同意劳动价值论，认为如果劳动有价值并可交换，那么，一定是因为它既有用又在量上是稀缺的。他也不同意单纯效用论，认为效用并不足以创造价值，强调物品具有价值，除了有用还必须是稀缺的。

瓦尔拉利用稀缺原理分析商品的交换比例，他考察原始的简单的交换，即两个当事人、两种商品的交换，得到了与

他在瑞士洛桑学院开创了后来以『洛桑学派』著称的经济学学派

约瑟夫·熊彼特认为他是“所有经济学家当中最伟大的一位”。

名人轶事

市场是相互联系的，经济均衡的特征必然是所有市场上供给与需求的相等，这是瓦尔拉在1874年提出的一般均衡的基本概念。瓦尔拉不但这样提出问题，而且还把它以联立方程组的形式加以表达，然后声称由于方程组中方程的个数与未知量的个数相等而方程组有解，从而一般经济均衡问题有解。他还提出了一个寻找解的“探索过程”，对解的存在性给出了一个经济意义下的证明。瓦尔拉与帕累托还研究了竞争均衡的最优境界问题。后来人们发现，瓦尔拉给出的一般经济均衡存在性的数学证明是不成立的，但由于一般经济均衡思想的重要性，人们花费了80年的功夫来研究它，最后才于1954年由阿罗和德布罗真正解决。

杰文斯交换方程式相似的结论：当商品稀少性的比例等于商品价格的比例时，交换达到最大满足。

他在经济学中使用了数学，研究了使一切市场都处于供求相等状态的均衡，即一般均衡。

马 汉

Mahan 美国军事思想家，海权理论创立者

马汉出生于军事世家，从小便抱着成为伟大军人的梦想。1859年毕业于美国安纳波利斯海军学校后，在美国海军部任职。1862-1864年，调至海军学院任教。1877年，调任安纳波利斯海军学校军械和射击系主任。1886年，再调至海军学院任教，主要教授海权理论和海军史。1886—1889、1892—1893年两度担任海军学院院长。

马 汉	
生卒年：	1840–1914
国　籍：	美国
家　庭：	军人
出生地：	西点军校
性　格：	开朗、倔强
志　趣：	军事研究
身　份：	军事教官

1890年他出版了《制海权对历史的影响》一书，提出了“海洋中心”说。马汉认为，商船队是海上军事力量的基础；海上力量决定国家力量，谁能有效控制海洋，谁就能成为世界强国。而要控制海洋，就要有强大的海军和足够的海军基地，以确保对世界重要战略海道的控制。他认为，对美国来说，最重要的是夏威夷群岛和巴

名人影响

马汉的《制海权对历史的影响》一书在美国再版了30多次，并在全世界广泛流传。马汉也被后人公认为是海权论的鼻祖。他的突出贡献尤其在于对海权这一概念的创建和廓清，经受了时间的考验，体现了巨大的理论价值，对当时的世界和后世历史均发挥了重要的作用。可以说，马汉是一个顺应时代而起又推动了时代发展的伟大思想家。

拿马地峡。他得出了这样的结论，海军威力＝力量＋位置。他提出，海军必须以“集中”为战略法则，同时要重视“海上交通线”、“中央位置”和“内线”；海军必须积极出击，不能消极防御。

同时，他还认为现在的世界格局，不可能再有哪一个国家能像过去那样独霸海洋，而要保证自己的霸权，就应与有血缘关系的英国合作，确立同一种族对海洋的支配。他认为海权论是为外交、军事提供基础，并公开宣称当今世界“强权即公理”。

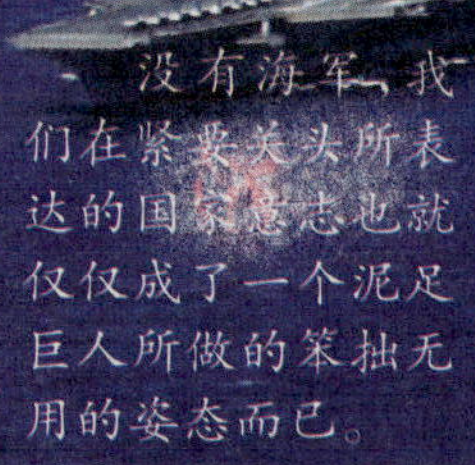

没有海军，我们在紧要关头所表达的国家意志也就仅仅成了一个泥足巨人所做的笨拙无用的姿态而已。

富兰克林·罗斯福总统说：马汉是"美国生活中最伟大、最有影响的人物之一"。

马汉退休之后，开始了为稿酬而写作的"第二生涯"。马汉的退休金为每年3 375美元，尽管在当时这已是很高的收入了，但马汉想到要用手中的笔赚取丰厚的稿酬。他的目光关注的是那些能在畅销杂志上发表的一蹴而就的"赚钱文章"。例如，当时美国的《运煤船》、《北美评论》、《论坛》等杂志的发行量都很大，稿酬也非常可观，马汉为它们撰写了相当数量的文章。马汉文章的价格并不是固定不变的，他的要价随着国际形势和热点问题的变化而升降。一般情况下，一篇3 000字的文章他要价100至150美元之间。但在特殊情况下，他的要价会明显增长。1913年12月第二次巴尔干战争爆发之际，他的相关文章要价是3 000字250美元。1914年5月第一次世界大战的阴云笼罩着欧洲的时候，他的文章要价是每700字50美元。当然，马汉的写作也有自己的原则，对那些在社会上可能产生不良影响的危言耸听的文章，无论稿酬如何，他一概不写。一次，一个承包商开价一个字一美元让他写此类文章，被他断然拒绝了。

阿尔弗雷德·马歇尔

Alfred Marshall

英国新古典经济学派领袖，剑桥学派创建

阿尔弗雷德·马歇尔

生卒年：1842—1924
国　籍：英国
家　庭：中产阶级
出生地：伦敦区
性　格：执着
志　趣：著述立说
身　份：经济学家

马歇尔从小接受家庭严格的基督教式的教育，父亲期望他能成为一个牧师，但他违背了父亲的意愿，考入剑桥大学学习数学。1888年以后，马歇尔先后担任布里斯托尔大学校长，牛津大学、剑桥大学讲师和教授。1880年，他担任英国协会第六小组的主席，正式领导了创建英国（后改为皇家）经济学会的运动。

马歇尔是英国古典经济学的继承和发展者，是19世纪以来西方经济学发展的总结。他的理论及其追随者被称为新古典理论和新古典学派。

60年代前后，马歇尔看到了19世纪中期在资本主义制度下英国出现的严重的社会不公平，他感觉到，神学、数学、物理学和伦

名人影响

他于1890年发表的《经济学原理》，被看做是与斯密《国富论》、李嘉图《赋税原理》齐名的划时代的著作，在盎格鲁——撒克逊世界（英语国家）替换了古典经济学体系。其供给与需求的概念，以及对个人效用观念的强调，构成了现代经济学的基础。这本书在马歇尔在世时就出版了8次之多，成为当时最有影响的专著，多年来一直被奉为英国经济学的圣经。

经济的世界是人性的产物，它无法比人本身变化得更快。

理学都不能够给人类带来“福音”，于是，他把自己的注意力转移到政治经济学上面来，把理解社会现状的希望寄托在经济学的研究上，打算从经济上来分析社会不公平的原因，他把经济学看成是增进社会福利、消灭人类贫困的科学。

马歇尔把经济学定义为研究财富的学问，他吸收了边际学派的理论分析方法，他把人类动机分为追求满足和避免牺牲两类，前者促进人类某种经济行为，后者起制约作用。经济学家在满足、牺牲的程度、数量上可用经济手段如货币标准来衡量。这样经济学就与人类的心理活动建立了联系，使经济学也成了调查人类心理活动的工具之一。马歇尔还吸收了历史学派对经济学的研究成果，主张经济学与社会学合流。

尽管他对哲学饶有兴趣，但最后还是选定经济学为专业。作出这个决定的重要原因是马歇尔曾走访英国的贫民区，无法忘却他所见到的贫穷和饥饿。

西方经济学里有三篇里程碑意义的巨著：1.《国富论》（亚当·斯密）2.《经济学原理》（阿尔弗莱德·马歇尔）3.《就业、利息和货币通论》（约翰·梅纳德·凯恩斯）

他认为，市场价格决定于供、需双方的力量均衡，犹如剪刀的两翼，是同时起作用的

名人轶事

20世纪的前一大半时间是政治学与经济学分道扬镳的，政治学集中于法制和政府机构上，经济学则着重在个人和行业上。直到1960年代以后，政治学与经济学才又一次趋近，“政治经济的伟大传统似乎并没有在管理专业或政治学专业确立自己的地位，只是近来政治经济学流行起来。”马歇尔于1890年出版了《经济学原理》，把注意力集中在微观经济上，把制度当做不变的常量，只考察既定制度下，稀缺资源的配置和效率问题，经济学是“谁，为何，如何生产”的问题。从此，西方的经济学与政治问题脱开，“18世纪原本名为‘政治经济学’的学科，到了19世纪末变成了‘经济学’，”史称新古典经济学。

马歇尔采用了购买力平价的概念来解释不同国家货币之间的汇率

尼 采

Nietzsche

德国著名哲学家、西方现代哲学的开创者，诗人和散文家

尼采的父亲是威廉四世的宫廷教师，深得国王的信任，获得恩准以国王的名字为儿子命名。尼采5岁时，父亲去世。他被家中信教的母亲娇惯得性格脆弱、敏感、孤僻。

尼 采	
生卒年	1844—1900
国　籍	德国
家　庭	乡村牧师
出生地	普鲁士萨克森勒肯
性　格	孤傲、敏感
志　趣	哲学、文学
身　份	教师、自由学者

尼采在很小的时候就像一个学者一样手不释卷了，他总是沉浸在书籍与知识的海洋之中。1864年，尼采进入波恩大学攻读神学和古典语言学，但第一学期结束，便不再学习神学了。同时他反对毫无信念和激情地重复黑格尔、费希特、谢林的各种公式，认为那些伟大的体系已经丧失了激发人的力量，他热爱希腊诗人，崇尚希腊神话中各种具有鲜明特点的人物。

1865年，他随导师李谢尔思到莱比锡大学攻读古典语言学，并

名人影响

尼采的思想对后世的影响是巨大的，它颠覆了西方的基督教道德思想和传统的价值，揭示了在上帝死后人类所必须面临的精神危机。20世纪初的整整一代思想家和文学艺术家都在尼采的著作中找到了那些激发了他们富于创造性的作品的观念和意象。他的思想深深地影响了如雅斯贝尔斯、海德格尔、萧伯纳、萨特等许多著名的思想家和茨威格、肖伯纳、黑塞、里尔克、鲁迅等许多文学家，他的著作流传各大洲。尼采哲学中的消解倾向成为后现代主义的精神支柱，尼采成了后现代主义的理论先驱。

开始接触叔本华的哲学思想，吸收了叔本华的唯意志论，开始了他的哲学思考，这些思想后来成为尼采哲学思考的起点。

1869年，年仅25岁的尼采被聘为瑞士巴塞尔大学古典语言学教授。1879年，尼采辞去了巴塞尔大学的教职，开始了十年的漫游生涯，同时也进入了创作的黄金时期。

1872年，他发表了第一部专著《悲剧的诞生》。这是一部杰出的艺术著作，充满浪漫色彩和美妙的想象力和反潮流的气息。《悲剧的诞生》的发表，引来了一片狂热的喝彩声，同时也遭到了维拉莫维茨领导的语言学家圈子的排斥。此后，尼采写了大量的著作，这些著作使他始终处在思想界争论的漩涡中。1889年，长期不被人理解的尼采由于无法忍受长时间的孤独，在都灵大街上抱住一匹正在受马夫虐待的马的脖子，精神崩溃失去了理智。次年，尼采与世长辞。

尼采哲学在当时被当做一种“行动哲学”，一种声称要使个人的要求和欲望得到最大限度的发挥的哲学。

在认识论上，尼采是极端的反理性主义者，猛烈的揭露和批判传统的基督教道德和现代理性。他对任何理

尼采认为应该用伟大和优秀代替善恶作为评价标准，这一点为法西斯分子所采纳。

性哲学都进行了最彻底的批判。他认为，基督教伦理约束人的心灵，使人的本能受到压抑，人要获得自由，必须“杀死”上帝。

尼采认为，在没有上帝的世界上，人们获得了空前的机会，必须建立新的价值观，以人的意志为中心的价值观。为此，要对传统道德价值进行清算，传统的道德观念是上帝的最后掩体，他深深的渗透于人们的日常生活之中，腐蚀人们的心灵。

尼采认为哲学思索是生活，生活就是哲学思索。他的哲学是他对人生痛苦与欢乐的直接感悟。他对现代文明进行批判，指出，在资本主义社会里，尽管物质财富日益增多，人们并没有得到真正的自由和幸福。僵死的机械模式压抑人的个性，使人们失去自由思想的激情和创造文化的冲动，现代文化显得如此颓废，这是现代文明的病症，其根源是生命本能的萎缩。他指出，要医治现代疾病，必须恢复人的生命本能，并赋予它一个新的灵魂，对人生意义作出新的解释。他从叔本华那里受到启示，认为世界的本体是生命意志。

李谢尔思评价青年尼采：他是莱比锡这里整个青年语言学家圈子里的宠儿……您会说，我这是在描述某种奇迹，是的，他也就是个奇迹，同时既可爱又谦虚。

名人轶事

尼采的超人哲学是尼采人生理想的象征，是尼采追求的理想目标和人生境界的支撑。尼采对现代人，现代生活感到很失望，他梦想改善人，造就新的人，即是超人。在他那里，超人不是具体的人，是一个虚幻的形象。超人具有大地，海洋，闪电那样的气势和风格。尼采认为，超人还没有现实的存在，它是未来人的理想形象；超人给现实的人生提出了价值目标，是人的自我超越。

巴甫洛夫

Павлов

苏联科学家、高级神经活动学说的创始人，行为主义学派的先

巴甫洛夫

生卒年：1849—1936
国　籍：俄国
家　庭：乡村牧师
出生地：梁赞
性　格：勤奋好学
志　趣：生理学
身　份：科学家、医生

巴甫洛夫受父亲读书的影响，自幼学习勤奋，兴趣广泛，少时入当地的神学院接受教育，21岁考入彼得堡大学，专修动物生理学，学习刻苦，勤于实践，深受导师器重。成为医学院里生理学的高级研究生，后来又出国深造，与当时最杰出的生理学家们一块儿从事研究。1883年获医学博士学位。1884年起在军事医学研究院任副教授、教授等职，领导过实验医学研究所生理研究室工作。

他将全部身心都投入到了关于消化的研究上，并以其在消化方面的杰出研究而获得了1904年的诺贝尔奖，成为世界上第一个获得诺贝尔奖的生理学家。1924年任苏联科学院巴甫洛夫生理学研究所所长。巴甫洛夫1936年逝世后，有《巴甫洛夫全集》6卷传世。

名人影响

巴甫洛夫提出的两个信号系统学说、高级神经活动学说对于医学、心理学以至于哲学等方面都有重大影响。

科学的未来只能属于勤奋而谦虚的年轻一代！我无论作什么，始终在想着，只要我的精力允许我的话，我就要首先为我的祖国服务。

巴甫洛夫的主要工作是关于高级神经活动的研究。他是用条件反射方法对动物和人的高级神经活动进行客观实验研究的创始人，也是现代唯物主义高级神经活动学说的创立者。他详细地研究了暂时神经联系形成的神经机制和条件反射活动发展与消退的规律性，论述了基本的神经过程——兴奋和抑制现象的扩散和集中及其相互诱导的规律，提出了神经系统类型的学说和两种信号系统的概念。他强调了心理与生理的统一，反对把二者割裂开来。他的研究有助于心理学摆脱唯心主义和内省主义的束缚。

巴甫洛夫在高级神经活动生理领域的研究成果尤为丰硕。他证明了大脑和高级神经活动由无条件反射、条件反射双重反射形成；揭示了“精神活动”是大脑这一“物质肌肉”活动的产物，同样需要消耗能量。他提出：人除第一信号系统即对外界直接影响的反应外，还有第二信号系统即引起人高级神经活动发生重大变化的语言，正是这第二信号系统学说揭示了人类特有的思维生理基础。

从 1878–1890 年，巴甫洛夫重点研究血液循环中神经作用的问题。他发现了胰腺的分泌神经。不久，他又发现了温血动物的心脏有一种特殊的营养性神经，这种神经只能控制心跳的强弱，而不影响心跳的快慢。科学界人士把这种神经就称为

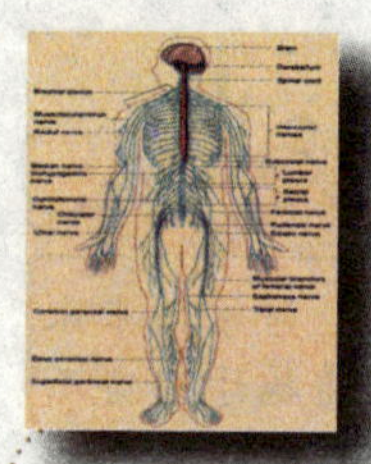

巴甫洛夫为人类作出了不可磨灭的贡献。

名人轶事

“巴甫洛夫很忙……”，这话不是别人说的，是巴甫洛夫对别人说的。

“巴甫洛夫很忙……”是巴甫洛夫在生命的最后一刻说的，当时有人敲门，想进来看看他，却被他拒绝。在生命的最后一刻，巴甫洛夫一直密切注视着越来越糟糕的身体情况，不断地向坐在身边的助手口授生命衰变的感觉，他要为一生至爱的科学事业留下更多的感性材料。对于人们的关心、探望，他只好不近人情地加以拒绝：“巴甫洛夫很忙……巴甫洛夫正在死亡。”来人被拒之门外，只好心情复杂地走了。

“巴甫洛夫神经”。巴甫洛夫自此开辟了生理学的一个新分支——神经营养学。

巴甫洛夫对心理学的伟大贡献是创立了条件反射学说。在消化研究过程中，狗的消化腺研究实验将他推向了心理学研究领域。他通过对心理分泌现象的研究，创立了条件反射理论，该项研究成果成了制约行为主义的最高原则之一。

巴甫洛夫的诺贝尔奖证书

弗洛伊德

Freud

奥地利精神科、神经科医生，精神分析学派的创始人

弗洛伊德4岁时随家人迁居维也纳，是8个子女中的长子，家中早年的生活极度贫困。但他的学习成绩一直名列前茅，17岁考入维也纳大学医学院，成绩优异。

弗洛伊德

生卒年：1849–1936
国　籍：奥地利
家　庭：犹太商人
出生地：摩拉维亚弗莱堡
性　格：幽默犀利
志　趣：研究人和社会
身　份：医生

1881年获医学博士学位后开始私人开业，担任临床神经专科医生。1883–1885年任神经病理学讲师，对脑髓进行了重要的研究，还发现了可卡因的麻醉作用。在J·夏尔科的影响下，他的兴趣由临床神经病学转到了临床精神病理学。

弗洛伊德对心理学的最重大贡献是对人类无意识过程的揭示，提出了人格结构理论，人类的性本能理论以及心理防御机制理论，创立了精神分析理论。在探寻精神病病源方面，弗洛伊德抛弃了当时占主流的生理病因说，逐步走向了心理病因说，创立了心理分析

E·G·波林写道："在弗洛伊德的身上，我们看到一个具有伟大品质的人。他是一个思想领域的开拓者。"

名人影响

弗洛伊德创立的学说。不仅在精神病学，也在艺术创造、教育及政治活动等方面得到广泛地运用。他卓绝的学说、治疗技术以及对人类心理隐藏的那一部分的深刻理解，开创了一个全新的心理学研究领域。由他所创立的学说，从根本上改变了对人类本性的看法。精神分析理论是现代心理学的奠基石，它的影响远不是局限于临床心理学领域，对于整个心理科学乃至西方人文科学的各个领域均有深远的影响，它的影响可与达尔文的进化论相提并论。

学说（Psychoanalysis，又译精神分析）。

1895年与布洛伊尔合著《癔病研究》，开创了精神分析法。在技术上，他抛弃了古老的催眠术，改用自己独创的精神分析或自由联想法，以挖掘患者遗忘了的特别是童年的观念和欲望。也就是让患者想起什么就说什么，由此发现隐藏的病因。

他发现患者常有抗拒现象，认识到这正是欲望被压抑的证据，因而创立了他的以潜意识为基本内容的精神分析理论。他在分析许多病例后确信，性的问题对神经症的发生起重要作用。认为人的神经活动大都以性欲为基础，被压抑的欲望绝大部分是属于性的，性错乱是产生神经症的根本原因。

1900年在《梦的解析》一书中，他阐述了梦在精神分析中的重要性，认为"梦中概括了神经症的心理学"。精辟地分析了梦的机制：在梦中，一件事情被凝缩成别的事情，一个人被另外一个人所置换，梦者的愿望常以乔装打扮的形式来满足。

弗洛伊德诊室中的寝床

1912年，他系统地阐述了潜意识的理论。认为一种想法被意识界所压抑时，仍存在于潜意识之中，并可成为隐藏的动机。第一次世界大战期间及战

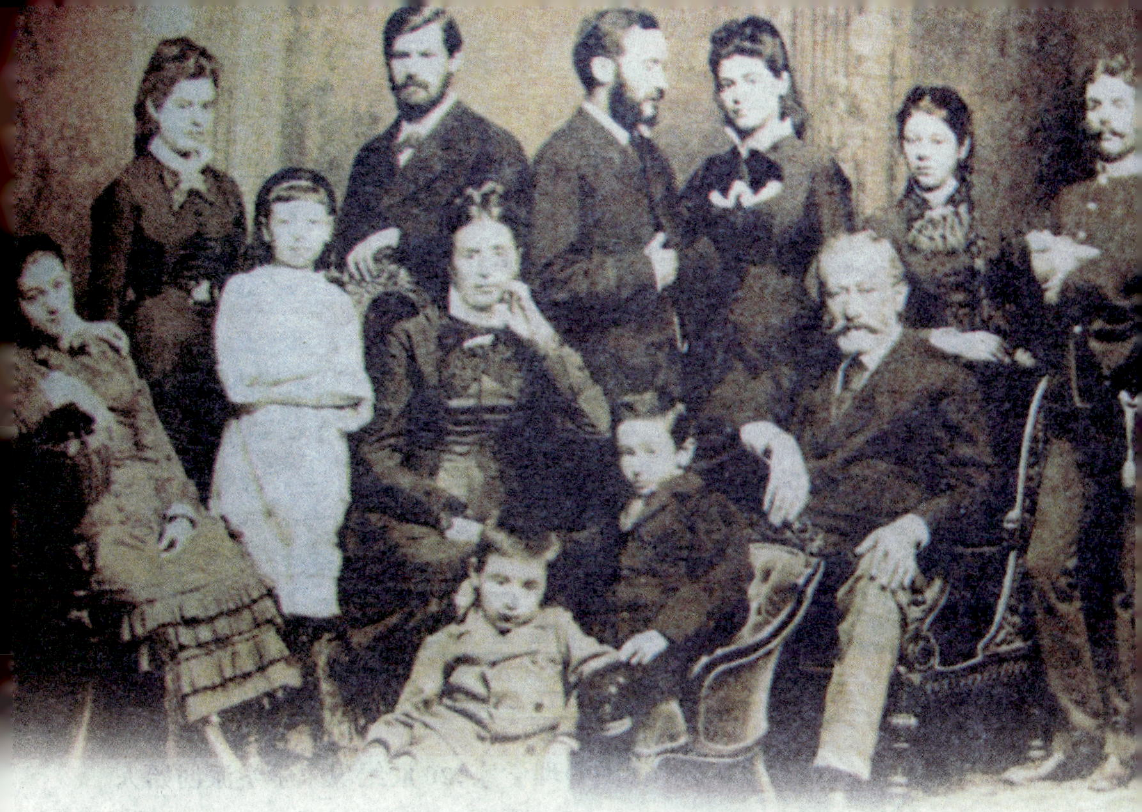

后，他不断修订和发展自己的理论。1923年发表《自我与伊德》，将心理结构分为伊德（本我）、自我和超我的人格三分结构论等重要理论，使精神分析成为了解全人类动机和人格的方法。

名人轶事

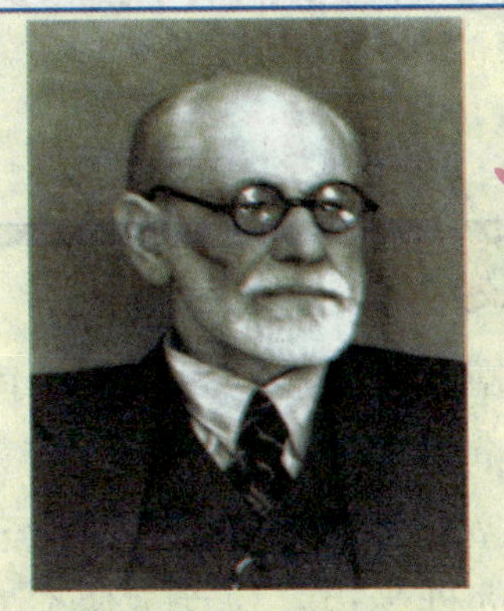

弗洛伊德《梦的解析》初版时只印了600本，并且历经8年才售完。这是因为弗洛伊德的著作曾被科学界视为胡言乱语而无人问津。后来的情形更是令作者尴尬，寻找刺激的青年竟把这本科学名著当做色情小说而争相购买。这种境况让弗洛伊德十分感叹自己“运气”的不佳。他十分羡慕爱因斯坦，因为一个不谙熟物理学的学者是断然不敢对相对论评头论足的，而一个全然不知精神分析为何物的家庭主妇却可以毫不费力地对他横加指责。

人生就像弈棋，一步失误，全盘皆输，这是令人悲哀之事

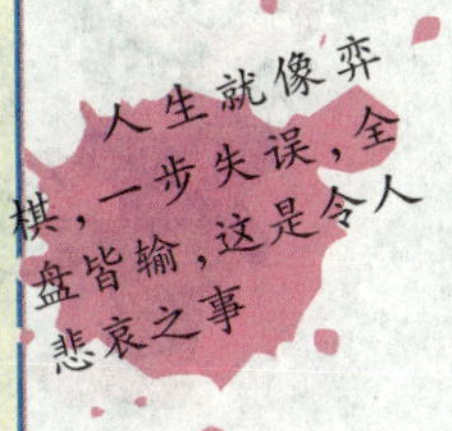

胡塞尔

Husserl

德国心理学家，20世纪现象学学派创始人

胡塞尔	
生卒年	1859—1938
国籍	德国
家庭	犹太后裔商人
出生地	捷克斯洛伐克的普罗斯涅兹城
性格	执着
志趣	著述立说
身份	教授

胡塞尔是家中的第二个孩子。少年时期聪明好学。尤其喜欢数学，青少年时期在莱比锡大学、柏林大学、维也纳大学攻读数学、物理，1881年获博士学位，1883年起在维也纳追随德国哲学家、心理学家F.布伦塔诺钻研哲学，先后在德国哈雷、哥丁根和弗赖堡大学任教，1938年病逝于弗赖堡。

胡塞尔批评19世纪各种经验论的心理主义，发展布伦塔诺的意识意向性学说，建立了从个人特殊经验向经验的本质结构还原的“描述现象学”。

他提出了一套描述现象学方法，即通过直接、细微的内省分析，以澄清含混的经验，从而获得各种不同的具体经验间的不变部

海德格尔:"胡塞尔本人在《逻辑研究》中——主要是在第六研究中——已经接近了本真的存在问题,但他在当时的哲学气氛中无法将它坚持到底。"

名人影响

他提出的一些分析方法,在20世纪初以来的西方哲学与人文科学中一直具有重要影响。

分,即"现象"或"现象本质"。这一方法又被称作本质还原法。

胡塞尔现象学的研究对象侧重于意识本身,尤其是意向性活动或意向关系。他主要研究对象在意识中的显现方式,即对象的"透视性形变"、显现时的清晰度,以及意向关系体的统一化作用。

胡塞尔后期现象学最终演变为更彻底的主观先验唯心主义。目标是使现象学还原深化为"纯粹意识"或"纯自我",以便使知识的"客观性"或确定性建立在纯主观性的基础上。经过这一还原,一切经验性内容都将被排除,只留下"纯粹意识"或"先验意识",包括所谓先验自我、意向作用和意向对象。胡塞尔因其在现象学中的先验唯心主义与彻底主观主义的立场、观点,使他在现象学学派内部不断受到批评。

1859年胡塞尔生于捷克

哲学必须有能力将它的普遍命题的大钞票换成接近实事分析的小零钱。

名人轶事

胡塞尔的学术生涯始于1887年的哈雷大学，他在那里讲学，执教哲学课程达14年之久。他后来回顾说，哈雷时期是他一生学术活动中最艰难的岁月。由于苦于在“意识的心理分析和数学与逻辑的哲学基础”之间调和的困难，而使他几度打算放弃哲学职业。1891年他发表的第一部著作《算术哲学：心理与逻辑研究》就反映出了这种内心的矛盾。1900－1901年他发表两卷本的巨著《逻辑研究》，首次提出了现象学的基本原理，奠定了现象学描述分析方法的基础。1901年经数学家希尔伯特推荐，胡塞尔到哥廷根大学执教，1906年当他47岁时被提升为正教授。哥廷根时期既是胡塞尔现象学趋于成熟的时期，也是早期现象学运动形成和活跃的时期。这时，在他周围聚集着一批年轻的学者，他们具有共同的生活和工作风格，热衷于现象学研究，逐渐形成了并没有正式组织起来的早期现象学活动。期间，胡塞尔于1910年发表了一篇重要的、作为现象学宣言的长文《作为严格科学的哲学》。

约翰·杜威

John Dewey

美国著名的教育学家和心理学家，实用主义哲学的创始人之一

杜　威	
生卒年	1859—1952
国　籍	美国
家　庭	零售商
出生地	佛蒙特州的柏林顿
性　格	执着
志　趣	著述立说
身　份	哲学家、教育家、心理学家

杜威祖孙三代都是农民，父亲靠聪明开了商店。少年的杜威在公立小学、中学接受教育。1879 年毕业于佛蒙特大学。当过两年乡村学校教师。1884年获得哲学博士学位，以后在密执安大学和明尼苏达大学教哲学。1894 年去芝加哥大学为哲学心理学教授和教育学系主任。1896年创办芝加哥实验学校，作为实施他教育主张的基地。1904年去哥伦比亚大学当哲学教授。他曾担任美国心理学联合会会长和哲学会会长。

杜威的教育思想，以实验主义哲学为基干，所以，在教育的理论上，以崭新的视角构建了他的民主主义教育观。他认为，教育在本质上，就是社会维系其存在与发展的一种历程，要将民主的精神

名人影响

美国近代教育思想家，到目前为止，可以说尚找不出一位比杜威对于美国及世界教育思想，更具有影响力的人物。杜威在美国教育的极端形式主义与严格主义的影响下，在维蒙特州新英格兰的城镇，具有民主气息的环境之中，孕育了他对当时教育实施的批判能力；同时，在日后接受生物学与心理学的洗礼后，而对教育上的种种弊端，发出了深沉的呼吁，创立了新的哲学思想，作为教育理论的基础，演成了1930年以后的进步教育运动。

《新大英百科全书》(1979年版)在介绍杜威时说，他是“20世纪上半期美国教育改革中所谓进步运动的卓越思想家”。

贯彻到教育领域，实现教育公正、民主的教育决策与管理。教育在形式上，不应孤立于社会生存与发展的环境之外，这一基本的认识，概括了杜威整个教育与社会之间的关系。教育是跟社会一并发展的，是不能离开社会的情境的。而一个社会具体存在的特征，乃是显现在社会生活的历程上。社会的生活，是一种发展的历程，是一种绵延不绝的历程。

在杜威的基本信念中，一个理想的社会，就是一个民主政治制度的社会。充分的思想自由，不加限制地沟通观念，

杜威访华时期北京生活

公意的形成与确定，是一个民主政治社会的基本精神所在。

杜威的哲学思想的主要精神是价值哲学，它尝试颠覆逻辑实证主义的反价值理论，颠覆以追求“永恒价值”、“终极价值”为主旨的超强主义价值理论，建构了以实验主义哲学为基干，以评价判断为核心的实验主义价值哲学。它以“行动”为核心展开了一场价值哲学革命。根本目的是为人类行为提供价值智慧的判断选择。

学校即社会

名人轶事

我国学人蒋梦麟先生也曾在美国受教于杜威，就近邀请杜威于日本讲学完毕之后来华讲学。1919年，杜威曾先后在北京、南京、杭州、上海、广州等地讲学，由胡适先生担任讲学的翻译，把民主与科学的思想直接播种在中国。1936年11月，国民党反动政府公然逮捕了当时救国会的七位领导者，杜威与爱因斯坦等世界著名人士联名致电蒋介石，营救“七君子”。抗日战争爆发后，杜威发表了由陶行知代拟的宣言，号召全世界人民抵制日本的侵略政策，支援中国的抗战，《杜威宣言》在当时产生了很大的影响。

马克斯·韦伯

Max Weber

德国政治经济学家，现代社会学和公共行政学最重要的创始人之一

马克斯·韦伯

生卒年：1864—1920
国　籍：德国
家　庭：中产阶级
出生地：图林根的埃尔福特
性　格：执着
志　趣：著述立说
身　份：教授

韦伯是家中长子，父亲是公务员的原因，家中充满政治学术气氛，韦伯从小勤学苦读，13岁便写历史论文，常引用名家著作。1882年入海德堡大学学习法律，1884年入柏林大学攻读法律。后学术重心从法学转向经济学。1894年放弃柏林大学法学教授，接受当时地位甚低的地方性大学弗莱堡聘请出任经济学教授。1896年转任海德堡大学政治科学教授。1910年参与创立德国社会学学会。1920年6月14日因肺炎病卒。

韦伯的社会学认为，真正意义上的社会学，应该从个人行动的意义、文化和价值等方面研究社会现象，被称为“方法论个体主义”。他还认为除了应对社会现象作合乎规律的因果分析外，还必

名人影响

韦伯被学界公认为现代社会学的三大"奠基人"之一(另外两位为卡尔·马克思和爱米尔·杜尔凯姆)。其对西方社会的影响是巨大的。他的思想理论和研究方法,影响了从历史学到法学众多学科的学者们,尤其对德国近现代法学产生了深刻影响。韦伯的理解的社会学思想,对于改变实证主义方法论的一统局面起了重要作用,促使现象学社会学的产生。他的社会行动理论是T.帕森斯结构功能主义的思想先驱,并对微观社会学起到启迪作用。有关官僚制的论述对组织社会学和政治社会学发生重要影响,也是法兰克福学派批判理论的思想来源。他的宗教社会学对比较文化研究具有重要的思想启发作用。当代西方一切重要社会学理论和流派,都在不同程度,不同方面从韦伯著作中汲取营养。他对于当时德国的政界影响极大,曾前往凡尔赛会议代表德国进行谈判,并且参与了魏玛共和国宪法的起草设计。

一个国家和民族的落后,其标志是精英的落后。而精英的落后往往表现在他们总是指责人民的落后。

须深入地探寻导致特定社会现象出现的个人行动动机,理解现象背后隐藏着的属人的意义。他把社会学的对象规定为研究个体社会行动的"主观意义",开创了与实证主义社会学相对立的"理解的"的社会学传统。

德国国会大厦(韦伯曾在此参与起草魏玛宪法)

社会学家科塞评价他说：韦伯以永不停息的斗争为代价获得了清晰透彻的认识。很少有人达到他那样的深度。他带来的是对人和社会的深刻理解。

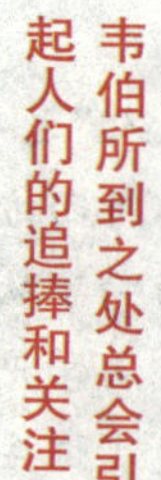

韦伯所到之处总会引起人们的追捧和关注

名人轶事

马克斯·韦伯的《儒教与道教》一书的本意，是要论证中国之所以没有成功地发展出像西方那样的资本主义，是因为缺乏一种宗教伦理可以作为推动资本主义发展的有力的“杠杆”。他指出中国的政治制度、血缘关系、农业制度和法律制度存在许多不利于资本主义发展的条件。马克斯·韦伯认为中国的士人阶层“无疑是中国的统治阶层”，他们所代表的正统的价值体系就是“儒教”。儒教“纯粹是俗世内部的一种俗人道德”，“它只不过是为受过教育的世人确立政治准则与社会礼仪的一部大法典”。韦伯认为道教受到儒教的排斥，在中国被视作异端。他说：“在士人与其敌对势力的斗争中，我们总是看到道教徒站在反对派一边。”韦伯提到道教天师张陵，称其后代“在汉朝衰微不安的时代，创立了一个组织。这个组织有其管理机构、税收与严格的强制性的政治纪律，并成功地与政治当局相抗衡”。韦伯注意到道教以儒教的异端的面目出现，道教起初作为士大夫的反对者出现，这是完全正确的。不过，韦伯认为道教和儒教尽管是对立的，但是它们同样信奉传统主义，因此，道教和儒教一样，同样不可能成为推动出现资本主义的“杠杆”。

马克斯·韦伯广场

朱里奥·杜黑

Giulio Douhet

意大利军事理论家，制空权理论的倡导者

朱里奥·杜黑	
生卒年	1869—1930
国　籍	意大利
家　庭	军人
出生地	那不勒斯卡塞塔
性　格	执着
志　趣	军事研究
身　份	少将

杜黑出身于军人世家，家中几代都为萨伏依王室服务。由于家庭的熏陶，他自幼立志继承父业，从军习武。先是进入都灵军事工程学校学习，成绩优秀，后又入陆军大学学习。毕业后派到陆军许多岗位上工作，很快晋升为上尉，并调陆军参谋部工作。

20世纪初，他受命参加研究意大利军队的机械化问题，预见到飞机在军事上将起到重大作用，从此走上了探索研究空军理论的人生之路。

1912年出任航空营营长助手，1915年任师参谋长。经过大量细致的调研，向陆军部递交了一份关于航空兵的研究报告。报告中的所有结论几乎都为陆军部接受，成为意大利空军建设的基本框

空中的发展始于杜黑1921年开创的制空理论

架。

1917年6月，杜黑提出了明确而完整的战略轰炸理论。他认为，敌人强有力的防御，已使运用协约国陆军进行突破的任何希望成为泡影。因此，他主张，最好的方法是夺取制空权，然后摧毁敌人生死攸关的部分，包括敌人的供给源和人民的抵抗意志；敌人会由于工业潜力被摧毁而屈膝投降。

夺得制空权就是胜利，在空中被击败就是战败。

1917年10月在获释的前几天，他给意大利内阁写了一封长信，建议组成一支统一的

名人影响

制空权理论具有划时代意义。杜黑的制空权理论问世后，很快引起各国的普遍重视，成为两次世界大战之间空军建设的主题。它给世界军事发展带来了重大的影响，人们给予它很高的评价，并誉杜黑为“战略空军之父”。当代许多军事理论工作者把《制空权》与克劳塞维茨的《战争论》、马汉的《海军对历史的影响》并列为军事科研及军事工作者的必读书籍。

协约国航空兵部队去攻击敌人国土。从8月2日起，意大利陆军使用卡普洛尼式轰炸机对奥匈帝国进行了十几次空袭，相当成功。杜黑获悉此事，即刻写信给卡普洛尼，以示祝贺。

美国的米切尔、英国的特伦查德与杜黑并称为世界“三大空军战略家”

名人轶事

1916年，意大利对奥地利连续进行5次战役，但进展不大。为此，杜黑多次建议组织500架轰炸机的航空队参战，轰炸奥军后方以夺取胜利，但遭到最高军事当局的拒绝。杜黑对军事当局不能正确使用空中力量的做法日益不满，批评也越来越尖锐。最后，他向最高当局提交了一份书面报告，严厉指责意大利陆军司令指挥无能，对战争毫无准备，致使意大利不能取胜。杜黑的严厉指责触怒了最高当局。1916年9月16日，他被解除职务并被送上军事法庭。10月14日—15日，军事法庭认定杜黑犯有泄露军事情报罪，判处他1年监禁，并罚款170里拉。铁门并没有使一心探求空中战略理论的杜黑向保守势力低头。他利用在狱中的时间，给政府和军队中的当权者写信，陈述自己对发展意大利航空兵的建议。同时，他深入思考了协约国的战略问题。提出了合理的建议，使意大利获得空中胜利。10月15日，杜黑出狱，重返陆军部工作。

如今各国已经把发展空中力量作为重中之重

罗 素

Russell

英国哲学家、社会学家，西方著名学者和社会活动家

罗 素

生卒年：1872—1970
国　籍：英国
家　庭：贵族世家
出生地：威尔士莫矛斯郡特雷莱克
性　格：执着
志　趣：著述立说
身　份：教授、学者

罗素父母在他4岁前先后去世，他由祖父母养大，从小由家庭教师专门授业。1890年入剑桥学习哲学、逻辑学。1908年当选为皇家学会会员。1914年又任该校三一学院研究员。1920年来华讲学，任北京大学客座教授，时间长达一年之久。1949年成为英国皇家学会的荣誉研究员。

荣耀归于身经无数年代战斗的勇猛战士，他们已为我们保有了无价的自由遗产。

1954年4月，针对氢弹爆破成功，罗素进一步意识到核武器将可能给人类带来的灾难，于是发表了著名的《罗素—爱因斯坦宣言》。1950年因积极参加世界和平运动，反对核战争获诺贝尔文学奖（获奖作品《哲学—数学—文学》）。1961年，89岁高龄的罗素参

名人影响

罗素是20世纪声誉卓著、影响深远的思想家之一。他一生中完成了40多部著作，涉及哲学、数学、科学、伦理学、社会学、教育、历史、宗教以及政治等各个方面。罗素的首要事业和建树是在数学和逻辑领域，对西方哲学产生了深刻的影响。

与一个核裁军的游行后被拘禁了7天。1964年创立罗素和平基金会。1966年他与萨特等人组织“国际战犯审判法庭”。

罗素最大的贡献是和GE摩尔一起创立了分析哲学。

1898年罗素在摩尔的影响下，转而研究现实主义，并很快成为“新现实主义”的倡导者。罗素此后始终强调现代逻辑学和科学的重要性，批判唯心论。罗素的分析哲学由此诞生。

罗素认为将哲学问题转化为逻辑符号，哲学家们就能够更容易地分析推导出结果，而不会被不够严谨的语言所误导。

罗素是一位反战争、主张裁军的和平主义者。

瑞典学院在《颁奖词》中高度评价了罗素作为"人道主义与思想自由捍卫者"的斗争精神，认为"罗素的哲学具体地体现了诺贝尔先生创立这个奖的初衷，他们对人生的看法是十分相似的，两个人不但都接受怀疑论，而且都怀有乌托邦的思想，并且由于对当前世局的忧虑而共同强调人类行为的理性化。"

名人轶事

1920年10月，罗素访问中国上海。罗素怕应酬，一般人他不想见，不过，他极想见孙中山，研讨中国问题，当时正逗留上海的孙中山也非常想与罗素讨论一番。可惜因他匆匆南下广州，还是没有见到。两人都感到遗憾。1924年，孙中山在《民族主义》一文中还提到："外国人对于中国的印象，除非是在中国住过了二三十年的外国人，或者是极大的哲学家，像罗素那样的人，有很好的眼光，一到中国来，便可以看出中国的文化超过欧美，才赞美中国。"

他强调哲学和其他自然科学的不同只是在于其研究的方向，但他们的研究方法应该是相同的。哲学和数学一样，通过应用逻辑学的方法就可以获得确定的答案，而哲学家的工作就是发现一种能够解释世界本质的一种理想的逻辑语言符号。

在伦理学和道德方面，罗素持的是开放态度，认为过多的道德束缚是人类不幸的根源，道德不应限制人类本能的快乐，因此提倡试婚、离婚从简和节育等。

在教育方面罗素认为学生的言行举止不应受到约束与限制，在这一思想的影响下他和他的第二任妻子于1927年一起创立了一所试验学校。罗素一生兼有学者和社会活动家的双重身份，以追求真理和正义为终无旁贷生职责。

斯特根斯坦，与罗素同时期的著名哲学家之一，是罗素的学生也是挚友。

庇古

Pigou

英国著名经济学家，福利经济学创立者

庇古	
生卒年：	1877—1959
国　籍：	英国
家　庭：	军人家庭
性　格：	执着
志　趣：	著述立说
身　份：	教授

庇古青年时代入剑桥大学学习。最初的专业是历史，后来受当时英国著名经济学家马歇尔的影响，并在其鼓励下转学经济学。

毕业后投身于教书生涯，成为宣传他的老师马歇尔的经济学说的一位学者。他被认为是剑桥学派领袖马歇尔的继承人。退休后，他仍留剑桥大学从事著述研究工作，并担任英国皇家科学院院士、国际经济学会名誉会长、英国通货外汇委员会委员和所得税委员会委员等职。

庇古是资产阶级福利经济学体系的创立者。他认为福利是对享受或满足的心理反应，福利有社会福利和经济福利之分，社会福利中只有能够用货币衡量的部分才是经济福利。庇古根据边际效用基

为了表示对希特勒的蔑视，在纳粹空袭的时候，庞古一直坐在英王学院草地上的帆布椅上

数论提出两个基本的福利命题：①国民收入总量愈大，社会经济福利就愈大；②国民收入分配愈是均等化，社会经济福利就愈大。

庇古从第一个基本福利命题出发，提出社会生产资源最优配置的问题。认为增加一个单位生产要素所获得的纯产品，从社会角度衡量和从个人角度衡量并不经常相等。当边际社会纯产品大于边际私人纯产品时，国家应当通过补贴扩大生产。当小于时，国家应当通过征税缩小生产。只有每一生产要素，在各种用途中的边际社会纯产品都相等时，才达到社会生产资源的最优配置。庇古从第二个基本福利命题出发，提出收入分配均等化的问题。他认为，要增大社会经济福利，必须实现收入均等化。他把边际效用递减规律推广到货币上来，断言高收入者的货币边际效用小于低收入者的货币边际效用。他所说的收入均等化，就是国家通过累进所得税政策把向富人征得的税款用来举办社会福利设施，让低收入者享用。庇古认为，通过这一途径实现“把富人的一部分钱转移给穷人”的“收入均等化”，就可以使社会经济福利极大化。

如果不是希望人类社会活动的科学研究可能会导致……社会进步的实际结果，我自己可能会……认为花在研究上的时间是错误。

名人影响

《福利经济学》是庇古最著名的代表作。该书是西方资产阶级经济学中影响较大的著作之一。它将资产阶级福利经济学系统化，标志着其完整理论体系的建立。它对福利经济学的解释一直被视为“经典性”的。庇古也因此被称为“福利经济学之父”。

名人轶事

庇古说，卡莱尔宣称，求知欲是哲学的开端。但经济学的起源则是出于对肮脏简陋的街道以及生命中的不快乐表示厌恶的社会热忱。如果你关注社会现实的话，那么你就无法回避经济学。如果你一旦开始思考“为什么世界上有穷人和富人之分，以及这样是否合理”，那么从此你就很难摆脱这个问题了。学习经济学的目的，是希望世界可以变得更加美好一点，人间的悲惨可以少一点。尤其当你看到政治家制定出错误的经济政策，整个国家为此付出代价的时候，这种感觉就会变得更加强烈了。

不过庇古说得好：希望经济学知识的发展将大大改变现实事件……是非常渺茫的。我们的创造不太可能有市场。然而……我们培育我们的花园。因为我们追随的不是思想而是一种冲动——一种探求的冲动——这至少不是可耻的，虽然可能被证明是无用的。而真正的学术研究最初都是无用的，但它满足了人们探求的冲动。

沈满洪教授认为：“是一位英国经济学家亚瑟·塞西尔·庇古的思想光芒照亮了‘生态保护补偿机制’”。

一战开始后，他将自己在剑桥的大部分假期用于到法国、比利时和意大利的战争前线参加志愿急救工作。

熊彼德

Schumpeter

美国著名经济学家，创新理论的创立人

熊彼德

生卒年：1883－1950
国　籍：美国
家　庭：孤儿
出生地：奥匈帝国摩拉维亚省的特里希
性　格：执着
志　趣：著述立说
身　份：教授、官员

熊彼德1901年进入维也纳大学攻读法律，同时学习历史学和经济学。1906年毕业并获法学博士学位。后游历英国伦敦、牛津和剑桥等地，曾求教于马歇尔和埃奇沃斯等人。1909年回到维也纳，先后在奥地利的切克诺维茨和格雷兹等大学任教。1925–1932年应邀到波恩大学担任教授。1932年迁居美国，任大学教授直到1950年逝世。他曾担任过奥地利财政部长和皮达曼银行总经理等职，还曾任经济计量学会、美国经济学会和国际经济学会的会长。

熊彼德在经济思想史上的主要成就在于他提出了独具特色的创新理论，并以此作为分析资本主义历史发展过程的基础。

熊彼德创新理论的基本观点是：所谓创新就是建立一种新的生

名人影响

他是20世纪最受推崇的经济学家，在经济学史上的卓越地位与亚当·斯密、马夏尔、凯恩斯等同列。熊彼德的理论是经济学上的重要遗产，他首先提出“创新”学说，是知识经济的先驱者，其思想是21世纪的主流思潮，到今天仍默默地支配着人心。

德鲁克评论说：“在两个世界大战之间没有一个人比凯恩斯更有才华，更为聪明。相反，熊彼德则平淡无奇，枯燥无味，但他有智慧。聪明可风光一时，智慧则可显耀千秋。”

产函数，即在生产中实现一种新的生产要素和生产条件的组合。企业家的职能就是要实现创新，引进新组合，资本主义的经济发展就是这种不断创新的结果。

熊彼德认为，周期性的经济波动正是起因于创新过程的非连续性和非均衡性，不同的创新对经济发展产生不同的影响，由此形成时间各一的经济周期。

资本主义只是经济变动的一种形式或方法，它不可能是静止的，也不可能永远存在下去。

当经济进步使得创新活动本身降为例行事物时，企业家将随着创新职能减弱，投资机会减少而消亡，资本主义不能再存在下去，社会将自动地、和平地进入社会主义。

当然，熊彼德所理解的社会主义同马克思列宁主义所讲的社会主义是有本质区别的。

1950年元旦，年轻的德鲁克，后来的管理学大师，去看望奥地利经济学家熊彼德，熊彼德对德鲁克说：“阿道夫，我现在已经到了这样的年龄，知道仅仅凭借自己的书和理论而流芳百世是不够的。除非能改变人们的生活，否则就没有任何重大的意义。”8天后，熊彼德去世。德鲁克说他永远也不会忘记那次谈话，它给了他衡量自己成就的尺度——真正的成就！

卡耐基

Carnegie

美国最伟大的成功学大师、演讲口才艺术家，被誉为“成人教育之父”

卡耐基

生卒年：1888—1955

国　籍：美国

家　庭：农场主

出生地：密苏里州

性　格：百折不挠

志　趣：演讲

身　份：教师

卡耐基的母亲生性乐观，百折不挠，童年的他深受母亲影响。卡耐基家境困顿，16岁时，他不得不在自家的农场里干很多的活。1904年，卡耐基高中毕业后就读于密苏里州华伦斯堡州立师范学院，卡耐基负担不起市镇上的生活费用，住在家里，每天骑马到学校去上课，他是全校600名学生中五六个住不起市镇的学生之一，他虽然得到全额奖学金，但还必须四处打工，以弥补学费的不足。为使自己在学校里成为具有特殊影响和名望的人，他苦练辩论和演讲，先后参加了12次比赛，屡战屡败后，卡耐基没有灰心，发奋振作，认认真真的练习，重新挑战自我。

1906年，他以一篇《童年的记忆》为题的演说，获得了勒伯第青年演说家奖。这次获胜，对他的一生产生了非同小可的影响，他成了全院的风云人物。

名人轶事

童年的卡耐基具有与生俱来的忧郁性格，大师回忆，有一天，我帮母亲摘取樱花的种子时，突然哭泣起来，母亲问："你为什么哭"？我边哭边答："我担心自己会不会像这种子一样，被活活埋在泥土里"。儿时的我，担惊受怕的事情真的不少：下雷雨时，担心会不会被雷打死；年景不好时担心以后有没有食物充饥；还担心死后会不会下地狱，稍大以后更加胡思乱想：想自己的衣着举止会不会被女孩子取笑，担心没有女孩子愿意嫁给我，但后来我发现，曾经使我非常担心的那些事情，99%都没有发生。

毕业后，他当过教师、推销员和演员。最后，卡耐基开始了一生的成人教育事业。他曾到过很多城市和学校公开演讲，开设许多关于人际关系和处世技巧的训练班。接受培训的有社会各界人士，其中不乏军政要员，甚至包括几位美国总统。千千万万的人从卡耐基的教育中获益匪浅。

卡耐基成功学浓缩了卡耐基成功哲学中的思想精华，帮助读者解决生活中面临的最大问题：如何在日常生活、商务活动与社会交往中与人打交道，并有效地影响他人；如何击败人类的生存之敌——忧虑，以创造一种幸福美好的人生；如何在演讲场合表现突出，准确地表达自己的观点和思想，从而赢得听众的尊重。这些问题的解决必将帮助新世纪的人们获得更美好的人生，帮助人们到达成功的巅峰。

卡耐基一生致力于人性问题的研究，他运用心理学和社会学知识，对人类共同的心理特点，进行探索和分析，开创并发展出一套独特的融演讲、推销、为人处世、智能开发于一体的成人教育方式。这些书和卡耐基的成人教育实践相辅相成，将卡耐基的人生智慧传播到世界各地，影响了千千万万人的思想和心态，激发了他们对生命的无限热忱与信心，勇敢地面对与搏击现实中的困难，追求自己充实美好的人生。

卡耐基去世时，一家著名报纸评论说："千百万人受到他的影响，他的这些哲理如文明一样古老，如'十诫'一般简明，但是对于人们在这个狂乱的年代里获得快乐和成就极有帮助。"

与人沟通的诀窍就是：谈论别人最为愉悦的事情。

卡耐基的出生地——苏格兰

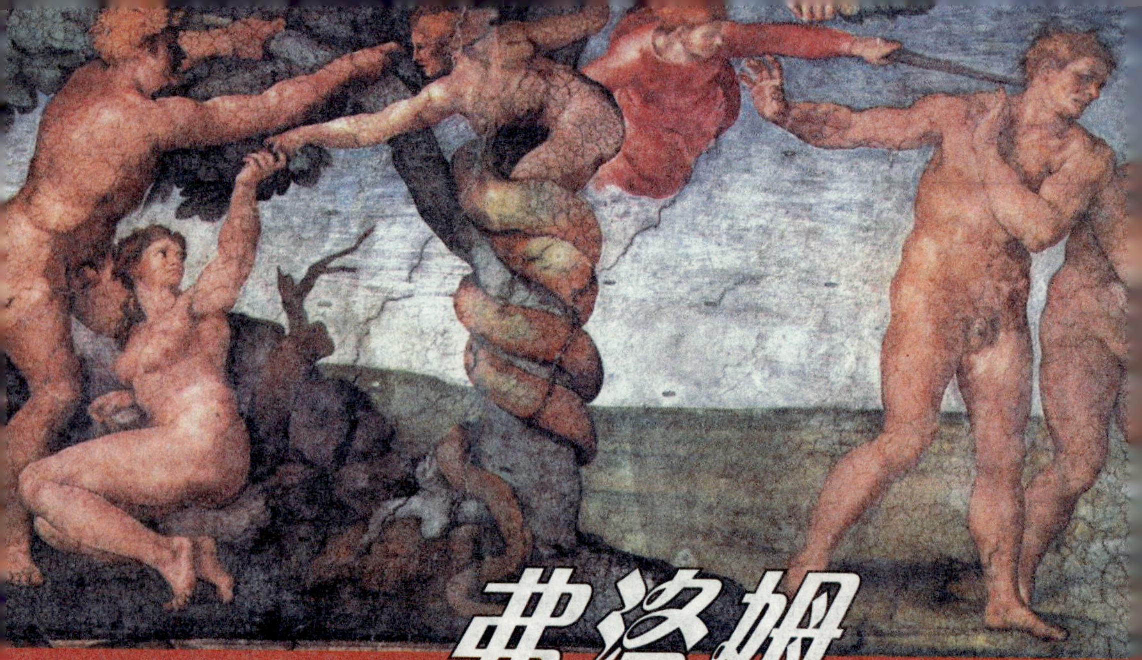

弗洛姆

Fromm

德国人本主义哲学家，精神分析社会学的奠基人

弗洛姆

生卒年：1900—1980
国　籍：德国
家　庭：犹太人
出生地：法兰克福市
性　格：执着
志　趣：著述立说
身　份：教授、心理学家

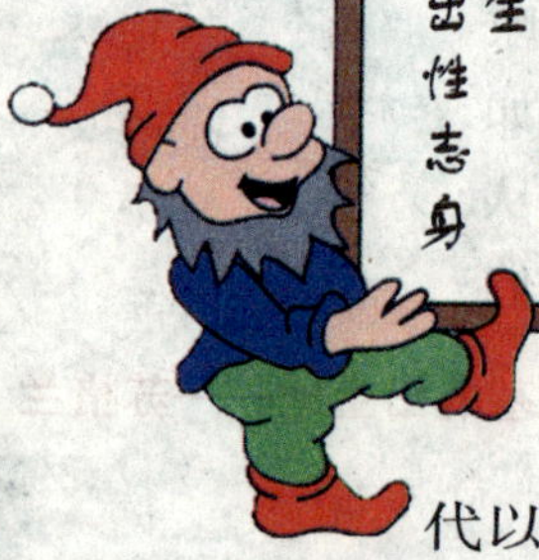

1922年弗洛姆在海德堡获哲学博士学位，次年至慕尼黑大学专攻精神分析学，1925–1930年，他在柏林精神分析学会接受精神分析训练。1930年，他开始临床实践，加入法兰克福社会观察学会。他从50年代以后担任密歇根州立大学心理学教授，纽约大学文理学院心理学客座教授。

人生有两出悲剧，一是万念俱灰，另一是踌躇满志。

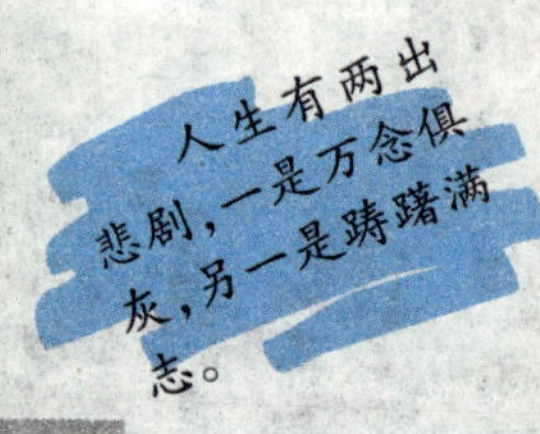

弗洛姆是当代西方新精神分析学派的理论权威，他以对人类心理生活的社会历史的宏观研究和人本主义精神分析成果而在精神分析社会文化学派中独树一帜。

他以人本主义思想为其理论取向，并吸取了弗洛伊德和马克思主义理论的思想。弗洛姆认为弗洛伊德的最

大贡献在于挖掘了人类意识深层的潜意识动机，深化了对人类本性的认识，但其局限在于忽视人类的社会性；马克思的主要贡献在于从人在社会中的地位和人与人之间的关系上理解人性及其发展，其局限在于忽视个体的心理特点，对人的潜意识和性格结构未予重视。

他赞赏二人的人道主义精神。据此用人本主义精神综合弗洛伊德和马克思的理论，提出了人本主义精神分析的系统理论：(1)作为理论出发点的人的处境的学说，包括人在生物学上的弱点及其存在的矛盾性；(2)源于人的处境和为解决存在的矛盾性而出现的人的各种不同需要；(3)人的性格及其类型，社会性格及其特征和社会作用；(4)社会潜意识的形成过程及其在联系经济基础与上层建筑中的中介作用；(5)现代西方人的处境和心态，包括对纳粹主义统治形成的归因分析；(6)理想中的“人道主义的民主的社会主义”社会的特征及实现的途径等。他的一生著述颇多。这些著作表明，他将大半生的精力放在了对文化、社会的分析、批判之上，特别关心个人同社会、同人的需要以及人类的自我实现、自我完善的关系。他将弗洛伊德和马克思的思想加以综合，提出了“人本主义精神分析”学说。他试图用这种理论来剖析资本主义社会，在作出诊断的同时提出了治疗社会疾病的办法。

1974年他搬到瑞士Muralto，过起平静的生活

琼·罗宾逊

Joan Robinson

英国经济学家，西方现代价格理论的奠基者之一

琼·罗宾逊	
生卒年	1903—1983
国籍	英国
家庭	高层军官家庭
出生地	坎伯利
性格	执着
志趣	著述立说
身份	教授

罗宾逊1922年进入剑桥大学攻读经济学。1965年起罗宾逊在剑桥大学任教授，直至1971年。1973年退休并转任名誉教授后，仍著书立说，直到1983年去世。

罗宾逊早年对不完全竞争市场的价格决定作了开创性研究，她的《不完全竞争经济学》同张伯伦的《垄断竞争理论》一起被认为奠定了西方现代价格理论的基础。

罗宾逊是凯恩斯就业理论的信奉者和传播者，并把凯恩斯的分析引申到开放经济体系和国际贸易理论中去。

她认为凯恩斯革命的实质，在方法上就是从传统的均衡概念转变为历史概念，因而她反对均衡的理论，并同美国的新古典综合派围绕资本理论进行了长期的论战。同时她试图把凯恩斯的短期经济分析运用到长期发展中去，提出她的独具特色的经济增长理论。她还很重视

名人影响

她的大量著作对当代资产阶级经济理论的发展有相当大的影响。

对马克思经济学说的研究，她虽否定马克思的劳动价值论和剩余价值论，但她认为《资本论》中有许多深刻的思想，赞扬《资本论》对资本主义经济分析的历史观点和宏观的总量分析，并把马克思的理论称为有效需求理论的前驱。

就这个世界和现在来说，过去是不能召回的，未来是不能确知的。

名人轶事

1953年后，罗宾逊曾经6次访问中国。罗宾逊喜欢晚上跑进中国的剧院，白天则访问合作社（1957年）或人民公社（1963年以后）、工厂、博物院或某所大学。……在许多大学，她经常就许多理论观点发表演讲。

在中国的调查和访问使罗宾逊精神振奋。同资本主义社会的生活奢靡、精神颓废、理想丧失相比，她看到了一个朝气蓬勃、欣欣向荣的新世界，她看到了马克思主义在振奋人们精神，推动经济建设中的巨大作用。她发现了人们思想观念的改进，“马克思列宁主义正在战胜他们称之为‘封建糟求粕’的思想和观念”；她还观察到了“那些对我们来说司空见惯的东西在中国那里有了新的含义，马克思列宁主义在这里取得了良好的声誉，因为正是通过这一媒介才使这些新事物有了新的意义”。

对中国人民自力更生建设现代化的勇气和尝试，罗宾逊给予了充分的肯定。她说，在这里，马克思列宁主义战胜了“古典经济学的诡辩。凭借这种诡辩，相对优势的教条被用来欺骗人民，以保持落后国家永久处于殖民状态。此外，马列主义还向中国揭示她能够变成一个伟大的工业化国家”。最后，她得出了结论：“中国似乎最终证明，共产主义并非资本主义之外的一个阶段，而是资本主义的替代物。”

萨特

Sartre

法国作家、社会活动专家，存在主义代表人物

萨 特	
生卒年：	1905–1980
国 籍：	法国
家 庭：	海军军官
出生地：	巴黎
性 格：	乐观独立
志 趣：	文学创作、社会活动
身 份：	教师

萨特幼年丧父，从小寄居外祖父家，生活艰难，因身材矮小，其貌不扬，被大家叫做“小个子”，这些因素对他没有产生自卑的影响。相反，他天生乐观，自命不凡。萨特很小时就开始读大量的文学作品，中学时代接触柏格森、叔本华、尼采等人的著作。少年时他给自己立下了“我要同时成为斯宾诺莎和司汤达”的人生目标。1933年他去柏林进修哲学，接受胡塞尔现象学和海德格尔存在主义。陆续发表他的第一批哲学著作。

1936年，他发表《想象》一书，以胡塞尔的现象学批判传统形象思维理论，观点深入浅出，行文豪迈自信，已经显露出一个大哲学家的风范。

1938年他的长篇小说《恶心》出版，引起轰动。这部小说一反传统，人物哲理化，情节内心化，是现代派文学的精品。1943年秋，其

名人影响

萨特很长时间在法国知识界如日中天，是无可争议的精神领袖，无冕之王。有人把他叫做“老板”。德里达回忆当时的情景时说：“那时对我们这些年青人来说，只有一条路，那就是跟着他（萨特）走。”

哲学巨著《存在与虚无》出版，构建了萨特无神论存在主义哲学体系。

萨特是个勤奋的人。除了去世前几年间因半失明而辍笔外，他一生中从没有停止过写作。萨特把写作当做是一种乐趣，一种需要，一种人生的基本支撑点。他说：“我没办法让自己在看到一张白纸时，不产生在上面写点什么的欲望。”

萨特是法国战后存在主义哲学思想的代表人物。

萨特重要的思想是“存在先于本质”，主张人是绝对、无限制自由的，可以决定自己的本质和生命的主要价值。颠倒了柏拉图以来传统哲学本质先于存在的思想。萨特认为，人性并不能事先定义，因为它完全不是事先想出来的，人作为存在是后来才形成他的本质的。人首先得存在，然后才能面对世界而规定自己、模铸自己。通俗一点说，就是人在自己造自己。

萨特把深刻的哲理还带进了戏剧创作，《恭顺的妓女》是一部政治剧，揭露美国种族主义者对黑人的迫害，并对反种族歧视的普通人民的觉醒寄予深切的期待。体现了他主张的存在主义是一种人道主义的思想。

20世纪50、60年代，萨特试图改变存在主义哲学的这一方向，转向马克思主义的研究，以求用马克思主义来改造存在主义，使存在主义成为一种积极的人生哲学。在《辩证理性批判》等著作中，萨特建立起了存在主义的马克思主义思想体系。他宣传社会主义，反对法西斯主义，支持工人运动，成为学潮、工运的精神领袖。

法国哲学教授让·吕克·南希最近在《世界报》上著文说，萨特是个古往今来从未出现过的两面神：没有一个哲学家像他那样在文学海洋中游弋，也没有一个文学家像他那样大举进行哲学操练；我们无法理解，逻辑思辩和形象推演，这两种完全不同的思维方式竟然在同一支羽毛笔下毫无妨碍地非常清晰地表现出来。

萨特向媒体批评时政时，波伏娃微笑的看着他。

列奥尼德·康托罗维奇

Leonid V Kantorovich

苏联著名经济学家，创建资源最优分配新理

列奥尼德·康托罗维奇

生卒年：1912—1986
国　籍：前苏联
家　庭：医生
出生地：彼得堡
性　格：执着
志　趣：著述立说
身　份：前苏联科学院院士

23岁时，康托罗维奇未经论文答辩就获得了博士学位。1949年，前苏联政府为表彰他在数学研究工作中的成就，授予康托罗维奇斯大林奖金。1965年，为表彰他在经济分析和计划工作中应用数学方法的成绩，前苏联政府又授予他列宁奖金。1975年，与美国经济学家库普曼斯共同获得当年的诺贝尔经济学奖，成为第一个获此殊荣的前苏联经济学家。

康托罗维奇在经济学领域的最大成就在于他把资源最优利用这一传统经济学问题，由定性研究和一般定量分析推进到现实计量阶段，对线性规划方法的建立和发展作出了开创性贡献。

1938年他首次提出求解线性规划问题的方法——解乘数法。这

名人影响

他的研究成果将数理统计学成功运用于经济计量学，他对资源最优分配理论作出了贡献，强烈地影响了前苏联的经济辩论。

在1939年创立了享誉全球的线性规划能超群要点，对资源最优分配理论作出了贡献，从而获得1975年诺贝尔经济学奖。

是对现代应用数学的一个首创性贡献，从此，打开了解决优化规划问题的大门。他把这一方法推广运用于一系列实践解决这类问题的一般程序，概括起来就是，首先建立数学模型，即根据问题的条件，将生产的目标、资源的约束、所求的变量这三者之间的数量关系用线性方程式表达出来，然后求解计算。在一些国家的数学和经济学书刊中，常把这类模型称为“康托罗维奇问题数学模型”。

随后，他在研究企业之间以及整个国民经济范围内如何运用线性规划方法时，提出的客观制约估价，可以实现全社会范围的资源最优分配和利用。这时，在现有资源条件下，全社会能够以最小的劳动消耗，获得最大限度的生产量。由此得出的生产计划叫做最优计划。有时把客观制约估价称为最优计划价格。

数学方法在经济中的应用不会辜负我们对它所抱的希望，它会给经济理论和实际工作作出重大贡献。

名人轶事

1975年，63岁的康托罗维奇与美国经济学家库普曼斯同获诺贝尔经济学奖。他在领取该项奖金时发表了《数学在经济中的应用：成就、困难、前景》的演讲，他表示：“数学方法在经济中的应用不会辜负我们对它所抱的希望，它会给经济理论和实际工作作出重大贡献”。康托罗维奇把资源最优利用这一传统的经济学问题，由定性研究和一般的定量分析推进到现实计量阶段，对现代经济应用数学的重要分支——线性规划方法的建立和发展，作出了开创性的贡献。

萨缪尔森

Samuelson

美国经济学家，新古典经济学和凯恩斯经济学的综合代

萨缪尔森

生卒年：1915—
国　籍：美国
家　庭：犹太人
出生地：印第安纳州的加里城
性　格：执着
志　趣：著述立说
身　份：经济学家

26岁萨缪尔森获哈佛大学博士学位。此外，萨缪尔森还曾获得多所大学的名誉学位。在1947年美国经济学年会上，保罗·道格拉斯以学会会长的身份把美国第一届克拉克奖章授予了当时未满40岁的萨缪尔森，并预言萨缪尔森在经济学领域将有无可限量的前途。23年后他便获得了世界经济学的最高奖——诺贝尔经济学奖。

从1940年起，萨缪尔森还曾担任美国计量经济学会会长，美国经济学会会长，国际经济学会会长和终身荣誉会长，以及在一系列政府机构和公司任经济顾问和研究员。

萨缪尔森作为新古典经济学和凯恩斯经济学综合的代表人物，其理论观点体现了西方经济学整整一代的正统的理论观点，并且成

名人影响

有的经济学家在评论萨缪尔森在经济学领域中的影响时指出，萨缪尔森在经济学领域中可以说是无处不在。人们进入大学一开始学习经济学便遇到了萨缪尔森，读的是萨缪尔森的《经济学》教科书；而当进入高层次经济理论研究之时，人们还是离不开萨缪尔森，这时萨缪尔森的《经济分析的基础》成了经济理论研究的指导；在几乎所有的经济学领域，诸如：微观经济学、宏观经济学、国际经济学、数理经济学，人们总是能从萨缪尔森的有关著作中获得启示和教益。

萨缪尔森15岁考入芝加哥大学商学院，专修经济学。

诺贝尔颁奖致词中，称赞他“在提高经济学分析水平方面的贡献，已超过当代任何一位其他的经济学家。它实际上是重写了经济学理论的许多领域。”

了西方国家政府制定经济政策的理论基础。本世纪70年代，萨缪尔森的经济理论受到了来自各方面的挑战，由此，形成了西方经济学界的旷日持久的大论战。虽然，以萨缪尔森为代表的经济理论的正统地位发生了动摇，但是，西方国家经济作为一种“混合经济”仍然离不开萨缪尔森的经济理论。萨缪尔森也从其他学派的经济理论中吸收了许多重要的理论观点，对自己的理论加以修正和完善，使之适合于变化了的经济情况。

让旧世界在共产主义面前发抖吧，统治阶级确实在这位伟人的影响下颤抖了一个多世纪。

赫伯特·亚历山大·西蒙

Herbert Alexander Simon

美国经济学家、经济决策专家，诺贝尔经济学奖获得

赫伯特·亚历山大·西蒙

生卒年：1916—2001
国　籍：美国
家　庭：电气工程师
出生地：威斯康星州的米尔沃基
性　格：执着
志　趣：著述立说
身　份：经济学家、社会科学家

1949年西蒙在卡内基—梅隆大学的经济管理研究生院任教。1975年荣获计算机科学最高奖——图灵奖。1976年西蒙和纽厄尔给“物理符号系统”下了定义，提出了“物理符号系统假说，成为人工智能中影响最大的符号主义学派的创始人和代表人物，这也是两人在人工智能中作出的最基本的贡献。1978年由于西蒙对“经济组织内的决策过程进行的开创性的研究”，荣获诺贝尔经济学奖。1995年在国际人工智能会议上被授予终身荣誉奖。2001年2月9日西蒙去世，享年85岁。

西蒙认为，企业在制订计划和对策时，不能只考虑“攫取利润”这一目标，必须统筹兼顾，瞻前顾后，争取若干个相互矛盾的

名人影响

瑞典皇家科学院认为，西蒙有关组织决策的理论和意见，应用到现代企业和公共管理所采用的规划设计、预算编制和控制等系统中及其技术方面，效果良好。这种理论已成功地解释或预示如公司内部信息和决策的分配、有限竞争情况下的调整、选择各类有价证券投资和对外投资投放国家选择等多种活动。现代企业经济学和管理研究大部分建筑在西蒙的思想之上。因此，1978年，由于他“对经济组织内的决策程序所进行的开创性研究”，获得诺贝尔经济学奖。

1978年瑞典皇家科学院授予赫伯特·亚历山大·西蒙诺贝尔经济学奖时这样评价他的贡献：“现代企业经济学和管理研究大部分基于西蒙的思想。”

目标一同实现。其决策理论以“有限度的合理性”而不是“最大限度的利润”为前提，应用“符合要求”的原则。这一理论的典型例子有“分享市场”、“适当利润”、“公平价格”。

在决策方式上，他主张群体决策。群体参加决策的优点是，群体成员不会同时犯同样的错误。可以避免决策的失误。群体参加决策可将问题分成若干部分、分别交给专家处理，从而加速问题的解决和提高解决的质量。

看来，管理就是决策。

迈克尔·波特

Michael E.Porter

美国商业思想家，当今全球第一战略权威，“竞争战略之

迈克尔·波特

生卒年：1947—
国　籍：美国
家　庭：军官
出生地：密歇根州的大学城安娜堡
性　格：执着
志　趣：著述立说
身　份：“竞争战略之父”、现代最伟大商业思想家之一

波特在普林斯顿时学的是机械和航空工程，随后转向商业，获哈佛大学的MBA及经济学博士学位，并获得斯德哥尔摩经济学院等7所著名大学的荣誉博士学位。32岁即获哈佛商学院终身教授之职，是当今世界上竞争战略和竞争力方面公认的权威。他曾在1983年被任命为美国总统里根的产业竞争委员会主席，开创了企业竞争战略理论并引发了美国乃至世界的竞争力讨论。目前，波特博士的课已成了哈佛商学院的必修课之一。

迈克尔·波特对于竞争战略理论作出了非常重要的贡献，“五种竞争力量”——分析产业环境的结构化方法就是他的杰出思想；他更具影响的贡献是在《竞争战略》一书中明确地提出了三种通用战

名人影响

波特的竞争战略研究开创了企业经营战略的崭新领域，对全球企业发展和管理理论研究的进步，都作出了重要的贡献

略。波特认为，在与五种竞争力量的抗争中，蕴涵着三类成功型战略思想，这三种思路是：1.总成本领先战略；2.差异化战略；3.专一化战略。

迈克尔·波特认为，这些战略类型的目标是使企业的经营在产业竞争中高人一筹：在一些产业中，这意味着企业可取得较高的收益。而在另外一些产业中，一种战略的成功可能只是企业在绝对意义上能获取些微收益的必要条件。有时企业追逐的基本目标可能不止一个，但迈克尔波特认为这种情况实现的可能性是很小的。因为贯彻任何一种战略，通常都需要全力以赴，并且要有一个支持这一战略的组织安排。如果企业的基本目标不只一个，则这些方面的资源将被分散。

生意的目标就是赢得并保有一个客户。所谓战略就是对各方利益的权衡。

爱因斯坦 Einstein

美国杰出科学家、现代物理学的开创者和奠基人

爱因斯坦

生卒年：1879—1955
国　籍：美国
家　庭：犹太小业主
出生地：乌尔姆
性　格：执着
志　趣：教学研究
身　份：科学家、现代物理学的开创者和奠基人

1905年，年近26岁的爱因斯坦连续发表了三篇论文，在物理学3个不同领域中取得了历史性成就，推动了物理学理论的革命。同年，以论文《分子大小的新测定法》，取得苏黎世大学的博士学位。1915年爱因斯坦发表了广义相对论。作出光线经过太阳引力场要弯曲的预言。1917年爱因斯坦在《论辐射的量子性》一文中提出了受激辐射理论，成为激光的理论基础。1921年爱因斯坦因在光电效应方面的研究，被授予诺贝尔物理学奖。1939年他获悉铀核裂变及其链式反应的发现，上书罗斯福总统，建议研制原子弹，以防德国占先。1955年4月18日爱因斯坦因主动脉瘤破裂逝世于普林斯顿。

爱因斯坦不仅是一位伟大的科学家，还是一位和平主义者。他

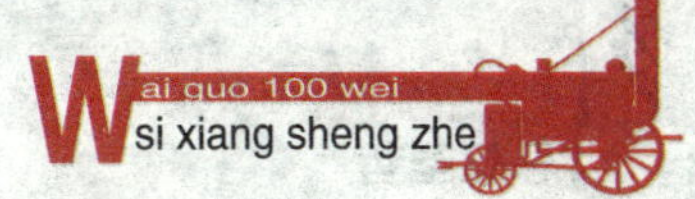

名人影响

爱因斯坦在时空观的彻底变革的基础上建立了相对论力学，指出质量随着速度的增加而增加，当速度接近光速时，质量趋于无穷大。他并且给出了著名的质能关系式：E=mc2，质能关系式对后来发展的原子能事业起到了指导作用。相对论严格地考察了时间、空间、物质和运动这些物理学的基本概念，给出了科学而系统的时空观和物质观，从而使物理学在逻辑上成为完美的科学体系。爱因斯坦拨散了笼罩在“物理学晴空上的乌云”，迎来了物理学更加光辉灿烂的新纪元。

在真理和认识方面，任何以权威者自居的人，必将在上帝的戏笑中垮台！

目睹了两次世界大战对人类文明的摧残，认为和平是人类的首要问题。

1905年6月，爱因斯坦完成了开创物理学新纪元的长论文《论动体的电动力学》，完整的提出了狭义相对论。这是爱因斯坦十年酝酿和探索的结果，它在很大程度上解决了19世纪末出现的古典物理学的危机，改变了牛顿力学的时空观念，揭露了物质和能量的相当性，创立了一个全新的物理学世界，是近代物理学领域最伟大的革命。

1905年9月，爱因斯坦写了一篇短文《物体的惯性同它所含的能量有关吗?》，作为相对论的一个推论。质能相当性是原子核物理学和粒子物理学的理论基础，为20世纪40年代实现的核能的释放和利用开辟了道路。在这短短的半年时间，爱因斯坦在科学上的突破性成就。在物理学发展史上留下极其重要的一笔。

爱因斯坦在苏黎世工业大学学习时期用过的实验仪器

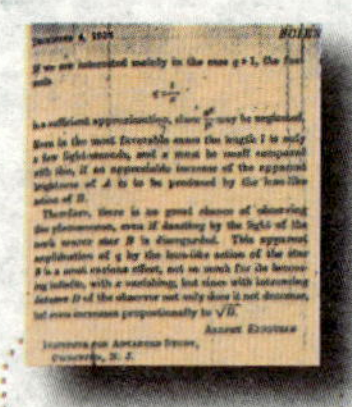

杨振宁称赞说，爱因斯坦是一个造物者!

名人轶事

1952年11月9日，爱因斯坦的老朋友以色列首任总统魏茨曼逝世。在此前一天，以色列驻美国大使向爱因斯坦转达了以色列总理本·古里安的信，正式提请爱因斯坦为以色列共和国总统候选人。当日晚，一位记者给爱因斯坦的住所打来电话，询问爱因斯坦："听说要请您出任以色列共和国总统，教授先生，您会接受吗？""不会。我当不了总统。""总统没有多少具体事务，他的位置是象征性的。教授先生，您是最伟大的犹太人。不，不，您是全世界最伟大的人。由您来担任以色列总统，象征犹太民族的伟大，再好不过了。""不，我干不了。"

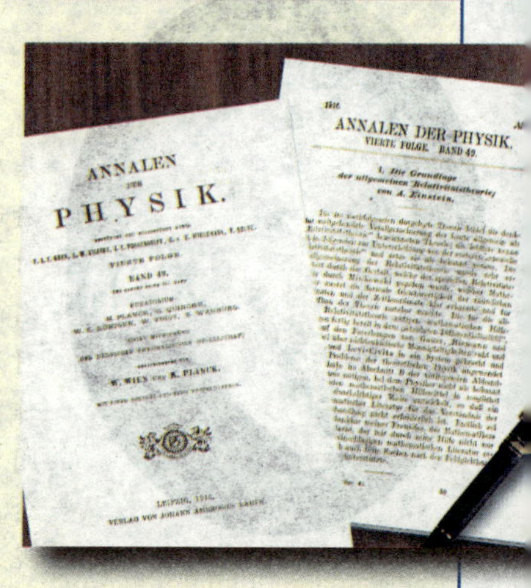

ANNALEN DER PHYSIK.

ANNALEN DER PHYSIK. VIERTE FOLGE. BAND 49.

《广义相对论》书影

爱因斯坦刚放下电话，电话铃又响了。这次是驻华盛顿的以色列大使打来的。大使说："教授先生，我是奉以色列共和国总理本·古里安的指示，想请问一下，如果提名您当总统候选人，您愿意接受吗？""大使先生，关于自然，我了解一点，关于人，我几乎一点也不了解。我这样的人，怎么能担任总统呢？请您向报界解释一下，给我解解围。"大使进一步劝说："教授先生，已故总统魏茨曼也是教授呢。您能胜任的。""魏茨曼和我不是一样的。他能胜任，我不能。""教授先生，每一个以色列公民，全世界每一个犹太人，都在期待您呢！"经过考虑，爱因斯坦在报上发表声明，正式谢绝出任以色列总统。

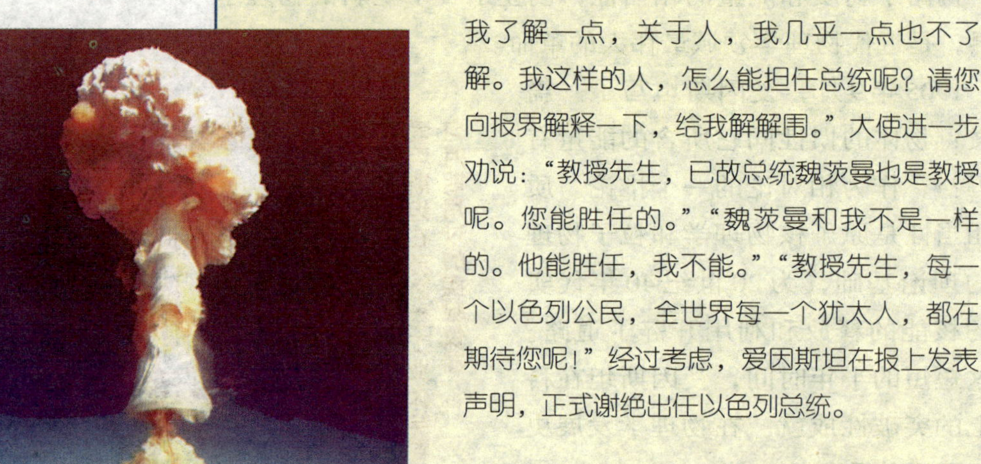

凯恩斯

Keynes

英国著名宏观经济学家，创立了国家干预政策理论

1906年凯恩斯曾任财政部官员，1909年创立政治经济学俱乐部并因其著作《指数编制方法》而获“亚当·斯密奖”。后任《经济学杂志》主编，皇家印度通货与财政委员会委员，兼任皇家经济学会秘书。

凯恩斯

生卒年：1883–1946
国　籍：英国
家　庭：贵族
出生地：萨伊法则
性　格：执着
志　趣：经济学
身　份：现代西方经济学家

1919年任财政部巴黎和会代表，1929–1933年主持英国财政经济顾问委员会工作，1942年进封为勋爵，1944年出席布雷顿森林联合国货币金融会议，并担任了国际货币基金组织和国际复兴开发银行的董事。1946年猝死于心脏病，时年63岁。

凯恩斯一生对经济学作出了极大的贡献，提出国家干预经济的政策理论，一度被誉为资本主义的“救星”、“战后繁荣之父”等美称。

奥地利裔英国经济学家哈耶克评价凯恩斯道，“他能够同时做无数的事情：教经济学、组织芭蕾演出、搞金融投机、收藏绘画、开办投资信托公司、为剑桥学院筹集资金、还是一家保险公司的董事、实际经营着剑桥艺术剧院、亲临剧院关心旅馆提供的食物和酒水这样的细节问题。”

凯恩斯的著名代表作《就业、利息和货币通论》的中心是研究总就业量的决定，进而研究失业存在的原因。认为总就业量和总产量关系密切，而这些正是现代宏观经济学的特点。

凯恩斯认为有效需求决定总产量和总就业量，又用总供给与总需求函数来说明有效需求的决定。在此基础上，他说明了如何将整个经济的均衡用一组方程式表达出来，如何能通过检验方程组参数的变动对解方程组的影响来说明比较静态的结果。

凯恩斯采用了短期分析方法，即，假定生产设备、资金、技术等是不变的，进而总供给是不变的。在此基础上来分析总需求如何决定国民收入。他把存在失业的原因归结为总需求的不足。

名人影响

他敢于打破旧的思想的束缚，承认有非自愿失业的存在，首次提出国家干预经济的主张，对整个宏观经济学的贡献是极大的。凯恩斯的经济理论影响了几代人，在目前的经济政策制定中仍然起着举足轻重的作用，并将继续影响未来若干年。

市场偏离理性的时期，总是比人能接受的时期来的长。

阿尔文·汉森

Alvin Hansen

美国著名的凯恩斯主义经济学家，新古典经济综合派奠基人

汉森1915年获威斯康星大学哲学博士学位。先后任明尼苏达大学、哈佛大学教授，曾任美国经济学会主席、美国—加拿大联合经济委员会主席、美国联邦储备委员会顾问。

汉森	
生卒年：	1887—1975
国籍：	美国
家庭：	丹麦移民
出生地：	南达科他州
性格：	执着
志趣：	著述立说
身份：	教授、官员

汉森完善了国家干预政策理论。凯恩斯虽论证了国家干预经济的必要性，并指出财政政策是最有效手段，但未详加论述具体政策，汉森则作了补充性说明，并且加以发展，提出在萧条期政府应执行赤字预算政策，在繁荣期执行预算盈余政策，以减轻经济波动。

他论述了混合经济理论，说明19世纪末期以后大多数资本主义国家已成为公营、私营两部分组成的混合经济。

他提出了长期停滞理论，认为20世纪20年代以后资本主美国著名经济学家萨缪尔森："阿尔文·汉森图形不仅仅把财政政策和货币政策结合起来，把收入决定论和货币论结合起来。此外，它还提供了一个关于M的流通速度的肯定而普遍适用的理论，从而有助于把货币主义和凯恩斯主义的宏观经济理论综合起来。因此，货币主义者的再度革命的问题变成为关于LM和IS的形状的问题。"

名人影响

他在哈佛大学长期任教，培养出萨缪尔森、托宾、奥肯等著名经济学家，三人分别荣获诺贝尔经济学奖。被看做新古典综合派的奠基人。

义经济进入长期停滞。他研究了美国经济在长期中具有停滞的倾向及其原因；并指出，由政府干预经济才能打破长期停滞局面。他还用乘数–加速原理解释资本主义生产的经济周期。

名人轶事

1970年，当著名的经济学家萨缪尔森，从瑞典斯德哥尔摩音乐大厅领到诺贝尔奖金回到纽约，接受人们的鲜花和掌声时，他动情地说："我可以告诉你们，怎样才能获诺贝尔奖金，诀窍之一就是要有名师指点。"萨缪尔森说的是肺腑之言，也是经验之谈。他师从哈佛大学教授汉森的门下，而汉森是具有"美国的凯恩斯"之誉的著名经济学家。正是在汉森的精心指点下，萨缪尔森才有机会登上有崇高国际声誉的诺贝尔经济学的领奖台。

海德格尔

Heidegger

德国20世纪最著名的思想家，哲学家之一

1911年海德格尔在弗莱堡大学学习哲学、人文科学和自然科学。1913年在施奈德、李凯尔特指导下获哲学博士学位。1916年获弗莱堡大学讲师资格。1922年，担任马堡大学哲学系副教授。1933年当选为弗莱堡大学校长。1934年，辞去弗莱堡大学校长职务。1944年秋季被征召入民团。1962年4月首次去希腊旅行。1976年5月26日逝世。

海德格尔

生卒年：1889—1976
国　籍：德国
家　庭：天主教
出生地：巴登邦梅斯基尔希
性　格：执着
志　趣：著述立说
身　份：教授、校长

《存在与时间》一文是以基础存在论的方式探讨存在问题的代表著。海德格尔从存在的角度解构了西方的哲学史，认为人类的历史就是存在（道，本源，存在的存在）的真理被遗忘的历史，存在是世界的本源，时间性是人的存在方式。“世界是形而上和形而下

弗兰岑评论道："（海德格尔的）行为越是显现出真的热衷于国家社会主义，在海德格尔哲学中是否能发现这种参与的特殊根源就显得尤其重要。"

名人影响

30年来，他的著作被译成50余种文字，影响遍及哲学、文学、艺术、政治学、宗教学、社会学、教育学、语言学乃至建筑理论等诸多领域，他的成名作《存在与时间》仅在日本就有7个译本。一些术语甚至进入了日常语言的词汇并给许多人带来了思想的启迪与灵感。在我国，早在半个世纪前就有人译介他的作品。海德格尔被公认为20世纪最伟大的思想家之一。

的统一，是一切关系和意义的总和。"他认为科学源于前科学世界，即人的生活世界，是人的对于直观世界的直觉式的概念化，与之对应的是有限存在，所以先入为主的自然主义科学一开始就跳过了存在本源问题。所以，科学方法不是解决哲学问题的金钥匙。

在海德格尔后期，他认为人的任务是倾听存在的呼唤。

人生就是学校

海德格尔长期工作的弗莱堡大学

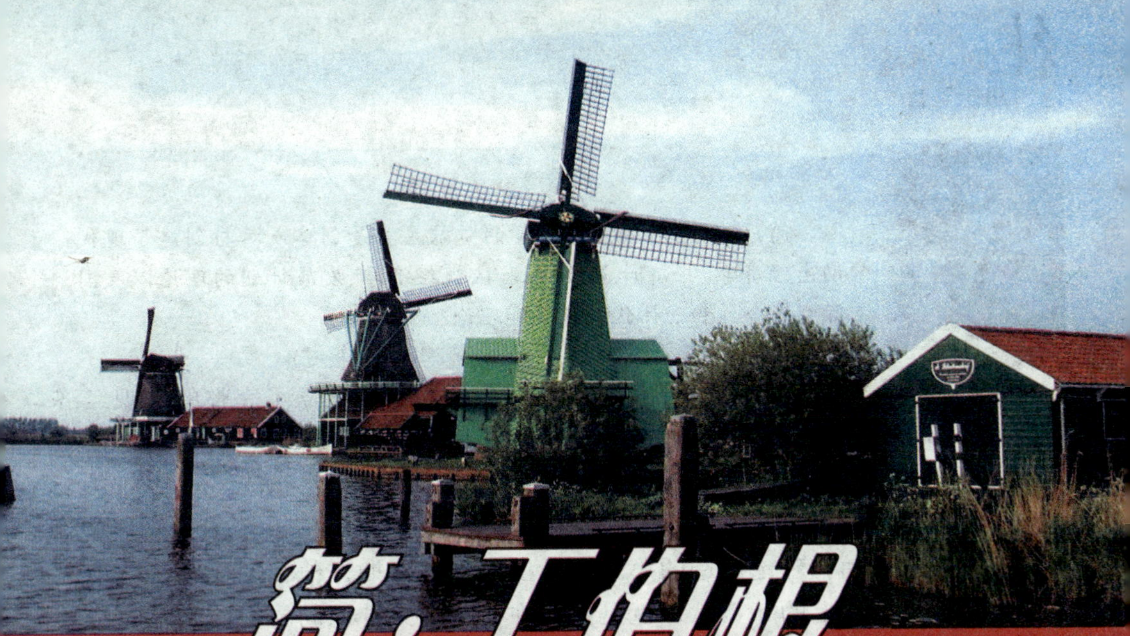

简·丁伯根

Jan Tinbergen

荷兰经济学家，经验宏观经济学理论的创立者

简·丁伯根

生卒年：1903—
国　籍：荷兰
家　庭：世家
出生地：海牙
性　格：执着
志　趣：著述立说
身　份：经济学家

1933年，简·丁伯根任荷兰经济学院教授，1956年以后，讲授发展规划。曾任荷兰皇家科学院和一些外国科学院院士。

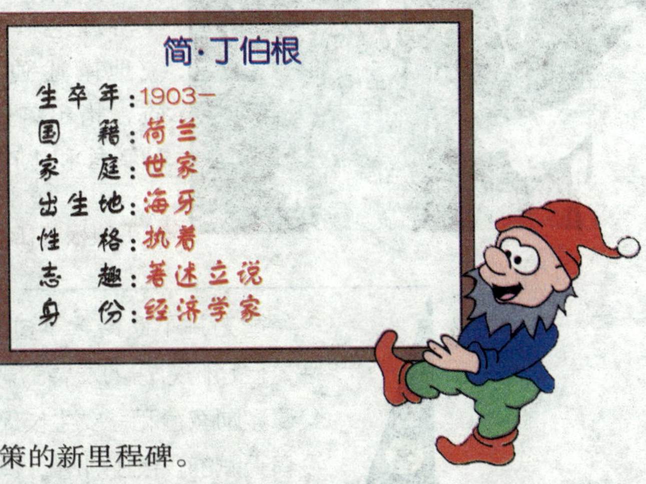

简·丁伯根的研究活动对西方经济学的贡献，大致可分为三大阶段。在每个阶段都有其独特的开创性的研究成果，开拓了经济理论及政策的新里程碑。

第一个阶段——1929年至第二次世界大战期间，他与其他经济及统计学者一起，共同努力使经济计量学成为一门科学。简·丁伯根在数量经济学理论上有三个贡献：一是提出了现代动态经济分析和“蛛网理论”；二是根据历史统计资料，利用数学和数理统计方法，对各种商业循环理论进行统计检验，这是经济计量学给自己规定的主要任务；三是在《商业循环理论的统

“文字”形式的经济学。

简·丁伯根被誉为经济计量学模式建造者之父。

名人影响

简·丁伯根对西方经济学的贡献主要是创建或参与创建了现代动态经济学、经济计量学、经验宏观经济学、发展计划的理论以及国际经济合作和一体化的政策和理论。

计检验》中，首次用48个方程式替美国建立了完整的宏观经济计量模型，把通行的统计方法用于宏观经济问题的研究，从而开创了一个全新的经济学分支，即经验宏观经济学。

第二次世界大战结束到50年代中期，是简·丁伯根的学术活动和理论创造的第二个阶段。这一时期，他在现代经济政策理论上的新贡献，就是把他在荷兰中央计划局的经验和在经济政策的广阔领域内参加讨论的结果，提高为系统的经济政策理论，成为规划短期经济政策的基础。

第三个阶段是50年代以后。创立了关于发展计划的理论。另一贡献是关于国际经济理论。他在《国际经济一体化》中系统地阐述独立国家之间的经济关系的实质，指出各国之间的经济交往主要包括产品转移和生产要素的转移两大类。

简·丁伯根曾任发展中国家政府顾问出访很多国家

名人轶事

智力并不遗传，不过某些神经结构的确具有遗传性，但它们对智力发展的影响只有15%-20%，其余是父母激励教育和子女生长环境影响的结果。“因此一个没有天赋的农民的儿子，其前途并非生来注定。他的努力和坚持将决定他最终的生活。除非患有严重的脑部疾病，任何人在智力上都不会受遗传的限制。”丁伯根兄弟的成就验证了这一结论，他们是唯一获得诺贝尔奖的兄弟，简·丁伯根获得了1969年的诺贝尔经济学奖，尼古拉斯·丁伯根1973年获得了诺贝尔生理学或医学奖，他们的父母并不才华横溢，但非常注重对他们的教育。

约翰·希克斯

Hicks John

英国经济学家，一般均衡理论模式的创建者

约翰·希克斯

生卒年：1904—1989
国　籍：英格兰
家　庭：知识分子
出生地：瓦尔维克郡
性　格：执着
志　趣：著述立说
身　份：研究员、英皇家经济学会会长

1942年，希克斯成为英国科学院院士。1943–1945年，他担任曼彻斯特统计学会主席。1946–1952年，希克斯任牛津大学纳菲尔德学院的高级研究员，并参加了该学院的组建工作。1961–1962年，他出任英国皇家经济学会会长。1964年他因其学术贡献而被授予勋爵称号。此后，他继续以自己的方式进行经济学的研究。他对凯恩斯体系的灵活对待，意外地导致了“新的分析概念”。

希克斯是宏观经济学微观化的最早开拓者。他对微观经济理论有深刻的理解。他提出了无差异曲线的新方法和替代效应的概念，使一般均衡论获得了重要的发展。对宏观经济学微观化的微观理论准备来说，才有一个较好的基础和较高的起点。

他对福利经济学有巨大贡献——首先，对福利经济学的基本理论和方法的贡献：这主要反映在希克斯对序数效用论和无差异曲线分析

名人影响

20世纪最重要和影响最大的经济学家之一。他创建的一般均衡理论模式,为20世纪经济理论研究,经济政策制定提供了基础。

方法的推广和运用方面。他不仅把帕累托的管理理论和方法介绍到英语国家，而且以他自己重新分析和改进的序数效用理论、边际替代率、消费可能曲线、无差异曲线分析方法、消费者均衡和生产者均衡条件的决定、需求定理等以及收入效应和替代效应的分析，大大推动了福利经济学的发展。

其次，对消费者剩余的重新解释，推动了福利经济学的分析。希克斯对消费者剩余的重新检验和探讨，澄清了基数效用论条件下运用它进行福利分析的麻烦，也消除了理论界的有关疑虑及争论，从而为加强福利经济学分析工具的可靠性作出了贡献。

第三，对福利经济学补偿原则的补充。希克斯认为，经济政策的改变可以使一些人受益，另一些人受损，但可以通过税收或价格政策，使受益者补偿受损者而有福利剩余。那么，社会福利就增进了，这种政策的改变就是适当的。

1904年,希克斯出生在英格兰的沃里克

马斯洛

Maslow

美国社会心理学家，人格动机理论倡导者

马斯洛智商高达，1926年入康乃尔大学，3年后转至威斯康辛大学攻读心理学，在著名心理学家哈洛的指导下，1933年获心理学博士学位，留校任教。第二次世界大战后被聘为布兰代斯大学任心理学系教授兼主任，开始对健康人格自我实现者的心理特征进行研究。1967年曾任美国人格与社会心理学会主席和美国心理学会主席。

马斯洛

生卒年：1908—1970
国　籍：美国
家　庭：犹太人
出生地：纽约市布鲁克林区
志　趣：心理学
身　份：教授

1943年发表著名论文《人类动机论》，提出了他的动机理论。

动机理论，又称需要层次论，是关于人类动机的发展和需要的满足理论，马斯洛认为需要的层次有高低的不同，人类价值体系存在两类不同的需要，一类是沿生物谱系上升方向逐渐变弱的本能或冲动，称为低级需要和生理需要。一类是随生物进化而逐渐显现的潜能或需

马斯洛在威斯康星大学任教时，他的妻子贝莎经常帮助其纠正测试文件。

要，称为高级需要。低层次的需要是生理需要，向上依次是安全、爱与归属、尊重和自我实现的高级需要。

马斯洛的需要层次理论是西方心理学史上四大动机理论之一，而且也是探讨人类动机理论方面的一个新的里程碑。

他认为追求自我实现是人的最高动机，它的特征是对某一事业的忘我献身。高层次的自我实现具有超越自我的特征，具有很高的社会价值。

马斯洛认为，人潜藏着的这5种不同层次的需要，在不同的时期表现出来的各种需要的迫切程度是不同的。人的最迫切的需要才是激励人行动的主要原因和动力。人的需要是从外部得来的满足逐渐向内在得到的满足转化。

低层次的需要基本得到满足以后，它的激励作用就会降低，其优势地位将不再保持下去，高层次的需要会取代它成为推动行为的主要原因。有的需要一经满足，便不能成为激发人们行为的起因，于是被其他需要取而代之。高层次的需要比低层次的需要具有更大的价值。

马斯洛还认为：在人自我实现的创造性过程中，产生出一种所谓的“高峰体验”的情感，这个时候是人处于最激荡人心的时刻，是人的存在的最高、最完美、最和谐的状态，这时的人具有一种欣喜若狂、如醉如痴、销魂的感觉。

马斯洛的人本主义心理学为其美学理论提供了心理学基础。其核心是人通过“自我实现”，满足多层次的需要系统，达到“高峰体验”，重新找回被技术排斥的人的价值，实现完美人格。他认为自我实现的需要是超越性的，追求真、善、美，将最终导向完美人格的塑造，高峰体验代表了人的这种最佳状态。他认为创造美和欣赏美，是自我实现的一个重要目标，审美需要源于人的内在冲动，通过审美活动，包含真、善、美于一身的完美人格形成了，审美活动成为人的一种基本的生存方式。

米尔顿·弗里德曼

Milton Friedman 美国著名经济学家，芝加哥学派领导者

1941年，弗里德曼出任美国财政部顾问，推广了预扣所得税制度。1946年他获哥伦比亚大学颁发博士学位，随后回到芝加哥大学教授经济理论，期间再为国家经济研究局研究货币在商业周期的角色。这是他学术上的重大分水岭。他任职芝加哥大学经济系教授逾30年，力倡自由主义经济，打造出著名的“芝加哥学派”。在弗里德曼的领导下，多名芝加哥学派的成员获得诺贝尔经济学奖。弗里德曼在1988年取得了美国的国家科学奖章。

米尔顿·弗里德曼

生卒年：1912—2006

国　籍：美国

家　庭：工人阶级的犹太人家庭

出生地：纽约市

性　格：执着

志　趣：著述立说

身　份：经济学家

弗里德曼的理论具有两个重要特点：坚持经济自由，强调货币作用。他旗帜鲜明地反对凯恩斯的政府干预思想。弗里德曼认为，在社会经济的发展过程中，市场机制的作用是最重要的。市场经济

名人影响

以研究宏观经济学、微观经济学、经济史、统计学及主张自由放任资本主义而闻名。1976年获得诺贝尔经济学奖，以表扬他在消费分析、货币供应理论及历史和稳定政策复杂性等范畴的贡献。他的主张深深影响了美国前总统里根及英国前首相撒切尔夫人执政时的政策制定。

没有一个政府肯于承担通货膨胀的责任，即使不是很严重的通货膨胀也是如此。

具有达到充分就业的自然趋势，只是因为价格和工资的调整相对缓慢，所以要达到充分就业的状况可能需要经过一定时间。如果政府过多干预经济，就将破坏市场机制的作用，阻碍经济发展，甚至造成或加剧经济的动荡。他还强劲地攻击凯恩斯所倡导的财政政策。弗里德曼认为，在货币供给量不变的情况下，政府增加开支将导致利率上升，利率上升将引起私人投资和消费的缩减，从而产生“挤出效应”，抵消增加的政府支出，因此货币政策才是一切经济政策的重心。

撒切尔夫人形容他是“学术界的自由战士”。

弗里德曼3次来华访问。他在自传中写道：“对中国的3次访问是我们一生中最神奇的经历之一……”

威廉·阿瑟·刘易斯

William Arthur Lewis

英国著名经济学家，"二元经济"模型理论的创立者

威廉·阿瑟·刘易斯	
生卒年：	1915—1991
国　籍：	英国
家　庭：	黑人移民
出生地：	原英属西印度群岛圣卢西亚岛
性　格：	执着
志　趣：	经济
身　份：	经济学家

刘易斯是研究发展中国家经济问题的领导者和先驱。从20世纪50年代开始了对发展中国家贫困及经济增速缓慢内因的研究。他提出的“二元经济”模型理论为他赢得了极大声誉并引起了广泛的科学辩论。1943年，刘易斯曾被英国政府任命为英国殖民地经济顾问委员会的负责人，对英国殖民地的经济问题进行过深入研究。1951年任联合国总部不发达国家专家小组成员。从1968年起担任詹姆斯·麦迪逊政治经济学讲座教授，并兼任协调发达国家与发展中国家关系的联合国皮尔逊委员会成员。从事经济发展问题的研究，并为各国提供发展指导。

1954年在《劳动无限供给条件下的经济发展》一文中，刘易斯提出了用以解释发展中国家经济问题的两个著名模式，简单模型分析和政府不仅是一个组织社会生活的机构，而且是一个道德理想追求机构。

名人影响

刘易斯的简单模型分析不只表明了发展中国家贫困的根本原因，也有助于对第三世界各国的历史和统计发展模式做多方面的透视。

一般均衡模型分析。1955年出版了《经济增长理论》一书，对经济发展的相关问题进行了广泛而深入的分析，至今仍被认为是“第一部简明扼要地论述了经济发展问题的巨著”。

1979年瑞典皇家科学院贺不达意词：“刘易斯是研究发展中国家经济问题的领导者和先驱。”

刘易斯对发展经济学的主要贡献是两部门模型，又称二元经济模型。“二元经济”指发展中国家的经济是由传统与现代两个不同的经济部门组成。传统部门存在大量的隐蔽性失业，容纳大部分劳动力，劳动生产率低，工资低。现代部门容纳劳动力较少，生产率较高，工资水平较高，处在传统部门之上。经济发展的实质就是现代部门的不断扩张和传统部门的不断萎缩。工业化过程中，传统部门为现代部门输送剩余劳动，以廉价劳动力为现代部门创造利润，累积扩大再生产的资本。剩余劳动未输送完毕时，传统部门的劳动生产率处于停滞状态。

两部门模型的提出，立即吸引了全球经济学者的注意，因为它可以应用在许多不同的场合。在研究移民问题时，这些模型特别有用。移民问题在战后成为备受瞩目的课题，因为世界上大部分的国家，不管是已开发或是开发中的，都面临人口大量移动的问题，包括城乡之间的移动以及从贫穷国家移向富有的国家。人口爆炸、技术性失业、妇女走出家庭投入就业市场等因素加在一起，使得发展中国家面临城市劳动供给过剩，不可能达成充分就业。这些缺乏技术的劳工，其工资水准有一定的上下限，如同具有无限大的供给弹性，提供给现代部门源源不断的廉价劳动力。

由于刘易斯是黑人，常受到种种不公正的待遇，所以具有反帝国主义的思想，关心与同情贫穷国家的人民。

肯尼斯·约瑟夫·阿罗

Kenneth arrow

美国经济学家，福利经济学"不可能性定理"的创立者

肯尼斯·约瑟夫·阿罗

生卒年：1921—
国　籍：美国
家　庭：外国移民
出生地：纽约
性　格：执着
志　趣：著述立说
身　份：经济学家

1949年，阿罗在哥伦比亚大学获得数学博士学位。1962年，他在美国总统经济顾问委员会工作。1953年开始，先后在斯坦福大学、哈佛大学任教授。1980年，阿罗从大学退休，但仍从事研究工作。由于他在一般均衡论和社会福利经济学方面的成就，他和英国经济学家约翰·希克斯一同被授予1972年诺贝尔经济学奖。

阿罗提出了福利经济学的"不可能性定理"。他用数学推理得出这样的论断：如果由两个以上偏好不同的人来进行选择，而被选择的政策也是超过两个，那么就不可能作出大多数人都感到满意的决定。因此，在每个社会成员对一切可能的社会经济结构各有其特定的偏好"序列"的情况下，要找出一个在逻辑上不与个人偏好序

名人影响

肯尼斯·约瑟夫·阿罗在微观经济学、社会选择等方面卓有成就，被认为是战后新古典经济学的开创者之一。除了在一般均衡领域的成就之外，阿罗还在风险决策、组织经济学、信息经济学、福利经济学和政治民主理论方面进行了创造性的工作。阿罗是保险经济学发展的先驱，更一般意义上讲，他是不确定性经济学、信息经济学和沟通经济学的发展先驱。

列相矛盾的全社会的偏好序列是不可能的。

他提出的“不可能性定理”是对福利经济学的革新，是新福利经济学的一个重要组成部分。

阿罗从事的专业是经济学和运筹学，他研究的经济理论是社会选择论、一般均衡论、资源配置的静态与动态理论、不稳定性经济学等，特别着重研究个人决策、信息和组织。他利用数学分析工具，研究一般均衡和福利经济学，对经济学说新的发展作出了重要贡献。现在，一般均衡论的分析方法在西方经济学中已被广泛应用，福利经济学的最适宜的资源配置问题，经济计量学的投入产出分析，经济增长模式等都以一般均衡论作为分析方法。

市场不能实现充分的风险转移，这方面的缺陷导致了在社会制度、发放执照、破产、有限责任以及大型商业组织等方面出现了一些作为弥补的替代性措施。

名人轶事

在阿罗预报气象时发生的一段小插曲既证明了不确定性又证明了人类不愿意接受不确定性的事实。二战期间美国空军有些军官被指定提前一个月预报气象。阿罗和他的统计员发现他们长期的预报和从帽子中抽号码一样糟糕，预报员也同意这一点，于是请求长官解除这项任务。长官的答复是：“将军非常清楚预报情况不好。然而，他需要预报来制订计划。”

阿罗在微观经济学、社会选择等方面卓有成就，被认为是战后新古典经济学的开创者之一。

IBM